高等院校经管专业"十三五"规划创新全媒体系列教材

新编市场营销学

The New Marketing

主　编 ○ 胡文静
副主编 ○ 郑彤彤　柳彩莲　邹　莹

华中科技大学出版社
http://www.hustp.com
中国·武汉

内 容 提 要

本书是为适应现代市场营销的蓬勃发展,依据高等学校工商管理类核心课程市场营销学教学基本要求,并结合营销实践需要编写的"理实一体化"教材。书中全面介绍了市场营销学的基本理论、策略和方法,包括市场营销哲学观念,针对环境、市场及竞争者的分析,市场营销战略规划及竞争战略,市场营销组合策略,市场营销调研与预测及市场营销管理等内容。书中每一章节都提示教学内容和教学目标,并配有本章小结、思考题、案例分析与实训,正文中还以"小贴士""营销视野""案例研讨""延伸阅读"等形式,穿插了一些注解性或延展性内容,以拓宽学生的视野,培养学生求实思辨的能力。本书可作为大学本科经济管理与市场营销专业的教材,也可供营销人员自学和培训使用。

图书在版编目(CIP)数据

新编市场营销学/胡文静主编. —武汉:华中科技大学出版社,2018.8(2024.1重印)
ISBN 978-7-5680-4452-3

Ⅰ.①新… Ⅱ.①胡… Ⅲ.①市场营销学-高等学校-教材 Ⅳ.①F713.50

中国版本图书馆 CIP 数据核字(2018)第 181205 号

新编市场营销学
Xinbian Shichang Yingxiaoxue

胡文静　主编

策划编辑:聂亚文
责任编辑:沈　萌
封面设计:孢　子
责任监印:朱　玢

出版发行:华中科技大学出版社(中国·武汉)　　电话:(027)81321913
　　　　　武汉市东湖新技术开发区华工科技园　　邮编:430223
录　　排:华中科技大学惠友文印中心
印　　刷:武汉邮科印务有限公司
开　　本:787mm×1092mm　1/16
印　　张:16
字　　数:426千字
版　　次:2024年1月第1版第4次印刷
定　　价:35.00元

本书若有印装质量问题,请向出版社营销中心调换
全国免费服务热线:400-6679-118　竭诚为您服务
版权所有　侵权必究

前言

本书从当今市场营销理论与实务发展的现状出发，博采众长，坚持经典诠释与现实研讨相结合、科学论证与个案分析相结合、理论教学与实践教学相结合的原则，全面介绍了市场营销的基本理论、策略和方法。全书融汇了编者自身教学改革与研究的成果及营销理论界研究的新成果、新经验、新材料，尽量做到深入浅出、由理论到实践，力图为"教学应用型"本科院校提供一本特色鲜明、时代性强、可读性强的教材。

本书的特色主要体现为：在体系结构上，保持了市场营销学体系的基本构架，既突出了市场营销学的广泛实用性，又体现了它的持续发展性；在内容上，吸收市场营销学理论的最新成果并进行整合和提炼，补充了顾客价值理论、顾客满意理论、竞合战略理论，介绍了当代营销的新领域，包括绿色营销、关系营销、网络营销、体验营销等；在实践应用上，依据"案例导入、理论阐述、实训跟进、教学做一体化"设计原则，更多地选取近几年国内外市场营销的最新实践案例加以讨论，引入理论教学；每章内容结束时安排有针对性的"案例分析与实训"等练习和实践，及时巩固"理实一体化"教学效果，实现了学以致用。为了帮助学生更好地理解教材内容，还增设了"营销视野""案例研讨""延伸阅读"等可借助二维码扫码阅读的内容，大大拓宽了教材内容的广度和深度。

本书由工作在"教学应用型"本科院校且具有丰富教学及实践经验的市场营销学专业教师编写，湖北商贸学院胡文静任主编，武汉东湖学院郑彤彤及湖北商贸学院柳彩莲、邹莹任副主编。具体分工如下：第三章、第六章、第八章、第十章、第十二章由胡文静编写；第四章、第五章、第七章、第九章由郑彤彤编写；第一章、第二章、第十一章由柳彩莲、邹莹编写；最后由胡文静统稿。

由于时间仓促，书中的错漏和不足之处在所难免，恳请各相关教学单位和读者在使用本书的过程中给予关注，并将意见及时反馈给我们，以便修订时改进。

编　者
2018 年 4 月

目录

第一章 绪论 …………………………………………………………………… (1)
    第一节 市场营销和市场营销观念 ………………………………………… (3)
    第二节 市场营销管理及哲学观念 ………………………………………… (6)
    第三节 市场营销学的研究对象和研究方法 …………………………… (17)
    第四节 市场营销学的产生和发展 ……………………………………… (19)

第二章 市场营销环境 ……………………………………………………… (27)
    第一节 市场营销环境的含义及特征 …………………………………… (27)
    第二节 宏观营销环境分析 ……………………………………………… (30)
    第三节 微观营销环境分析 ……………………………………………… (37)
    第四节 营销环境分析与营销对策 ……………………………………… (40)

第三章 消费者市场及其购买行为分析 …………………………………… (45)
    第一节 消费者市场概述 ………………………………………………… (45)
    第二节 消费者行为模式、类型和购买决策过程 ……………………… (49)
    第三节 影响消费者购买行为的因素 …………………………………… (54)

第四章 组织市场及其购买行为分析 ……………………………………… (64)
    第一节 组织市场的类型及其特点 ……………………………………… (64)
    第二节 生产者市场购买行为 …………………………………………… (66)
    第三节 中间商市场购买行为 …………………………………………… (72)
    第四节 非营利组织市场和政府市场购买行为 ………………………… (75)

第五章 竞争者分析及市场竞争战略 ……………………………………… (82)
    第一节 竞争者分析 ……………………………………………………… (82)
    第二节 一般竞争战略 …………………………………………………… (88)
    第三节 基于市场地位的竞争战略 ……………………………………… (93)

第六章 市场营销调研与预测 ……………………………………………… (101)
    第一节 市场营销信息系统 ……………………………………………… (101)
    第二节 市场营销调研 …………………………………………………… (103)
    第三节 市场需求测量与预测 …………………………………………… (114)

第七章 目标市场营销战略 ………………………………………………… (122)
    第一节 市场细分 ………………………………………………………… (122)
    第二节 目标市场选择 …………………………………………………… (132)

第三节　市场定位 …………………………………………………………… (136)
第八章　产品策略 ………………………………………………………………… (142)
　　第一节　产品整体概念 ……………………………………………………… (142)
　　第二节　产品组合决策 ……………………………………………………… (144)
　　第三节　产品生命周期 ……………………………………………………… (149)
　　第四节　新产品开发策略 …………………………………………………… (154)
　　第五节　品牌管理 …………………………………………………………… (160)
　　第六节　包装管理 …………………………………………………………… (166)
第九章　价格策略 ………………………………………………………………… (172)
　　第一节　影响定价的因素和定价的程序 …………………………………… (172)
　　第二节　定价方法 …………………………………………………………… (174)
　　第三节　定价策略 …………………………………………………………… (178)
　　第四节　价格调整及价格变动反应 ………………………………………… (184)
第十章　分销渠道策略 …………………………………………………………… (189)
　　第一节　分销渠道概述 ……………………………………………………… (189)
　　第二节　中间商作用及分类 ………………………………………………… (193)
　　第三节　分销渠道设计、选择与管理 ……………………………………… (196)
　　第四节　产品实体分销 ……………………………………………………… (203)
第十一章　促销 …………………………………………………………………… (209)
　　第一节　促销与促销组合 …………………………………………………… (209)
　　第二节　人员推销 …………………………………………………………… (211)
　　第三节　广告 ………………………………………………………………… (213)
　　第四节　销售促进 …………………………………………………………… (218)
　　第五节　公共关系 …………………………………………………………… (219)
第十二章　市场营销管理 ………………………………………………………… (224)
　　第一节　市场营销计划 ……………………………………………………… (226)
　　第二节　市场营销的实施 …………………………………………………… (231)
　　第三节　市场营销的组织 …………………………………………………… (234)
　　第四节　市场营销的控制 …………………………………………………… (239)
参考文献 …………………………………………………………………………… (248)

第一章 绪　　论

教学内容和教学目标

◆ **内容简介**

1. 市场营销和市场营销的核心概念。
2. 市场营销管理及哲学观念。
3. 市场营销学的研究对象和研究方法。
4. 市场营销学的产生和发展。

◆ **学习目标**

1. 明确从企业角度定义的市场概念,掌握市场营销的内涵。
2. 领会和理解与市场营销相关的一系列核心概念。
3. 了解市场营销管理哲学的演变进程,掌握现代营销观念的精髓。
4. 认识市场营销学的学科性质,明确市场营销的研究思路和内容。
5. 知晓研究市场营销的主要方法。
6. 了解市场营销学的产生和发展。

引导案例

新"黄金十年"营销取向的六个变化

中国企业营销经历了 2002—2012 年的十年黄金期,多数行业在销量上达到了历史的最高峰,这十年也被称为中国企业营销的"黄金十年"。我国消费结构调整、消费梯度流动过程中所产生的巨大能量已经初步显现,不难预见,中国营销的新"黄金十年"即将开始。新"黄金十年"的营销主要呈现以下六个方面的特点。

第一,新营销更加向两端化发展,一是"产品主义"的极致爆品方向,二是"客户导向"的私人定制方向。

以智能手机市场为例。一方面,以苹果为代表的高端智能手机,特立独行,走极致爆品的路线,其价格高昂,操作系统封闭,不能自制铃声,产品的型号有限,甚至连颜色都十分单一,但由于它独特的客户体验和精致的做工,仍然受到了市场的追捧。另一方面,以 OPPO、vivo 为代表的中低端智能手机,瞄准了中国三、四线市场及中低端消费者对智能手机的不同需求,型号众多,颜色亮丽,外观看起来有档次,功能齐全,在任何小城镇的门店都可以买到,且可以预装各种年轻人常用的软件。无疑,两大阵营的手机产品都是成功的。

同时,越来越多的企业开始从批量生产转向私人定制,比如在标准化西装市场整体竞争激烈的背景下,"红领西服"率先打出定制化的旗帜,为行业闯出了一条新路。要么产品主义到极致,引领消费,要么贴身定制,让目标客户喜出望外,这就是未来产品的两端化趋势。

第二，新营销的产品和服务，已经超越了使用功能层面，更加强调产品的审美诉求、心理诉求、客户体验。

随着生产力、购买力的提升，中国的消费进入快速升级阶段，消费者对于产品和服务的关注已经从是否能够满足使用功能，开始转向是否有良好的消费体验，是否满足了某些特定的心理诉求或审美诉求。

以预调鸡尾酒 RIO 为例，如果单纯从饮品的口感、口味等来评价，这款产品并不特别突出，但通过市场研究，厂家找到了产品的切入点，即"小姐妹聚会时喝的小酒"，围绕着"小姐妹""聚会""富有色彩的青春"这些元素，RIO 从产品包装、形象代言人、推广媒体、销售渠道等多方面对产品营销体系进行了再造，最终成为单品销售数十亿元的流行饮品。

其成功的根本，不是产品本身，而是产品所代言的群体（青春少女）和时代现象（女性的觉醒、闺蜜的友谊等），是审美诉求、心理诉求，而非饮用本身。

第三，新营销直接实现了顾客与工厂的无缝对接。

借助工业 4.0 等智能制造技术，制造业注重 C2M，由消费者直接对接生产商，营销模式产生了极大的转变。以生产运动鞋为例，我们需要研发产品，制造模型模具，建立注塑生产线，培训工人，这些都需要大量的时间，因此，只能批量化制造鞋子，再通过市场手段推送给消费者，由消费者选购。

如今，由于智能制造、3D 打印、VR 等技术的成熟，生产鞋子的程序被大大压缩和简化。消费者可以在一套 3D 摄像系统、传感器系统下采集脚部数据，传给工厂，工厂的智能生产系统就可以根据这些数据，通过智能化的生产设备，打印或喷射一双与你的脚型和行走习惯完全吻合的、专属于你的运动鞋。从这种角度来看，营销者未来可能不再需要把某些制成的产品推销给顾客，而只要让顾客了解哪些厂商可以为自己提供定制产品或服务就可以了，换句话说，需要营销厂家，而非仅是产品。

第四，新营销是多渠道营销、整合营销、跨界营销。

首先，从营销的渠道组织来看，很多产品尤其是消费品，现在都分为线上和线下两大渠道体系，然后才是线下的专卖店、经销商、大客户，线上的天猫、京东、代运、自营等。从品牌推广方面来看，现在产品的推广方式已经脱离了传统的电视、平面、纸媒，越来越多地转向线上、SEO、补贴返现等。从营销产品或服务的范围来看，企业间实际上已经没有明确的界限，以招聘类产品或服务来说，地面的猎头或招聘服务机构在做，社会化的人才服务公司在做，金蝶、用友等之前的软件开发机构在做，创业团队在做，政府主导的人力资源产业园在做，58 同城等生活服务机构也在做，企业的经营边界已经逐渐消除，"跨界"恐怕要进入过去式了。

第五，新营销正在逐步摆脱"硬广依赖症"，依托社区与社交展开。

新营销极具社区性和社交性。随着 QQ、微信、微博、领英等社交平台的兴起，出现了口碑营销或圈层营销。很多产品从设计到投放市场，并没有在传统的电视、平面、纸媒上做任何广告，就是依靠这些社交媒体，建立与客户的互动关系，靠客户的口碑传播实现了产品的走红，"褚橙""阿芙精油"等都是典型的例子。过去，产品要在中央电视台（简称央视）、报纸、公交车、公共场所投放大量的广告才得以看到产品销量的上升。而现在，一种现象级产品会突然出现在我们的生活里，瞬间红遍大江南北，基于社交的营销，有人也称之为病毒营销，其传播力量之大、速度之快，完全超乎我们的想象。

第六，大数据、图像识别、VR 等技术将在新营销过程中得到充分应用。

随着计算技术、存储技术、网络带宽的提高，数据的获取越来越快、越来越全，也越来越容易，大数据作为营销的指引和工具已经非常普遍，比如当你登录网页时，软件会根据你平时登录和浏览的喜好，在网页上露出你可能关注的产品或服务的广告。当然，大数据的用途可不仅仅是这些，它甚至可以根据你的历史数据，帮助一家金融机构判断是否可以给你贷款。图像识别技术的出现，使得你可以根据你看到的图像搜索到你需要的产品和厂家。VR技术的应用更是不得了，对于一家家庭装修公司来说，可以让你戴上眼镜选购建材，虚拟装修你的家，这样，既省去了设计师画虚拟图的时间，也使得所得与所见更加一致，避免了不必要的纠纷，类似的应用还有很多。

（资料来源：《销售与市场》，2017年5月）

中国巨大的市场基数、消费升级带来的增量、财富的累积效应，决定了中国在未来十年仍然是全球最具吸引力的市场，仍然是黄金般的市场。当然，不可否认，这个市场正在改变，未来还会继续改变，只有顺应潮流，正视"六大变革"的存在，掌握正确的营销理论，树立正确的新时代营销观念，企业的营销工作才能在新的社会、消费、技术环境下有所建树。本章将从市场营销的概念、哲学观念、研究内容和研究方法、产生和发展四个方面逐步展开阐述，以使大家正确认识市场营销的含义，准确把握市场营销的核心概念；充分理解市场营销哲学观念的演变，了解市场营销学科的特点及现代市场营销的发展趋势。

第一节　市场营销和市场营销观念

一、市场营销的含义

对于市场营销概念的理解，不同时期、不同行业、不同领域的专家学者有着不同的表述。为了全面、准确和深入地理解市场营销的内涵，本书将对国内外有代表性的机构、学者和企业家的观点进行综述。

1. 美国营销协会（AMA）在不同时期对营销的表述

AMA于1985年定义营销是"对创意、产品和服务进行构思、定价、促销和分销，并通过交换来满足个人和组织的需要的规划与执行过程"。1985年的营销定义突出了营销的以下几个特点。首先，营销是一种规划与执行过程，这意味着营销由一系列活动构成，产品开发、定价、促销和分销等都可以成为这个过程的一个部分，并构成整个营销总体。其次，营销是满足个人或组织需要的交换过程。伴随着以顾客为中心和以市场为导向的理论的出现，识别顾客需求、选择顾客、满足顾客需要成为一种规范的营销理念。再次，营销的主体是个人或组织，营销是企业活动的一部分，其具体活动还表明营销是一种组织功能和企业的管理活动。

在营销哲学发生变化、营销理念得以提升的过程中，AMA于2004年公布了新的营销定义，即"营销是采用企业与利益相关者都可获利的方式，为顾客创造、沟通和传递价值，并管理顾客关系的组织功能和一系列过程"。这个定义体现了一种新的研究范式，为今后的营销理论研究与营销实践提供了广阔的空间。

2004年的定义在营销学术界与实务界引起了很大的反响，虽然该定义推动了营销的发展，但随着信息技术的飞速发展和消费需求的日益多元化，营销学者与营销实务工作者又提出了许多新的建议与观点。最后于2007年公布了最新的营销定义，即"营销是创造、沟通、传递、交换对顾客、客户、合作伙伴和整个社会具有价值的提供物的一系列活动、组织、制度和过程"。此定义体现了在网络、信息时代营销活动的整体性和互动性。

2. 菲利普·科特勒对市场营销概念的表述

被誉为"现代营销学之父"的美国西北大学凯洛格管理学院终身教授菲利普·科特勒1967年撰写了《营销管理》,对营销理论进行了系统、完整的总结;菲利普·科特勒等认为市场营销就是识别并满足人类和社会的需要。对市场营销最简单的定义,就是"满足别人并获得利润"。市场营销可以把社会需要和个人需要转化为商机。

菲利普·科特勒等还概括了市场营销的社会含义:所谓市场营销,就是个人和集体通过创造、提供、出售、同别人自由交换产品和服务的方式获得自己所需产品或服务的社会过程。

3. 本书对市场营销的理解

综上所述,我们认为市场营销就是个人和集体通过创造、提供、出售、同别人自由交换产品和服务的方式获得自己所需产品或服务的社会过程,即菲利普·科特勒概括的市场营销的社会含义。

二、市场营销的核心概念

市场营销活动是为了满足消费者的需求,那怎样才能真正地满足消费者的需求呢?营销活动者要熟练掌握并灵活运用以下几组市场营销活动过程中经常出现的核心概念,包含需要、欲望和需求,产品和服务,效用、价值和满意,交换和交易,关系和网络,市场营销者和潜在顾客。图1.1表明了这些基本概念的相互关系。

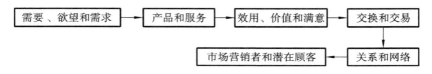

图1.1 营销学的核心概念

1. 需要、欲望和需求

需要是指没有得到某些基本满足的感受状态。当某种需要还未实现的时候,人们会尽力削弱它或者寻找目标满足它。同一种需要可以用不同的方式来满足。欲望是指想得到基本需要的具体满足物的愿望。欲望是需求派生出来的一种形式,它受社会文化和人们个性的限制。需求是指消费者生理及心理的需求。如人们为了生存,需要食物、衣服、房屋等生理需求,以及安全、归属感、尊重和自我实现等心理需求,这种需求是对有能力购买并且愿意购买某种具体产品的欲望。例如,人们饿了就有吃东西的需要,渴了就有喝东西的需要,但这种需要强烈到一定程度的时候就构成欲望,不同的人会选择不同的产品来满足自己的需要,饿了有人吃米饭,有人吃面条,也有人吃汉堡包,渴了有人选择喝水,有人选择喝茶,也有人选择喝咖啡。共同的欲望满足方式的不同受个人习惯和社会文化的影响,只有在人们有足够的购买力的情况下,人们的这种欲望才能最终得到满足,这样的欲望才构成需求。

2. 产品和服务

人类靠产品来满足自己的各种需要和欲望。从广义上来说,任何能够用来满足人类某种需要或欲望的东西都是产品。产品包括实体产品与无形的服务。实体产品是为顾客提供服务的载体,人们购买的主要目的不在于拥有该产品,而在于使用它来满足某种欲望。例如人们购买电视机,并不是为了观赏电视本身,而是通过电视的信号传送使人们能够欣赏许多精彩的娱乐节目。无形的服务可以通过实体产品来传递,当然也可以通过其他载体,如人、地点、活动、组织和观念等来提供。产品就是一切能够满足需要和欲望的媒介物。营销的任务是推销产品实体中所包含的利益或服务。

3. 效用、价值和满意

效用是顾客对满足其需要的产品的全部效能的估价,是指产品满足人们欲望的能力。效用是一个人的自我心理感受,它来自个人的主观评价。顾客选择所需要的产品除了考虑效用因素外,价值也是一个评估标准。顾客一般把产品按最喜欢的到最不喜欢的次序排列,最喜欢的产品对他来说价值最大。

满意是指顾客通过对一种产品的可感知的使用效果与他的期望相比后,所形成的愉悦或失望的状态。如果产品的感知使用效果低于顾客的期望,顾客就不满意;如果产品的感知使用效果等于顾客的期望,顾客就满意;如果产品的感知使用效果高于顾客的期望,顾客就会非常高兴。同样是完成空间转移,时间紧张的顾客认为乘坐飞机速度快,节约大量的时间成本,最满意;而经济型的顾客则认为火车成本低,受天气影响略小,最划算。

4. 交换和交易

交换是市场营销的核心概念,当人们决定以交换方式来满足需要或欲望时,就出现了市场营销。交换是指通过提供某种东西作为回报,从他人那里取得想要的物品的行为。交换是一个过程。如果双方正在进行谈判,并趋于达成协议,这就意味着他们正在进行交换。一旦达成协议,他们就发生了交易行为。交易是由双方之间的价值交换所构成的行为,是交换活动的结果。

5. 关系和网络

保持并发展与顾客的长期关系是关系营销的重要内容。在交换成功达成交易的过程中,就形成了客户关系。关系营销的前提是企业履行诺言,发展新的许诺。关系营销强调维护顾客的忠诚度,维持老顾客比吸引新顾客更能为企业节约成本、带来经济效益。

关系营销的最终结果是为企业带来一种独特的战略资产,即市场营销网络。市场营销网络是指企业及与其建立起牢固的、互相信赖的商业关系的其他企业所构成的网络。在市场营销网络中,企业可以找到战略伙伴并与之联合,以获得一个更广泛、更有效的地理占有。这种网络已经超出了纯粹的"市场营销渠道"的概念范畴。

6. 市场营销者和潜在顾客

在交换双方中,如果一方比另一方更主动、更积极地寻求交换,则前者称为市场营销者,后者称为潜在顾客。市场营销者是指希望从别人那里取得资源并愿意以某种有价之物作为交换的人。市场营销者可以是卖主,也可以是买主。假如有几个人同时想买正在市场上出售的某种稀缺产品,每个准备购买的人都尽力使自己被卖主选中,这些购买者就都在进行市场营销活动。在另一种场合,如果买卖双方都在积极寻求交换,那么我们就把双方都称为市场营销者,并把这种情况称为相互市场营销。

营 销 对 象

营销对象指的是市场营销的客体。菲利普·科特勒指出,营销对象有十项,包括产品、服务、事件、体验、人物、地点、产权、组织、信息、观念。

(1) 产品。有形产品是满足人们生存需要的最基本的物质资料,是市场营销最基本的客体对象,在全社会商品交换中占有绝对比重。每种产品都有自身的生产、消费特点与规律,营销者应该以总体的营销理论和方法为指导,结合所经营产品的特点开展具体的营销工作。

(2) 服务。服务是具有无形特征却能够给人带来利益或满足的可供有偿转让的活动。随着服务经济的发展,服务消费成为社会消费的重要组成部分,与信息技术、知识经济、全球化等有关的新兴服务产业(如信息产业、计算机产业、管理咨询产业、投资理财产业、医疗保健产业、环境保护产业、旅游产业等)更是飞速发展。从20世纪60年代开始,以服务为对象的服务营销学逐步从一般的市场营销学中分离出来,成为一门独立的学科。

(3)事件。事件营销是近年来十分流行的一种公关传播与市场推广手段,集新闻效应、广告效应、公共关系、形象传播、客户关系于一体,为新产品推介、品牌展示创造机会,成为一种快速提升品牌知名度与美誉度的营销手段,尤其是互联网的飞速发展给了事件营销迅速传播的平台。通过网络,可以更轻松地进行关乎企业和产品的传播并引起关注,但也要防范因负面事件的网络发酵而产生的巨大影响。

(4)体验。企业通过营造特定的活动氛围让顾客获得真实消费感受的营销方式即体验营销。它既适用于有形产品,也适用于服务产品。宜家家居产品就是体验营销的成功实践者。大型的集团公司(如海尔公司)将其各类家电产品配合成套,布置在家庭式卖场中,营造出一个真实的家庭消费环境,使顾客置身其中犹如回到家里,从而增强顾客在真实消费环境中的感受,激发其购买欲望。

(5)人物。作为营销对象的人物最早是社会精英一族。通过职业营销人士的策划、包装、管理,包括艺术家、体育明星、职业经理人、知名专家、政客在内的人士逐渐提高了其社会声望,形成了品牌,产生了名人效应。

(6)地点。以地点为对象的营销是通过将某一地理区域(包括国家、城市、乡村、景点等)作为营销对象向顾客传递其特色、价值、竞争优势的活动,旨在树立该区域的形象,吸引顾客进入该区域从事投资、生产经营、旅游等活动。近年来迅速兴起的城市营销就是以地点为对象的营销。

(7)产权。产权是指人们对所拥有财产的无形权利,可以用以交换,因而也就存在营销机会。如房地产中介机构、证券公司、基金公司等都是以财产权作为营销对象的专业营销机构。

(8)组织。能成为营销对象的组织分为两类。一类是营利性组织,是企业营销的重要目标之一。通过营销活动,企业既可对所生产销售的产品或服务进行营销,也可打造良好的企业形象。另一类是非营利组织,包括政府、公立学校、军队、政党、各类事业组织。通过营销活动,可使组织的观念更好地为社会所接受,从而在社会公众心中树立起良好的形象,以利于这些组织业务活动的开展。

(9)信息。信息是一种特殊的产品,也可以像其他产品一样进行生产和营销,它可以作为服务产品的一个特例。

(10)观念。观念是一种无形产品。观念营销者既可以是营利性组织,也可以是非营利组织,通过营销活动,可将其组织使命、经营宗旨或产品创新观念传递给目标受众,使社会更好地理解和接受组织的行为或产品,从而达到组织目标。

此外,随着社会经济的发展,可能出现新的营销对象,营销客体对象的内涵会不断发展。可以认为,市场营销已深入社会生活的每一个角落,特别是在竞争性的领域,营销发挥着不可替代的作用。

第二节　市场营销管理及哲学观念

一、市场营销管理

市场营销管理是指通过分析、计划、实施和控制,谋求创造、建立及保持营销者与目标买主之间互利的交换关系,以达到营销者的目标。市场营销管理的基础是交换,目的是满足各方需要。从这种意义上说,市场营销管理的本质是需求管理。

任何市场均可能存在不同的需求状况,根据需求水平、时间和性质的不同,可归纳出八种不同的需求状况。在不同的需求状况下,市场营销管理的任务有所不同,需要通过不同的市场营销策略来解决。

1. 负需求

负需求是指市场上众多顾客不喜欢某种产品或服务,即绝大多数人对其感到厌恶,甚至愿意出钱回避它的一种需求状况。如近年来许多老年人为预防各种老年疾病不敢吃甜点心和肥肉,又如有些人害怕出事而不敢乘飞机。针对负需求的产品,营销者应多方宣传促进需求。

2. 无需求

无需求是指目标市场顾客对某种产品从来不感兴趣或漠不关心的一种需求状况。如许多亚洲的中老年人不爱穿牛仔裤。市场对下列产品无需求:①人们一般认为无价值的废旧物资;②人们一般认为有价值,但在特定市场中无价值的东西;③新产品或消费者平常不熟悉的物品等。针对无需求的产品,营销者应改进产品刺激需求。

3. 潜在需求

潜在需求是指现有的产品或服务不能满足许多消费者的强烈需求。例如,空巢家庭的妇女职业的再规划、老年人文化生活的培训等。目前市场上的教育产品多针对孩子和年轻人,忽略了中老年人市场的需求。针对潜在需求的顾客,营销者应开发产品满足需求。

4. 下降需求

下降需求是指目标市场顾客对某些产品或服务的需求出现了下降趋势的一种需求状况。如近年来城市居民对电风扇的需求已饱和,需求相对减少。针对下降需求,营销者应及时引进新的替代产品弥补需求。

5. 不规则需求

不规则需求是指某些物品或者服务的市场需求因季节、月份、周、日、时的变化而上下波动很大的一种需求状况。这样会造成生产能力和商品的闲置或过度使用。例如:对于公共交通工具来说,在运输高峰时不够用,在非高峰时则闲置;在旅游旺季时,旅馆紧张或短缺,而在旅游淡季时,旅馆空闲;在节假日或周末时,商店拥挤,而平时商店顾客稀少。针对不规则需求,营销者应制订措施调整需求。

6. 充分需求

充分需求是指某种产品或服务目前的需求水平等于其期望值。对于企业来说,这是最理想的一种需求状况。在动态市场上,消费者需求会不断变化,竞争日益加剧。针对充分需求,营销者只需关注动态市场保持需求。

7. 过度需求

过度需求是指市场上顾客对某些产品的需求超过了企业的供应能力,导致产品供不应求的一种需求状况。比如,人口过多或物资短缺,导致交通、能源及住房等产品供不应求。针对过度需求,营销者应整合资源增加供应或限制需求。

8. 有害需求

有害需求是指市场对某些有害产品或服务的需求。针对有害需求,营销者应反市场营销,即劝说喜欢有害产品或服务的消费者放弃这种爱好和需求,大力宣传有害产品或服务的危害性,大幅度提高价格,以及停止生产供应等。

二、市场营销管理哲学

市场营销管理哲学是指企业对其营销活动及管理的基本指导思想,也称市场营销念,它是一种观念、一种态度或一种企业思维方式。

营销管理哲学的核心是正确处理企业、顾客和社会三者之间的利益关系。随着生产和交换日益向纵深发展,社会、经济与市场环境的变迁,以及企业经营经验的积累,企业的营销管理哲学发生了深刻的变化。这种变化的基本轨迹是由企业利益导向,转变为顾客利益导向,再发展到社会利益导向。图1.2显示了营销管理观念的变化趋势。

图 1.2 企业营销管理观念的变化趋势

企业市场营销管理哲学(观念)的演变可划分为生产观念、产品观念、推销(销售)观念、市场营销观念和社会营销观念五个阶段。前三个阶段的观念一般称之为旧观念,是以企业为中心的观念;后两个阶段的观念是新观念,可分别称之为顾客(市场)导向观念和社会营销导向观念。西奥多·莱维特(Theodore Levitt)曾以推销观念与市场营销观念为代表,比较了新旧营销观念的差别(见图1.3)。下面分别就以企业为中心的观念、以消费者为中心的观念和以社会长远利益为中心的观念,讨论一百多年来企业市场营销管理观念的演变及其背景。

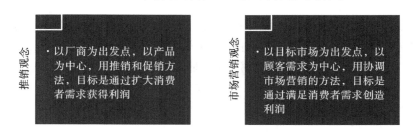

图 1.3 新旧营销观念的差别

1. 以企业为中心的观念

以企业为中心的市场营销管理观念,就是以企业利益为根本取向和最高目标来处理营销问题的观念,包括三个方面。

1) 生产观念

19世纪末到20世纪初,资本主义国家处于一种卖方市场的状态。市场产品供不应求,选择甚少,只要价格合理,消费者就会购买。市场营销的重心在于大量生产,企业的中心问题是如何利用新技术扩大生产、提高生产效率并降低成本,即大量生产物美价廉的产品,解决供不应求的问题,消费者的需求和欲望并不受重视。

2) 产品观念

在生产观念阶段的末期，供不应求的市场现象在西方社会得到了缓和，产品观念应运而生。产品观念认为，在市场产品有选择的情况下，消费者会欢迎质量优良、性能好和特点多的产品，因此，企业应该致力于制造质量优良的产品，并不断地加以改进提高。此时，企业最容易导致"市场营销近视"，即不适当地把注意力放在产品上，而不是放在市场需要上，在市场营销管理中缺乏远见，只看到自己的产品质量好，看不到市场需求在变化。而事实证明，物美价廉的产品不一定是畅销的产品。

3）推销观念

推销观念产生于资本主义国家由"卖方市场"向"买方市场"过渡的阶段。大量生产使供给趋于饱和，而需求却增长缓慢，市场问题十分尖锐。推销观念在此市场背景下盛行开来。推销观念认为，消费者不会因自身的需求与愿望主动地购买商品，必须经推销的刺激才能诱使其采取购买行动。产品是"卖出去的"，而不是"被买去的"。在推销观念的指导下，企业致力于产品的推销与广告活动，以期获得充分的销售量和利润。

2. 以消费者为中心的观念

市场营销观念又称为以消费者为中心的观念。这种观念认为，企业的一切计划与策略应以满足消费者的需求为中心，正确确定目标市场的需要与欲望，从而比竞争者更有效地满足消费者需求。市场营销观念确立了这样一种信念：企业的一切计划与策略应以消费者为中心；满足消费者的需求与愿望是企业的责任；在满足需要的基础上，实现长期的、合理的利润。市场营销观念有四个主要支柱：目标市场、整体营销、顾客满意和盈利率。与推销观念从厂商出发，以现有产品为中心，通过大量推销和促销来获取利润不同，市场营销观念是从选定的市场出发，通过整体营销活动，实现消费者需求的满足和满意，从而获取利润，提高盈利率。

执行市场营销观念的企业，称为市场营销导向企业。企业的主要目标已不是单纯追求销售量的短期增长，而是从长期观点出发，力求占领市场，抓住顾客。市场营销观念相信，得到顾客的关注和顾客价值才是企业的获利之道，因此必须将旧观念下企业"由内向外"的思维逻辑转向"由外向内"。它要求企业贯彻"顾客至上"的原则，将营销管理重心放在首先发现和了解"外部"的目标顾客的需要上，然后再协调企业活动并千方百计地去满足顾客需求，使顾客满意，从而实现企业目标。

3. 以社会长远利益为中心的观念

社会市场营销观念便是以社会长远利益为中心的观念。20世纪70年代，在西方资本主义国家出现能源短缺、通货膨胀、失业增加、环境污染严重、消费者保护运动盛行的新形势下，市场营销观念却回避了消费者需要、消费者利益和长期社会福利之间隐含着冲突的现实，此时，社会市场营销观念便诞生了。

社会市场营销观念认为，企业的任务是确定各个目标市场的需要、欲望和利益，并以保护或提高消费者和社会福利的方式，比竞争者更有效、更有利地向目标市场提供能够满足其需要、欲望和利益的物品或服务。社会市场营销观念要求，企业为顾客提供产品和服务，不仅要以顾客为中心，以满足顾客的需求和欲望为出发点，而且要兼顾顾客、社会和企业自身三方面的利益，在满足顾客需求、增加社会福利的过程中获利。这就要求企业承担社会责任，协调与社会的关系，以求得健康发展。这种观念符合社会可持续发展的要求，应当大力提倡。

【案例研讨】 海尔营销观念的发展及评价（见右侧二维码）。

三、市场营销观念的创新与拓展

从传统的以企业为中心的营销管理观念转向以顾客需求为中心的观念,有利于企业更有针对性地满足顾客需求,更有效地应对竞争。20世纪80年代以来,企业面临着更加激烈的竞争环境,随着市场需求的变化加剧,企业开展营销活动的难度加大,创新营销理念与方法的需求显得十分迫切。本节主要介绍近20年来市场营销观念创新与拓展的部分成果。

1. 顾客价值

美国学者伍德拉夫将顾客价值定义为顾客感知价值,它是指顾客在需求得到满足的过程中对感知利得与感知利失之间的比较。形象地讲,顾客感知价值通常表现为顾客购买总价值与购买总成本的差额。

1) 顾客价值的构成维度及影响因素

顾客价值的构成维度是指顾客价值的具体组成内容,即顾客总价值与顾客总成本的具体内容。顾客感知价值通常表现为顾客购买总价值与顾客购买总成本之间的差额(见图1.4)。

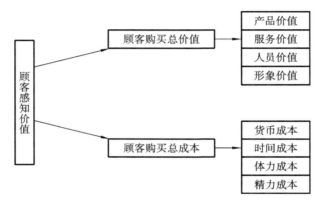

图1.4 顾客感知价值的构成

(1) 顾客购买总价值及其构成。

顾客购买总价值是指顾客购买某一产品所期望获得的一系列经济功能与心理利益。具体构成为:

产品价值,是由产品的功能、特性、品质、外观等自身因素给顾客带来的价值,通常是决定顾客购买的首要因素,也是决定顾客购买总价值高低的重要因素。

服务价值,是顾客在购买产品的同时期待获得的一系列附加服务,包括咨询、送货、安装、退换、技术指导、维修等。在产品同质化程度越来越高的市场,服务成为顾客进行价值判断所考虑的重要内容,也是企业提高顾客价值的重要手段。

人员价值,是指企业员工的经营理念、服务态度、职业技能、工作效率给顾客带来的利益和心理感受。人员价值往往通过产品价值、服务价值间接产生作用,尽管如此,人员价值无疑是产品价值和服务价值创造的基础。只有成为一个有着正确经营理念、高素质员工队伍的企业,才可能在业务活动的每一环节按照顾客满意的标准行事,进而保证产品质量和服务质量。

形象价值,是指企业及其产品在社会公众中的形象给顾客带来的价值,主要是指企业品牌、商誉、履行社会责任等产生的价值。形象价值往往是上述三种价值的综合反映,给顾客带来的主要是信任、归属感、满足等心理利益,也包括价值观层面的契合,因而是深层次的顾客价值。

（2）顾客购买总成本及其构成。

顾客购买总成本是指顾客为某一购买行为所付出的货币、时间、体力、精力等成本之和，主要包括货币成本与非货币成本（包括时间成本、体力成本与精力成本）。

货币成本。通常情况下，影响顾客购买的首要成本因素是货币成本，但越来越多的顾客开始考虑非货币成本因素。

时间成本。在快节奏的现代社会，消费的便利性是人们普遍看重的因素，很多企业特别是服务企业积极采取措施节约顾客的时间成本，比如增加营业网点，开展网络营销，在高峰期增加服务窗口，开辟绿色通道，安排预订系统，建立同业联盟以实现经营资源共享等，这些措施都是为了提高企业的服务效率，节约顾客的时间成本，以提升顾客的感知价值。

体力成本与精力成本，是指顾客在购买过程中付出的身体与心理消耗。消费者的购买决策过程包括确认需要、信息搜集、评估选择、购买决定及购后行为等一系列活动，需要顾客付出一定的体力、精力，特别是对于复杂的购买行为。在其他条件既定的情况下，顾客为购买所花费的体力与精力越少，其感知价值越高。因此，越来越多的企业努力在这方面采取措施，如增加广告的通达性，开展售后送货，提供电话咨询服务等。

2）顾客价值理念在企业营销管理中的运用

由于顾客感知价值的高低取决于顾客购买总价值与购买总成本的比较，因此，顾客在做出购买决策时往往会从价值和成本两个角度进行比较，以保证感知价值的最大化。为此，企业也应从价值和成本两方面着手，通过提升产品、服务、人员、形象等方面的价值水平来提升顾客购买总价值，同时通过有效降低各类购买成本来降低顾客购买总成本。

在企业经营过程中，决定顾客感知价值水平的各变量对价值的影响是复杂的。如果购买价值的提高带来成本的提高，这将会怎样影响顾客感知价值并不确定。因此，企业在运用顾客价值理念时应系统考虑顾客感知价值的变化水平与顾客追求的价值重点，而不是单纯追求个别价值要素的正向变化。此外，企业还应考虑由于消费环境因素的变化，顾客感知价值心理的变化。

由于顾客价值具有主观性特征，企业应在有效创造和传递顾客价值的基础上，通过各种有效途径积极进行价值传播，对产品能够带给顾客的利益与满足进行充分的阐释，让更多的目标顾客明白各种价值，进而提高其价值判断力。

顾客价值具有动态性与个体差异性特征，这要求企业关注所经营产品的顾客价值的变动趋势，以便适应顾客需要。同时，由于不同顾客群对顾客价值及成本的重视程度不同，因此企业要做好市场细分工作，有针对性地满足差异化群体的需要。例如：对于对时间成本的重视程度要高于其他群体的上班族，企业应提高购买与消费的便利性；对于对货币成本的关注度相对较低的高收入者，企业应重点考虑以优异的产品价值、服务价值和形象价值刺激消费。

2. 顾客满意

顾客满意是指顾客将对某一产品可感知的效果与期望值相比较后所形成的愉悦或失望的感觉状态。顾客满意有三种情形，即不满意、满意、高度满意。如果顾客感知的效果低于其预期水平，就会产生失望感，即不满意；如果顾客感知的效果与预期水平相当，就会产生满意感；如果顾客感知的效果超过预期水平，就会产生高度满意感。满意的顾客有较高的重购欲望，是企业的稳定顾客群，有利于企业维持市场份额；满意的顾客还会与他人分享愉悦的消费体验，因而可以为企业进行义务宣传，为企业带来新客户。

企业为实现顾客满意，首先要准确洞悉顾客需要与欲望，明确顾客价值构成，这是有效满足顾客需求、实现顾客满意的基础。其次要创造和传递高顾客感知价值，通过有效的营销手段增加顾客购买价值、降低购买成本,为顾客提供更高的感知价值。再次要提供优质产品和服务。企业要增强质量意识,强化质量管理,创造和提供优质产品和服务,同时还要密切关注顾客价值的变化,及时采取措施去适应各种变化,实现顾客满意。这些措施包括向顾客宣传新的消费观念,诚信促销,适度承诺,合理引导顾客预期等。

3. 顾客忠诚

1) 顾客忠诚的分类

在现代市场营销观念中,企业营销目标是依靠顾客忠诚来实现的。顾客忠诚是顾客重复购买某产品或服务的态度倾向与购买行为的有机结合。为此,有学者根据态度倾向的强弱和购买行为取向的高低这两个维度对顾客忠诚进行划分。其中,格里芬(1995)的分类法(见图1.5)得到了普遍的认同。格里芬将顾客忠诚分为:

图 1.5 格里芬顾客忠诚的分类

理想忠诚,是较强态度倾向与高度重复购买的组合,对应的是现实中的忠诚顾客群体。

潜在忠诚,是较强态度倾向与低度重复购买的组合,表明部分顾客可以通过企业努力争取而成为忠诚顾客。企业应分析他们低度重复购买的原因并调整自己的营销对策。

缺乏忠诚,是弱态度倾向与低度重复购买的组合,表明企业面对的是不忠诚顾客群。企业可根据营销目标与资源确定是争取还是放弃这部分顾客。

虚假忠诚,是弱态度倾向与高度重复购买的组合。该顾客群虽未对企业形成态度偏好,在行动上却表现为高度重复购买,这可能是由于特定的消费环境所致,比如处于垄断经营市场或卖方市场,即使顾客不满意也没有足够的替代选择。企业应该分清自己面对的顾客忠诚是否属于此类,因为此类顾客忠诚的持续性和稳定性差,一旦出现强有力的竞争对手,顾客的忠诚度就会下降。

2) 顾客忠诚的营销效应

首先,顾客忠诚可以为企业带来稳定的营销收益。在竞争日趋激烈的市场中,拥有顾客资产就意味着拥有市场份额。忠诚的顾客不仅可以增加企业当前的利润,而且会由于其对长期购买的态度和情感承诺而保证企业未来的收益。忠诚的顾客还可以节约营销成本,更可能容忍企业营销策略的调整,尤其是因为成本上升等原因形成的价格上涨现象。

其次,忠诚顾客可以为企业带来良好的传播广告效应。顾客忠诚不仅可从顾客重复购买行为上得以体现,而且可从其消费心理上得以体现,这种消费心理正是顾客在重复消费过程中对企业形成的情感需求的反映,如安全感、信任感、尊重感、归属感等。忠诚顾客基于这种情感往往会主动进行口碑宣传,这不仅可以节约企业的营销成本,而且可以大大提高营销效果,因为口碑宣传是消费者获取产品信息的非商业化途径,其可信度要高于企业的促销信息,所以是许多人制订购买决策的重要依据。从一定意义上讲,培育忠诚顾客就是在增强企业的传播效果。

最后,顾客忠诚度高可以为企业带来人力资源效应。员工在与老顾客的交易互动中较好地掌握了老顾客的消费偏好与购买习性,在付出同等努力后可以获得更好的工作业绩、更高的顾客满意度,也可以减少开发新顾客的工作难度,从而保证工作的稳定性和工作热情。

保持顾客忠诚一是要坚持以顾客为导向的营销观念。企业的营销活动从顾客需要出发,通过满足顾客价值要求、实现顾客满意来实现顾客忠诚。二是要与顾客建立长期良好的互信关系。企业应该通过诚信经营、品牌塑造、顾客信息反馈、投诉机制及产品召回制度、公共关系及客户关系管理等途径来建立顾客信任感,为实现顾客忠诚奠定基础。三是要提高顾客让渡价值,实现顾客忠诚。通过有效的市场调研来了解目标顾客对产品的具体价值需要,通过完善产品、改进服务、塑造品牌等来提高顾客购买价值,通过降低成本、提高便利性等来降低顾客购买成本,从而实现高顾客感知价值。四是推行全面质量管理,提高顾客满意度。企业要以顾客需要为依据,在合理的成本控制目标和利润目标的基础上制定科学的质量标准,在企业内部贯彻质量立本的经营理念,对业务活动的每一环节实施质量监控,保证生产、营销、服务全过程的质量水准及稳定性。有条件的企业可经常进行顾客满意度测评,及时发现顾客对企业产品质量的意见并积极整改,通过提高顾客满意度来实现顾客忠诚。除此之外,企业还可以通过提供差异化产品或特色服务,以及运用差异化营销手段,在行业中树立起自己的经营特色,这样既可以吸引顾客购买,也可以提高转换成本来维持顾客忠诚。

4.关系营销

1)关系营销的内涵

关系营销是指企业着眼于长期利益,通过互利交换及共同履行诺言,建立、保持并加强与顾客及其他利益相关者之间的关系,以实现其目标的营销思想及活动。依据上述观点,关系营销理论认为,企业的营销活动在本质上是一个与顾客、供应商、分销商、竞争对手、政府、金融机构、社会组织与公众互动的过程,正确处理企业与这些关系主体之间的相互关系是企业营销活动的关键。

关系营销强调企业能否顺利开展营销活动取决于企业与各利益相关者之间关系的协调程度。营造双向互动的客户关系是营销活动的核心,关系营销坚持互利共赢的理念,强调在交易中更好地理解各方的利益要求,寻求可能的利益共同点,任何以牺牲他人利益谋求自己利益的做法都不会持久。与企业相关的营销主体类型如图1.6所示。

图1.6 与企业相关的营销主体类型

关系营销的市场领域

1.企业与顾客的关系

顾客是企业生存之本,是所有关系主体的中坚,建立、保持和维系与顾客的关系是关系营销的核心目标。要实现这一目标,企业必须坚持互利双赢的观点,建立与顾客联系的长效机制,及时把握顾客的需求动态,提供高质量的产品和服务以满足顾客的需要,并通过客户关系管理、数据库营销、顾客投诉及抱怨处理等具体营销手段维持顾客关系,以减少顾客流失。

2. 企业与供应商的关系

供应商为企业提供原材料、资金、劳动力及其他生产要素。这种合作关系是否良好直接影响到企业的产品质量、成本水平、生产稳定性、交货时间及客户服务水平。保持与供应商的良性关系是企业营销活动顺利开展的必要条件之一。

3. 企业与分销商的关系

分销商是企业特别是生产型企业最重要的合作伙伴。这种合作关系是否良好影响着企业产品的市场进入能力、市场份额、分销效率、渠道成本、顾客评价甚至企业形象。企业应本着互利双赢的原则处理这一关系,以产销双方的共同利益为出发点,以期建立起长期合作的渠道关系。

4. 企业与竞争者的关系

传统的竞争观念主要强调对手间的竞争而忽视合作,强调置对手于死地而保全自身,导致同行企业之间为争夺市场而不惜采用各种手段,使整个行业因恶性竞争而受损。事实上,在当前企业间竞争呈现快速多变、互动性强等特点的背景下,合作竞争的理念已被广泛接受。众多事实也表明,一个企业的成长并不一定要以其他企业的失败为条件,因此,企业应从行业整体成长的角度出发,以互利共赢为导向,积极争取做大整体市场,为全行业谋求生存发展机会。

5. 企业与政府、金融机构、社会组织及公众的关系

企业是在社会大系统中开展营销活动的,政府政策、金融机构、社会利益都是企业开展营销活动必须考虑的影响因素。企业通过积极的沟通来寻求上述关系主体的理解和支持,不仅有利于企业业务的开展,而且有利于树立企业形象。

6. 企业与员工的关系

员工是营销活动的具体执行者。从市场营销活动的起点即市场调查开始,直至售后服务这个终点环节,都离不开员工的参与。企业要想实现顾客满意,首先应让员工满意。关系营销的重要内容就是营造良好的企业内部关系。企业应积极开展内部营销工作,通过科学的人力资源管理使员工人尽其才,并通过合理的薪酬方案与激励机制争取员工的理解与支持。企业与员工的关系状态是其他层次关系的重要基础和保障。

2) 关系营销的具体实施

首先,筛选合作伙伴。企业首先从所有的客户中筛选出值得和必须建立关系的合作伙伴,并进一步确认要建立关系营销的重要客户。选择重要客户的原则不仅仅是当前的盈利能力,而且包括未来的发展前景。企业可以首先选择5个或10个最大的客户进行关系营销,如果其他客户的业务有意外增长也可入选。

其次,指派关系经理。对筛选出的合作伙伴指派关系经理专人负责,这是建立关系营销的关键。企业要为每个重要客户选派干练的关系经理,每个关系经理一般只管理一家或少数几家客户,并派一名总经理管理关系经理。关系经理对客户负责,是有关客户所有信息的汇集点,是公司为客户服务的动员者,对服务客户的销售人员应当进行关系营销的训练。总经理负责制定关系经理的工作职责、评价标准、资源支持,以提高关系经理的工作质量和工作效率。

再次,制订工作计划。为了能够经常地与关系对象进行联络和沟通,企业必须分别制订长期的和年度的工作计划。计划中要确定关系经理职责,明确他们的目标、责任和评价标准。每个关

系经理也必须制订长期的和年度的客户关系管理计划,年度计划要确定目标、策略、具体行动方案和所需要的资源。

最后,了解关系变化。企业要建立专门的部门,用以跟踪顾客、分销商、供应商及营销系统中其他参与者的态度,由此了解关系的动态变化。同时,企业通过客户关系的信息反馈和追踪,测定他们的长期需求,密切关注合作伙伴的变化,了解他们的兴趣。企业在此基础上,一方面要调整和改善关系营销策略,进一步巩固相互依赖的伙伴关系;另一方面要及时采取措施,消除关系中的不稳定因素和发展有利于关系各方利益共同增长的因素。此外,企业要通过有效的信息反馈,改进产品和服务,更好地满足市场的需要。

5. 体验营销

1) 体验营销的概念和分类

体验营销是指企业营造一种氛围,设计一系列事件,以促使顾客变成其中的一个角色尽情表演,顾客在"表演"过程中将会因为主动参与而产生深刻难忘的体验,从而为获得的体验向企业让渡价值。体验营销以向顾客提供有价值的体验为主旨,力图通过满足消费者的体验需要而达到吸引和保留顾客、获取利润的目的。在体验营销模式中,企业的角色就是搭建舞台、编写剧本,顾客的角色是演员,而联系企业和顾客的利益纽带则为体验。开展体验营销,要求企业深入体察顾客的心理,准确掌握顾客需要何种类型的体验。一般来讲,体验营销分为以下几大类型。

一是美学体验营销。美学体验营销是指以人们的审美情趣为诉求,经由知觉刺激,提供给顾客以美的愉悦、兴奋、享受与满足。这种营销模式要求企业对色彩、音乐、形状、图案、风格等美的元素加以良好地运用。这种方式在奢侈品领域尤其盛行,并且被广泛应用。

二是娱乐体验营销。娱乐体验营销是指以顾客的娱乐体验为诉求,通过愉悦顾客来达到企业的营销目标。这种营销方式的出发点和归宿点就是让顾客快乐和开心。它相对于传统营销方式来说,显得更加亲切、轻松、生动,并富有人情味。

三是生活方式体验营销。生活方式体验营销是以消费者所追求的生活方式为诉求点,通过将产品或品牌演化成某一种生活方式的象征甚至是身份、地位的识别标志,从而达到吸引消费者、建立起稳定的消费群体的目的。体验营销中的"体验"是要消费者经过自我思考与尝试去获得的解决方案。这种方案是独特的,是一种生活方式与消费者个人喜好的结合。商家要做的就是对产品的文化、功能、搭配方案的介绍及制作展示等,帮助消费者找到最适合自己的方案。

四是氛围体验营销。氛围指的是围绕某一群体、场所或环境所产生的效果或感觉。氛围营销就是要有意营造这种使人流连忘返的氛围体验。因为好的氛围会像磁石一样牢牢吸引顾客,使顾客频频光顾。对于服装行业,就是通过布置和细节,营造出该季产品的特点,让消费者能够一目了然。

五是文化体验营销。文化对于消费者而言,往往会显得比较高端,而独具匠心的文化体验安排,可使艺术、文学、音乐等看似高雅的文化活动深入消费者心中,让消费者感受到不一样的独特韵味。

【营销案例】 体验营销(见右侧二维码)。

2) 体验营销的具体实施

简单来说,体验营销就是让消费者通过看、听、做、思考等直接参与体验的方式,在购买前、购买中、购买后,实际感知产品、服务的品质或性能及其带来的愉悦的情感体验,同时产生超越对产品或服务本身的好感与深刻印象,反过来,这些美好的体验又会落到产品与品牌上,从而达到消费者认知、喜好产品及品牌并促成购买及重复购买,甚至非某品牌产品不买的目的，这也是企业拉近与消费者距离的一个好方法。具体实施可分为四步。

首先，进行目标消费者的选择，即通过定位来划分出要展开体验营销活动的对象，对不同类型的消费者提供不同方式、不同水平的体验，比如男性和女性，成年人和儿童，体验的方式自然不同。很多企业设计的体验营销过于单一，针对所有消费者，没有人群细分，结果部分消费者接受不了。因此，对消费者进行细分很重要，要针对不同类型的消费者设计合适的体验方式。在我国由于受教育程度、经济收入等因素的影响，大城市、高教育程度、高收入人群更容易接受体验式营销。

其次，对选定的目标消费者进行市场调查，以获取准确的消费者信息。必须保证信息的客观、真实、有效，对所得数据进行分析，深入了解目标消费者的特点、需求、顾虑、消费水平、文化结构等。

再次，以准确翔实的消费者数据为基础，从目标消费者的角度出发，以商品为媒介，以服务为手段，为消费者设计和提供想要的、独特的、有价值的体验，同时使其获得实质的利益。重点是要把握消费者的体验心理，根据其利益点和顾虑点设计在体验过程中重点展示什么、回避什么，而后通过恰当、便捷的方式让目标消费者进行体验。

最后，根据行业、产品的不同，确定好评判标准，用以监测、修正活动。在实行体验式营销后，还要对整个活动运作进行总结以便改进、提高体验营销效果。

6. 合作营销

1）合作营销的概念和类型

合作营销也可以称为联合营销、协同营销，主要是指厂商之间通过共同分担营销费用，协同进行营销传播、品牌建设、产品促销等方面的营销活动，以达到共享营销资源、巩固营销网络目标的一种营销理念和方式。合作营销的最大好处是可以使联合体内的各成员以较少的费用获得较大的营销效果，有时还能达到单独营销无法达到的目的。

合作营销可以是不同行业企业的联合营销，不同行业之间不存在竞争关系，而且还可以优势互补，不同行业品牌的联合促销能产生名牌叠加效应；也可以是同一企业不同品牌的联合营销，芭比娃娃的联合促销活动总是与时俱进，紧跟社会热点，如麦当劳芭比娃娃、哈利·波特芭比娃娃，很多时尚品牌在进行品牌推广时最先想到的都是与芭比娃娃联手推出新产品，正因为如此，全世界每秒就有3个芭比娃娃被买走，这种商业奇迹正是得益于合作营销；还可以是制造商与经销商之间的联合营销及同行企业之间的联合营销，多家企业联合起来，共同展示各自的产品，能吸引更多的客商订货。

2）合作营销的原则

一是合作方应互利互惠。互利互惠是联合营销最基本的原则，只有合作各方都能得到好处，联合营销才能顺利进行。二是合作各方的目标市场要相同或相近。联合各方要有基本一致的目标消费群体，才容易收到理想效果。"美宝莲"润唇膏的折价券是夹在"博士伦"隐形眼镜向其会员寄发的通信册中发送的，这种联合营销之所以可行，是因为这两种产品有共同的目标消费群体，都是年轻女性。三是联合各方要优势互补。产品间、企业间的优势互补，也是联合促销的一个基本原则。当年可口可乐与北京大家宝薯片共同举办了"绝妙搭配好滋味"促销活动。可口可乐是微甜的软饮料，大家宝是微咸的休闲食品，这种搭配可以在口感上相互调剂，甜咸适宜，这就是双方合作的基础。四是联合各方的形象要一致。选择联合对象还要考虑对方市场形象的问题。企业树立自己的市场形象并不容易，一旦选择合作伙伴不当，有可能损害甚至破坏自己的市场形象，得不偿失。五是要遵循强强联手的原则。合作营销最好是知名企业，双方都是名牌企业、名牌产品,对消费者的吸引力更大。

合作营销的关键点是选准合作对象。合作营销中很难做到利害关系完全均等,能否调节好各方合作关系,也是决定成败的一个关键。

第三节　市场营销学的研究对象和研究方法

一、市场营销学的研究对象

市场营销学有微观市场营销学和宏观市场营销学两个分支。一般来说,微观营销活动面向的是企业福利,而宏观营销活动面向的是社会福利。

宏观市场营销是一种社会经济活动过程,其目的在于通过某种社会市场营销系统,引导商品(包括货物和劳务)从生产者流向消费者和用户,满足社会需要,实现社会目标。宏观市场营销学主要研究营销系统的社会功能与效用,它以整个社会经济为出发点,从道德和法律的角度分析、把握市场营销活动及社会(政府、消费者组织等)对市场营销过程的控制,中心内容是消费者利益和有助于国民经济持续、快速、健康发展的流通政策及行政手段。本书研究的企业营销活动过程及其规律性,属于微观市场营销学。

作为一门应用科学,市场营销学的研究对象是以满足市场需求为中心的企业整体营销活动及其规律,即在特定的市场环境中,企业在市场营销研究的基础上,为满足消费者现实的和潜在的需要,所实施的以产品、分销、定价、促销为内容的营销活动过程及其客观规律。其基本任务和目的是为企业的市场营销工作提供基本的理论、思路和方法,提高企业适应市场需求及环境变化的能力,增强企业营销活动的有效性和竞争力,促进企业发展,取得良好的社会经济效益。

二、市场营销学的学科特点

依照前面对市场营销研究对象的表述,可以看出其学科特点主要有三点。

1. 全程性

市场营销学的研究范围,在实践中不断扩大,已突破商品流通领域,上延到了生产领域的产前活动,包括市场调研、产品设计等,下伸到了消费领域的售后服务,包括产品的售后维修、咨询服务和消费者研究等;既要研究、加强内部营销管理,又要分析、适应外部市场环境。因此,研究领域已扩大到社会再生产的全过程。如果把市场营销学的研究对象局限于流通领域,或是局限于广告、推销等方面,那么就把市场营销学混同于商业经济学或推销学了。

2. 综合性

市场营销学在发展中兼容并蓄,逐渐成为综合性的边缘学科。它以经济学为理论基础,吸收、借鉴了哲学、行为科学、社会学、政治学、心理学、计量经济学、信息学、数学等学科的理论和研究方法,并自成一体。市场营销学事实上已构成管理学的重要内容,它充分运用多种学科的研究成果来分析市场营销环境、消费者心理和消费者行为。例如:为了探讨消费者个人心理、倾向、冲动、愿望及需要等对购买行为的影响,市场营销学需借助心理学的知识,诸如动机、认识、学习等理论,以便深入分析消费者行为;消费者在购买过程中可能受到社会环境的影响,于是参考群体、社会阶层、文化、家族等都可能影响购买决策,由此,必须借助心理学、人类学等学科的理论,分析个人消费行为受群体其他成员影响的程度;市场营销学既要做定性分析,也要做定量分析,因此,统计学、会计学、运筹学、数学等都是不可缺少的工具。

3. 实践性

同经济学、统计学、计量经济学及其他社会科学相比,市场营销学具有更强的社会实践性。一方面,市场营销的基本原理、方法与策略来源于广大企业营销实践经验的总结;另一方面,市场营销的基本原理、方法与策略对企业的营销活动具有指导意义和实用价值。市场营销学是有效指导企业适应情况多变的目标市场的实践指南,它着重研究买方市场条件下企业(卖主)的市场营销管理问题,即着重研究企业(卖主)在激烈竞争和不断变化的市场营销环境中,如何识别、分析、评价、选择和利用市场机会,如何满足其目标顾客的需要,提高企业经营效益,求得长期生存和发展。探索企业营销活动过程的规律性,正是为了指导企业营销实践,使企业的产品满足消费需求,实现企业目标。市场营销理论只有应用于实践,才能显示其强大的生命力。

三、市场营销学的研究方法

1. 传统的研究方法

在 20 世纪 50 年代前,对市场营销学的研究主要采用传统的研究方法,包括产品研究法、机构研究法和职能研究法。

(1) 产品研究法,是以产品为中心的研究方法,即对各类产品或各种产品的市场营销分别进行分析研究。主要研究产品的设计、包装、厂牌、商标、定价、分销、广告及各类产品的市场开拓。

(2) 机构研究法,是一种以人为中心的研究方法,着重分析研究市场营销渠道系统中各个环节和各种类型的市场营销机构的市场营销问题。

(3) 职能研究法,即通过分析研究采购、销售、运输、仓储、融资、促销等各种市场营销职能和执行这些职能过程中所遇到的问题,来认识和探讨市场营销问题。

2. 现代的研究方法

进入 20 世纪 50 年代以后,市场营销学发生了革命,研究市场营销学的方法也随之发生了变化,主要采取的是管理研究法、管理科学研究法、系统研究法和社会研究法。

(1) 管理研究法,又叫作决策研究,即从管理决策的角度来研究市场营销问题。这是一种从管理决策的角度来分析研究市场营销问题的方法,它综合了产品研究法、机构研究法和职能研究法。

(2) 管理科学研究法,即不仅要用文字来分析与阐述问题,还要采用数学的方法,即建立市场营销的数学模型,并用统计数字来检验模型的科学性。这是一种偏重定量研究的方法,一般要与其他研究方法结合起来使用。

(3) 系统研究法,是系统理论具体应用的一种研究方法,是从企业内部系统、外部系统,以及内部和外部系统如何协调来研究市场营销学的。企业内部系统主要是研究企业内部各职能部门,诸如生产部门、财务部门、人事部门、销售部门等如何协调,以及企业内部系统同外部系统的关系如何协调。外部系统主要研究企业同目标顾客外部环境的关系。

(4) 社会研究法,主要研究各种营销活动和营销机构对社会的贡献及其所付出的成本,以及企业营销活动对社会利益的影响。市场营销活动,一方面带来了社会经济繁荣,提高了社会及广大居民的福利;另一方面也造成了某些负面效应,如污染环境、破坏社会生态平衡等。因此,有必要通过社会研究方法,寻求使市场营销的负面效应减少到最低限度的途径。

第四节 市场营销学的产生和发展

一、市场营销学的历史演进过程

市场营销学于 20 世纪初期产生于美国。随着社会经济及市场经济的发展,市场营销学发生了根本性的变化,从传统市场营销学演变为现代市场营销学,其应用从营利性组织扩展到非营利组织,从国内扩展到国外。当今,市场营销学已成为同企业管理相结合,并同经济学、行为科学、人类学、数学等学科相结合的应用边缘管理学科。西方市场营销学的产生与发展同商品经济的发展、企业经营哲学的演变是密切相关的。美国市场营销学自 20 世纪初诞生以来,其发展经历了六个阶段。

1. 萌芽阶段(1900—1920 年)

这一时期,各主要资本主义国家经过工业革命,生产力迅速提高,城市经济迅猛发展,商品需求量亦迅速增多,出现了需过于供的卖方市场,企业产品价值实现不成问题。与此相适应,市场营销学开始创立。早在 1902 年,美国密执安大学、加州大学和伊利诺伊大学的经济系就开设了市场学课程,以后相继在宾夕法尼亚大学、匹茨堡大学、威斯康星大学开设了此课程。在这一时期,出现了一些市场营销研究的先驱者,其中较著名的有阿切·W. 肖(Arch. W. Shaw)、巴特勒(Ralph Star. Bulter)、约翰·B. 斯威尼(John B. Swirniy)及赫杰特齐(J. E. Hagerty)。哈佛大学教授赫杰特齐走访了大企业主,了解他们如何进行市场营销活动,于 1912 年出版了第一本销售学教科书,该教科书是市场营销学作为一门独立学科出现的里程碑。

阿切·W. 肖于 1915 年出版了《关于分销的若干问题》一书,率先把商业活动从生产活动中分离出来,并从整体上考察分销的职能。但当时他尚未能使用"市场营销"一词,而是把分销与市场营销视为一回事。

韦尔达、巴特勒和威尼斯在美国最早使用"市场营销"术语。韦尔达提出:"经济学家通常把经济活动划分为 3 大类:生产、分配、消费……生产被认为是效用的创造。""市场营销应当定义为生产的一个组成部分。""生产是创造形态效用,营销则是创造时间、场所和占有效用。""市场营销开始于制造过程结束之时。"

这一阶段的市场营销理论同企业经营哲学相适应,即同生产观念相适应。其依据是传统的经济学,是以供给为中心的。

2. 功能研究阶段(1921—1945 年)

这一阶段以营销功能研究为其特点。此阶段较著名的代表者有克拉克(F. E. Clerk)、韦尔达(L. D. H. Weld)、亚历山大(Alexander)、瑟菲斯(Sarface)、埃尔德(Ilder)及奥尔德逊(Alderson)。1932 年,克拉克和韦尔达出版了《美国农产品营销》一书,对美国农产品营销进行了全面的论述,指出市场营销的目的是使产品从种植者那里顺利地转到使用者手中,这一过程包括 3 个重要又相互有关的内容:集中(购买剩余农产品)、平衡(调节供需)、分散(把农产品化整为零)。这一过程包括 7 种市场营销功能:集中、储藏、财务、承担风险、标准化、推销和运输。1942 年,克拉克出版的《市场营销学原理》一书,在功能研究上有所创新,把功能归结为交换功能、实体分配功能、辅助功能等,并提出了推销是创造需求的观点,实际上是市场营销的雏形。

3. 形成和巩固时期(1946—1955 年)

这一时期的代表人物有范利(Vaile)、格雷特(Grether)、考克斯(Cox)、梅纳德(Maynard)及贝克曼(Beckman)。1952年,范利、格雷特和考克斯合作出版了《美国经济中的市场营销》一书,全面地阐述了市场营销如何分配资源、指导资源的使用,尤其是指导稀缺资源的使用;市场营销如何影响个人分配,而个人收入又如何制约营销;市场营销还包括为市场提供适销对路的产品。同年,梅纳德和贝克曼在出版的《市场营销学原理》一书中,提出了市场营销的定义,认为它是"影响商品交换或商品所有权转移,以及为商品实体分配服务的一切必要的企业活动"。梅纳德归纳了研究市场营销学的5种方法,即商品研究法、机构研究法、历史研究法、成本研究法和功能研究法。

由此可见,这一时期已形成市场营销的原理及研究方法,传统市场营销学已形成。

4. 市场营销管理导向时期(1956—1965年)

这一时期的代表人物主要有奥尔德逊(Wraoe Alderson)、霍华德(John A. Howard)及麦卡锡(E. J. Mclarthy)。

奥尔德逊在1957年出版的《市场营销活动和经济行动》一书中提出了"功能主义"。霍华德在出版的《市场营销管理:分析和决策》一书中,率先提出从营销管理角度论述市场营销理论和应用,从企业环境与营销策略的关系来研究营销管理问题,强调企业必须适应外部环境。麦卡锡在1960年出版的《基础市场营销学》一书中,对市场营销管理提出了新的见解。他把消费者视为一个特定的群体,即目标市场,企业制订市场营销组合策略,适应外部环境,满足目标顾客的需求,实现企业经营目标。

5. 协同和发展时期(1966—1980年)

这一时期,市场营销学逐渐从经济学中独立出来,同管理科学、行为科学、心理学、社会心理学等理论相结合,使市场营销学理论更加成熟。

在此时期,乔治·道宁(George S. Downing)于1971年出版的《基础市场营销:系统研究法》一书,提出了系统研究法,认为公司就是一个市场营销系统,"企业活动的总体系统,通过定价、促销、分配活动,并通过各种渠道把产品和服务供给现实的和潜在的顾客"。他还指出,公司作为一个系统,同时又存在于一个由市场、资源和各种社会组织等组成的大系统之中,它将受到大系统的影响,同时又反作用于大系统。

1967年,美国著名市场营销学教授菲利普·科特勒(Philip Kotler)出版了《市场营销管理:分析、计划与控制》一书,该著作更全面、系统地发展了现代市场营销理论。他精粹地对营销管理下了定义:营销管理就是为了创造、建立和保持与目标市场之间的有益交换和联系,以实现组织的各种目标而进行的分析、计划、执行和控制过程。他还提出,市场营销管理过程包括分析市场营销机会,进行营销调研,选择目标市场,制订营销战略和战术,制订、执行及调控市场营销计划。

菲利普·科特勒突破了传统市场营销学认为营销管理的任务只是刺激消费者需求的观点,进一步提出了营销管理任务还影响着需求的水平、时机和构成,因而提出营销管理的实质是需求管理,还提出了市场营销是与市场有关的人类活动,既适用于盈利组织,也适用于非营利组织,扩大了市场营销学的范围。

1984年,菲利普·科特勒根据国际市场及国内市场贸易保护主义抬头、出现封闭市场的状况,提出了大市场营销理论,即6P战略,原来的4P(产品、价格、分销及促销)加上两个P——政治权力及公共关系。他提出了企业不应该只被动地适应外部环境,还应该影响企业的外部环境的战略思想。

6. 分化和扩展时期(1981年至今)

在此期间,市场营销领域又出现了大量丰富的新概念,使得市场营销这门学科出现了变形和分化的趋势,其应用范围也不断地扩展。

1981年,莱维·辛格和菲利普·科特勒对"市场营销战"这一概念及军事理论在"市场营销战"中的应用进行了研究,几年后,列斯和特罗出版了《市场营销战》一书。1981年,瑞典经济学院的克里斯琴·格罗路斯发表了论述"内部市场营销"的论文,菲利普·科特勒也提出要在企业内部创造一种市场营销文化,即使企业市场营销化的观点。1983年,西奥多·莱维特对"全球市场营销"问题进行了研究,提出过于强调对各个当地市场的适应性,将导致生产、分销和广告方面规模经济的损失,从而使成本增加。因此,他呼吁多国公司向全世界提供一种统一的产品,并采用统一的沟通手段。1985年,巴巴拉·本德·杰克逊提出了"关系营销""协商推销"等新观点。1986年,菲利普·科特勒提出了"大市场营销"这一概念,提出了企业如何打进被保护市场的问题。在此期间,"直接市场营销"也是一个引人注目的新问题,其实质是以数据资料为基础的市场营销,事先获得大量信息和电视通信技术的发展才使直接市场营销成为可能。

20世纪90年代初期,营销网络、定制营销、绿色营销、纯粹营销、政治营销、营销决策支持系统、营销专家系统等理论与实践逐渐引起了学术界的广泛关注。

二、市场营销理论在中国的发展

经过几十年的时间,我国对于市场营销学的研究、应用和发展已取得了一定的成绩。从整个发展过程来看,大致经历了下述几个阶段。

1. 引进时期(1978—1982年)

这一时期可以说是市场营销学引进中国的时期,我们采用了"走出去,请进来"的方式。通过对国外市场营销学著作、杂志和国外学者讲课的内容进行翻译介绍,选派学者、专家到国外访问、考察、学习,聘请营销专家来华讲学等方式,系统地介绍和引进了国外市场营销理论。但是,当时该学科的研究还局限于部分大专院校和研究机构,从事该学科引进和研究工作的人数很有限,对西方市场营销理论的许多基本观点的认识也比较肤浅,大多数企业对该学科还比较陌生。

2. 传播时期(1983—1985年)

经过前一时期的努力,全国各地从事市场营销学研究、教学的专家和学者开始意识到,要使市场营销学在中国得到进一步的应用和发展,必须成立各地的市场营销学研究团体,以便相互交流和切磋研究成果,并利用团体的力量扩大市场营销学的影响,推进市场营销学研究的进一步发展。1984年1月,"全国高等综合大学、财经院校市场学教学研究会"的成立,为市场营销学学习与应用的推广谱写了新的篇章。在以后的几年时间里,全国各地各种类型的市场营销学研究团体如雨后春笋般纷纷成立。从1984年起,中国高校市场学会连续多次开办市场学研究班,在为企业培训营销人才的同时,为大专院校和中专学校培训了大量的市场学师资。在此期间,市场营销学在学校教学中也开始受到重视,有关市场营销学的著作、教材、论文在数量上和质量上都有很大的提高。

3. 应用时期(1986—1988年)

1985年以后,我国经济体制改革的步伐进一步加快,市场环境的改善为企业应用现代市场营销原理来指导经营管理实践提供了有利条件,在此期间,现代企业在其经营活动中,运用市场营销原理和方法取得成功的实例比比皆是,市场营销理论的研究和应用愈来愈受到重视。在市场营销学的教学、科研、应用等方面出现了开课院校多、出版著作多、培训面大、传播面广的形势,有相当数量的经济工作者学习了营销理论,也有一定数量的教学、科研人员重视调查和总结企业营销工作经验,将理论与实践相结合,在实际应用中大见成效。

4. 扩展时期(1989—1994年)

在此期间,无论是市场营销教学研究队伍,还是市场营销教学、研究和应用的内容,都有了极大的扩展。全国各地的市场营销学学术团体,改变了过去只有学术界、教育界人士参加的状况,开始吸收企业界人士参加。其研究重点也由过去单纯的教学研究,改为结合企业市场营销实践的研究。"全国高等综合大学、财经院校市场学教学研究会"也更名为"中国高等院校市场学研究会"。学者们已不满足于仅仅对市场营销一般原理的教学研究,对其各分支学科的研究日益深入,并取得了一定的研究成果。市场营销理论的国际研讨活动进一步发展,极大地开阔了学者们的眼界。

5. 国际化时期(1995年至今)

1995年,国家教委批准设立中国人民大学中国市场营销研究中心。1995年6月22日至25日,由中国人民大学、加拿大麦吉尔大学、康克迪亚大学联合主办的"第五届市场营销与社会发展国际会议"在北京成功举行,来自46个国家和地区的135名外国学者和142名国内学者出席了会议。25名国内学者的论文被收入《第五届市场营销与社会发展国际会议论文集》(英文版),6名中国学者的论文荣获国际优秀论文奖。从此,中国市场营销学者开始全方位、大团队地登上国际舞台,与国际学术界、企业界的合作进一步加强。

本章小结

市场营销是在变化的市场环境中,旨在满足消费需要、实现企业目标的活动过程,包括市场调研、选择目标市场、产品开发、产品促销等一系列与市场有关的企业业务经营活动。市场营销的核心概念包括需要、欲望和需求,效用、价值和满意,交换和交易等。市场营销观念是企业市场营销的指导思想,经历了生产观念阶段、产品观念阶段、推销观念阶段、市场营销观念阶段和社会市场营销观念五个阶段。市场营销观念还在不断的沉淀和发展,包括顾客价值、顾客满意、顾客忠诚、关系营销、体验营销和合作营销等观念。市场营销学是一门建立在经济科学、行为科学和管理理论的基础之上的应用型学科。它的研究对象是以满足消费者为中心的企业市场营销活动过程及其规律性。最后简要阐述了市场营销理论的产生和发展过程。本章的重点是市场营销学的核心概念和市场营销哲学观念及其发展,难点是以上两个知识点的应用。

思考题

1. 如何理解"市场营销"概念的内涵?
2. 市场营销的核心概念有哪些?
3. 市场营销观念经历了哪些演变,其各自的背景和特点是什么?
4. 新旧两种营销观念的区别有哪些?
5. 市场营销学的研究对象和研究方法是什么?
6. 简述市场营销观念的创新与发展。

案例分析与实训

1. 案例分析

亚朵酒店：体验经济下的新住宿时代

约瑟夫·派恩和詹姆斯·H.吉尔摩在1999年出版的《体验经济》一书中曾用"产品和服务已经远远不够"作为副标题,一语道出当下的商业世界充斥着同质化产品和服务,单靠产品和服务已不足以支持企业利润的持续快速增长。苹果、星巴克等公司的巨大成功,从某些角度再次论证了创造价值的最大机会在于"营造体验"。

体验营销虽在酒店住宿行业或多或少都有体现,但大多只停留在满足消费者感觉、情感、行动的体验需求上,并未引发消费者对生活的思考,更未带给消费者所追求生活方式的归属感。此外,很多品牌酒店都忽略了一个问题,那就是消费者追求的更高层次是消费和体验的统一过程,而不是断点般的短暂满足。

亚朵的第一家酒店于2013年8月开业,坐标西安,到2016年6月,约3年的时间完成开业55家,签约155家,在2016年1月统计的中国酒店集团规模50强中排名第31位(数据源自上市公司财报和盈蝶咨询数据)。亚朵近几年的快速发展和注册用户快速累积,与其体验营销的成功有着密切的关系。

主题环境

亚朵的主要客户群体的年龄集中在35岁左右,有5到10年工作经验的中产阶级,他们为生活、为事业忙忙碌碌,奋力打拼,经常出差,生活工作节奏快、压力负担重,内心向往和追求有品质的生活,也有较强的消费能力。

我国的中产阶级人数在20世纪90年代几乎为零,随着中国经济的飞速发展,中国中产阶级的队伍也不断壮大,到2020年,这一数字将达到7亿(数据来源于欧睿信息咨询公司)。中产阶级成为一个庞大的群体,人们尝试通过各种方式来彰显自己的与众不同。早期是炫耀式的奢侈品消费,从名贵首饰、箱包到豪车,这些商品正在逐渐失去标榜社会阶层的功能。今天能区分人们社会地位的变成了"谈资",也就是人们身上沉淀的文化资本。

基于此,亚朵着力打造属于这个群体的第四空间——"在路上",这也是继星巴克提出的家

（第一空间）、办公室（第二空间）、星巴克（第三空间）的再次延伸，将亚朵打造成人们在外路途中与其陪伴的伙伴（第四空间）。采用跨界思维，除将顾客的睡觉、洗澡、上网三大核心需求做到极致以外，融入了阅读和摄影两大文化主题，精心设计顾客的人文生活体验。

每个亚朵都有一个超大7×24小时阅读会友书吧，名为"竹居"，提供24小时借阅服务。在亚朵的大堂中，客人也都能随手在一面书墙上或者书柜中拿起一本感兴趣的读物，可免押金借阅，为了让客人有完整的阅读体验，提供异地还书服务。"书"式体验融入亚朵，让顾客的心多了几分宁静与思考。

摄影是亚朵的另一大文化主题，具有"属地文化"的摄影作品展示在亚朵的每一个角落。顾客在每一个城市的亚朵，都能通过摄影作品开启一段不同的历史。

入住亚朵，你还能免费品尝到送到房间内的美食。随食物会一起附送一张小卡片，卡片上介绍了美食的制作方法和功效。一杯羹、一张卡片正是亚朵人追求生活品质，认真对待生活、体验生活的态度。这也正是吸引消费者、让消费者产生思考的一种生活方式。

因此，亚朵提供的不仅是一个可休憩的场所，更是一个可学习、可社交、可放松心境的有温度、有颜色的空间。与大部分酒店不同的是，亚朵提供给消费者的不仅是外在的产品和服务，更重要的是内在的体验，所以当这样一个目标群体遇上亚朵时，神奇地产生了情感的共鸣和归属感，并成功地引发了消费者对生活方式的思考。

无缝衔接

体验营销是思考模式的创新，只有以顾客为主体，从消费者的生活与情境出发，塑造消费者所追求生活方式的感官体验环境，创造消费者的情绪抒发方式，激发消费者的创造灵感，鼓励其参与行动改变现状，且感受到的是一个连续的过程，而不是断点般短暂的满足，最终才能让消费者找到相同生活方式群体的归属感，才能使消费者的情感受到尊重、思想得到激发。消费者获得的不只是产品或服务的满足，更多的是生活方式的解决方案，他们甚至愿意为感性需求的满足付出更高的代价。亚朵在体验的连续性上做到了无缝衔接。

1) 明确消费者要什么

体验式调查，模拟消费者体验过程进行调查。

调查感觉：亚朵是否让我在感官上有特别的感受。

调查情感：走进亚朵我是否有一种心情愉悦的感觉。

调查行动：亚朵是否有意在引导与我之间进行互动交流。

调查思考：亚朵是否有意刺激我对人文生活的联想。

调查关联：亚朵的其他消费者是否和我属于同一类人。

通过体验式调查，快速掌握消费者对亚朵主题的喜爱程度及消费者所追求生活方式的变化，从而激发更新、更好的创意。

2) 接触点设计

所谓接触点，即分别在售前、售中、售后分解消费者的体验过程，运用不同的工具，让消费者感受到一个连续的体验过程。

亚朵在售前利用网络让消费者感知到人文生活的主题。

走进亚朵，则通过灯光、气味、色彩、音乐、文字、摆件等逐步在消费者心目中构建起亚朵的主题氛围。譬如炎炎夏日，当你步入亚朵时，首先映入眼帘的并不是多么奢华的金碧辉煌，而是简约却又非常艺术的设计和清新舒适的气质范儿。服务人员走出柜台，首先递上一杯清凉的酸梅饮，一杯饮料还未饮完，入住手续已办好，房卡已到手，这个过程，顾客是坐着的，服务人员是站着的。有的顾客甚至感觉屁股还没坐热,万事皆办妥。不需要押金,不需要烦琐的手续。在文字体验上,"宿归"(客房)、"相招"(餐厅)、"共语"(多功能会议室)、"汗出"(健身房)、"出尘"(免费洗熨烘干自助洗衣房)、"竹居"(超大 7×24 小时阅读会友书吧)等充满文艺清新气息的区域命名仿佛能让心中的疲劳远去。客房中一把造型独特的茶壶和几个茶杯,让你看一眼都仿佛能嗅到心旷神怡的茶清香。

酒店的公共区域、客房的墙壁上、床头均可以看到反映"属地文化"的摄影作品,傍晚夜宵是免费送到房间的一份附加了制作方法和功效卡片的糖水等。

顾客离店时,服务人员会主动送上瓶装水。

每一个转身,每一次接触,都让消费者更好地体验着这种他们向往已久的感觉和生活方式。正如 B. 约瑟夫·派恩在《体验经济》一书中所提到的"不管在什么情况下,要想强化一种服务的感官刺激,最简单的办法就是通过提供食品和饮料的方式增加味觉体验""一种体验对感觉的调动越有效,这种体验的感觉就会越难忘"。当你走出亚朵时,包里可能还装着免押金借阅且可异地归还的书籍,回味着与环境中其他消费者和服务人员沟通过程中所深刻体会到的源自社会文化意义的相互影响和对生活方式的思考,体味着想要成为这一群体或文化的一部分的欲望。

亚朵以服务为舞台,以产品为道具,以工作人员为演员,精心设计无缝衔接的人文体验。

自我实现

1) 售卖解决方案

自我实现是马斯洛需求的最高层次,也是体验营销策略中最关键的部分。目前大多数中端酒店都知道消费者想要什么,但遗憾的是,他们卖的却仍然是产品和服务。若把产品当产品卖,只能考虑到消费者理性的需求。体验营销中的"体验"是要消费者经过自我思考与尝试去获得的解决方案。这种方案是独特的,是一种生活方式与消费者个人喜好的结合。商家要做的,是帮助消费者找到最适合自己的方案。

比宜家更胜一筹的是,亚朵不仅营造了一个让消费者体验生活、体验人文的第四空间,更提供了一种生活方式的解决方案。亚朵酒店的床垫、四件套等床上用品是与供应商合作定制的自有品牌"普兰特",客人用过后如喜欢,便可扫码购买。酒店沐浴三件套是与阿芙精油合作,客人用茶是与乡里乡亲合作,客人使用后如喜欢,皆可扫码购买。

2) 人员沟通促进消费者关联体验

要满足顾客思考、行动、关联的需求,必须通过销售解决方案,并通过与顾客的互动沟通彰显主题所要表达的生活方式。

关联体验是体验的最高层次,能让消费者找到群体归属感并实现自我价值观,它是所有体验策略的结果。

在酒店住宿业中,人员沟通能够对关联体验起到很大的促进作用。体验沟通的内容不仅包括产品本身和解决方案,还包括了解消费者的心情,交流生活的方式,促进消费者间的沟通。

亚朵的员工对待顾客像对待自己的朋友,他们不会主动向顾客推销,但却在顾客需要咨询时,提供专业的解决方案。每个亚朵员工都有 300 元的授权,用于即时解决客人的突发状况。

阅读会友书吧"竹居"的摆设、色彩也非常便于消费者结交朋友,加以"阅读"主题基础上的交流,顾客与顾客间的沟通也变得很自然。

值得一提的是,服务人员、管理人员的挑选首先要符合企业的价值文化,在培训时必须加上"目标群体生活方式"一课,保证能够理解顾客的感受,并与顾客有沟通的话题。

亚朵酒店的创始人兼 CEO 耶律胤认为酒店住宿业有几个境界,最基本的是满意,往上是惊喜,再往上是感动,这里的感动应该就是体验营销的体现之一。

(资料来源:《销售与市场》,2017年11月)

问题:请评述亚朵酒店的营销哲学。亚朵酒店的成功并不是偶然,为什么?

2. 实训

实训目的:理解掌握市场营销哲学观念的演变和发展创新。

实训内容:以亚朵酒店的案例为参考,调研酒店行业市场营销发展过程中营销观念是如何转变的。

第二章 市场营销环境

教学内容和教学目标

◆ 内容简介
(1) 市场营销环境的含义及特征。
(2) 微观营销环境。
(3) 宏观营销环境。
(4) 环境分析与营销对策。

◆ 学习目标
(1) 了解营销环境的特征。
(2) 理解掌握可能对企业营销活动带来影响的宏观及微观环境诸多要素。
(3) 能够运用环境威胁、机会分析矩阵对营销环境进行评估。

本章我们将从市场营销环境的含义及特征、微观与宏观营销环境分析、营销环境分析与营销对策等角度展开学习，以使大家更深刻地了解市场营销环境对企业营销活动的影响，提高企业适应环境变化的能力。

第一节 市场营销环境的含义及特征

一、营销环境的含义

菲利普·科特勒指出："市场营销环境就是影响企业的市场和营销活动的不可控制的参与者和影响力。"企业的市场营销环境是指影响企业市场营销活动和目标实现的各种因素和条件的总和。

根据营销环境对企业营销活动发生影响的方式和程度，可以将市场营销环境分为两大类：微观营销环境和宏观营销环境。微观营销环境指与企业紧密相连，直接影响企业营销能力的各种参与者，从企业营销系统的角度看，包括市场营销渠道企业、企业内部、竞争者、中间商、消费者与公众。微观营销环境也称直接营销环境、作业环境。它直接影响与制约着企业的营销活动，多半与企业具有或多或少的经济联系。宏观营销环境指影响微观营销环境，并因而造成市场机会或环境威胁的主要社会力量，包括人口、经济、政治法律、科学技术、社会文化及自然生态等企业不可控的宏观因素。宏观营销环境一般以微观营销环境为媒介去影响和制约企业的营销活动，故被称为间接营销环境。在特定场合，宏观营销环境也可直接影响企业的营销活动。这两种环境不是并列关系，是包容和从属关系。微观环境受宏观环境的大背景制约，宏观环境借助微观环境发挥作用。市场营销工作就是要发现并利用市场机会，而市场机会来自营销环境的变化。

营销环境按其对企业营销活动的影响,可分为威胁环境与机会环境,前者指对企业市场营销不利的各项因素的总和,后者指对企业市场营销有利的各项因素的总和。营销环境按其对企业营销活动影响时间的长短,还可分为企业的长期环境与短期环境,前者持续时间较长或相当长,后者对企业市场营销的影响则比较短暂。微观营销环境受制于宏观营销环境,微观营销环境中所有的因素都要受宏观营销环境中各种力量的影响(见图2.1)。

图2.1 企业市场营销环境

二、营销环境的特征

营销环境是一个多因素、多层次而且不断变化的综合体,具有如下四个特征。

1. 客观性

环境作为企业外在的不以营销者意志为转移的因素,对企业营销活动的影响具有强制性和不可控性的特点。一般说来,企业无法摆脱和控制营销环境,特别是宏观营销环境,难以按企业自身的要求和意愿随意地改变。但企业可以主动适应环境的变化和要求,制订并不断调整市场营销策略。营销环境是企业营销活动的制约因素,营销活动只有依赖这些环境才能正常进行,这表现为:营销管理者虽可控制企业的大部分营销活动,但必须注意环境对营销决策的影响,不得超越环境的限制;营销管理者虽能分析、认识营销环境提供的机会,但无法控制所有有利因素的变化,更无法有效地控制竞争对手;由于营销决策与环境之间的关系复杂多变,营销管理者无法直接控制企业营销决策实施的最终结果。此外,企业营销活动所需的各种资源,需要在环境许可的条件下取得,企业生产与经营的各种产品,也需要获得消费者或用户的认可与接纳。

2. 差异性

不同的国家或地区之间,宏观环境存在着广泛的差异;不同的企业,微观环境也千差万别。正因营销环境的差异,企业为适应不同的环境及其变化,必须采用有特点和针对性的营销策略。环境的差异性也表现为同一环境的变化对不同企业的影响不同。例如,中国加入世界贸易组织,意味着大多数中国企业将进入国际市场,进行"国际性较量",而这一经济环境的变化,对不同行业所产生的影响并不相同。企业应根据环境变化的趋势和行业的特点,采取相应的营销策略。同处某一国度、地区或行业中的企业所面对的营销环境既有差异性,又有相似性,如同处在一定的政治、经济、文化、科技、行业规划和产业政策等背景下,使得企业之间的竞争有了一个公平的前提和保证。

小贴士

颜色与营销

在香港,小贩经常将白色的鸡蛋浸到茶水中使其变成红棕色,因为在亚洲的绝大部分地区,白色代表着死亡、丧事,必须回避。因而,罗德艾兰州的红色母鸡所产的新英格兰棕色鸡蛋在香港市场上就具有先天的优势。

而联合航空公司却忽视了白色在不同地区的不同含义,在取得泛美太平洋航线后制定了一个危险的新规矩——要求泛美太平洋航班的乘务人员给每一位乘客送一朵白色的康乃馨,这一行为引起了乘客的极度反感,给企业造成的后果是灾难性的。

3. 多变性

市场营销环境是一个动态系统。首先,构成营销环境的诸因素受众多因素的影响,而每一环境因素都随着社会经济的发展而不断变化。20世纪60年代,中国处于短缺经济状态,短缺几乎成为社会经济的常态。改革开放30年来,中国已遭遇"过剩"经济,不论这种"过剩"的性质如何,仅就卖方市场向买方市场转变而言,市场营销环境已经发生了重大变化。其次,环境因素经常处于不断变化之中。环境的变化既有环境因素主次地位的互换,也有可控程度以至是否可控的变化,还有矛盾关系的协调。随着我国社会主义市场经济体制的建立与完善,市场营销宏观环境的变化也将日益显著。市场营销环境通过其内容的不断扩展及其自身各因素的不断变化,对企业营销活动产生影响。营销环境的变化,既会给企业提供机会,也会给企业带来威胁。虽然企业难以准确无误地预见未来环境的变化,但可以通过设立预警系统,追踪不断变化的环境,从而及时地调整营销策略。

4. 相关性

营销环境诸因素之间相互影响、相互制约,某一因素的变化会引起其他因素的变化,从而形成新的营销环境。例如,竞争者是企业重要的微观环境因素之一,而宏观环境中的政治、法律因素或经济政策的变动,均能影响一个行业竞争者加入的数量,从而形成不同的竞争格局;又如,市场需求不仅受消费者收入水平、爱好及社会文化等的影响,政治、法律因素的变化,往往也会对市场需求产生决定性的影响;再如,各个环境因素之间有时存在矛盾,某些地方消费者有购买家电的需求,但当地电力供应不正常,无疑是扩展家电市场的制约因素。

营销环境是企业营销活动的制约因素,营销活动只有依赖这些环境才能正常进行。营销管理者在分析市场营销环境时,还必须辩证地理解和把握以下几点:市场营销环境的不可控性与企业能动性的统一,市场营销环境的多变性与相对稳定性的统一,市场营销环境的关联性与相对独立性的统一,市场营销环境的差异性与相似性的统一。但是,强调企业对所处环境的反应和适应,并不意味着企业对环境完全无能为力,只能消极地、被动地改变自己以适应环境。营销管理者应采取积极、主动的态度能动地去适应营销环境。企业可以制订并不断调整市场营销策略,主动适应环境的变化和要求。就宏观环境而言,企业可以以不同的方式增强适应环境的能力,从而避免来自环境的威胁,有效地把握市场机会。在一定条件下,企业也可运用自身的资源积极影响和改变环境因素,以便创造更有利于企业营销活动的空间。

第二节 宏观营销环境分析

企业营销的宏观环境是造成市场机会和环境威胁的主要社会力量,是企业的外部环境,包括人口、经济、自然、科技、政治法律及社会文化等因素,这些因素共同制约着企业的营销活动(见图2.2)。

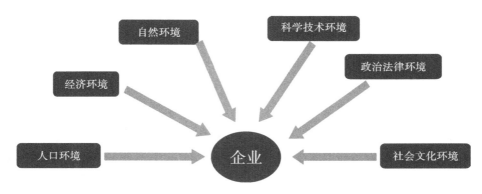

图 2.2 企业市场营销宏观环境

一、人口环境

人口是构成市场的直接因素,市场是由具有购买欲望和购买力的人组成的,没有人就无从谈及市场需求。人口的数量在一定程度上决定着市场容量的大小,企业营销活动离不开对人口环境的认知。人口环境包括人口总量、人口结构、人口地理分布等。

1. 人口总量

人口总量是衡量市场潜在容量的重要因素。在其他条件不变的情况下,总人口越多,市场容量就越大,企业营销的市场就越广阔。2006年全球人口已经超过60亿,预计到2050年将达到90亿。

世界人口仍在高速增长,但地区发展很不平衡,人口增长最快的地方恰恰是经济欠发达地区,而发达国家的人口20多年来一直保持着较低水平。

我国是世界人口最多的国家,2005年人口已超过13亿,尽管实行计划生育,但由于人口基数过大,每年仍将持续增长。全球人口和我国人口的增长,一方面说明如果人们有足够的购买力,人口的增长就意味着市场的扩大,这给企业营销提供了广阔的市场;另一方面,人口的增长如果超过了经济的增长,会影响人们的购买力,同时人口的增长已经形成了对资源的巨大压力,人均资源的短缺将制约经济的发展。如何节约各种资源、研制新能源和新材料代替传统能源和原材料,将构成对企业的巨大挑战,同时也蕴藏了相当多的市场机会。

2. 人口结构

1) 年龄结构

人口年龄结构是市场需求结构的重要影响因素,不同年龄阶段的消费者在可支配收入水平、消费偏好、支出方向、消费心理、购买行为特征等方面有很大的差别,因而年龄往往是企业细分市场的最主要依据。当前,人口年龄结构呈现以下变化趋势。

一是许多国家人口老龄化趋势明显,而在一些人口自然增长率低的发达国家,这一特征更为显著,中国也不例外。

二是人口出生率下降。人口年龄结构的变化直接影响着消费资料需求结构的变化,比如,市场对养老服务、医疗保健等产品和服务需求的明显增加就是这一趋势的反映。

不同年龄结构的需求商品类别如表 2.1 所示。

表 2.1　不同年龄结构的需求商品类别

年龄组	年龄组名称	购买商品的类别
0~5 岁	幼儿	婴儿食品、玩具、育儿家具、幼儿服装
6~19 岁	学龄儿童和青少年	服装、体育用品、磁带、学习用品、快餐、软饮料、糖果、化妆品、电影
20~34 岁	青年人	汽车、家具、房屋、食品和啤酒、服装、娱乐设备
35~49 岁	中年人	较大的房屋、较好的汽车、新家具、计算机、娱乐设备、珠宝、服装、食品和葡萄酒
50~64 岁	壮年人	娱乐活动、为年轻人结婚和婴儿购买的物品、旅行
65 岁以上	老年人	医疗服务、旅行、药品、为年轻人购买的物品

2) 性别结构

大量研究成果表明,男性和女性在消费心理、消费行为上存在较大差异。比如:男性和女性消费者的购买力投向有明显的不同,女性比男性更喜欢打扮、逛商场、采购日用品、化妆品、女性服装等,而男性则在购买大件物品方面表现出积极性;对同一种商品,男性消费者比女性消费者更容易做出购买决策。因而,企业营销者有必要掌握人口性别的差异给企业产品营销带来的差异影响,以便顺利实现营销目标。

3) 家庭结构

家庭结构是人口环境的主要构成因素,包括家庭数量、家庭人口、家庭居住环境。在世界人口环境中一个突出的趋势是,家庭规模趋于小型化,这在中国也很突出。中国传统家庭通常是三代同堂甚至四世同堂、人口众多的大家庭,家庭管理及购买决策相对集中。如今,这类传统家庭已经很少了,主流家庭结构模式是由一对夫妻及其未成年子女组成的家庭。

4) 社会结构

人口社会结构指标包括民族、职业、受教育程度、收入水平等,它们也是影响消费决策的现实因素。不同民族有不同的需求、生活习惯和购买行为。人在做出消费决策时往往会考虑职业因素,比如教师着装一般要求端庄大方,不主张浓妆艳抹、奇装异服。消费者的受教育程度决定了其审美视角和价值判断的不同,因而消费时对信息对称性的要求、对维护自身价值的要求、对消费品位的要求、对流行趋势的把握、对商家促销活动的回应都表现出较大的差异。至于收入水平,则更为直接地影响着消费需求。

3. 人口地理分布

人口在地区上的分布,关系着市场需求的异同。居住在不同地区的人群,由于地理环境、气候条件、自然资源、风俗习惯的不同,消费需求的内容和数量也存在差异。我国人口主要集中在东南沿海一带,约占全国人口的 94%,而西北地区人口仅占 6% 左右。而且城市人口比较集中,尤其是大城市人口密度大,我国人口超千万的城市有上海、北京和重庆。农村人口则相对分散。人口分布特征反映在市场上,就表现为城市市场的集中程度高,销售周转快;农村市场广,运输成本高。

另外,人口的城市化和区域性转移也会引起社会消费结构的变化。在中国,随着城市化的加快,人口流动呈现前所未有的规模和频率。这一流动带来城乡市场需求的相反变化:在城市,大量人口涌入，人口快速膨胀，导致各类城市对基本生活资料、公共服务产品、住房等生活资料的需求快速增长，农村的购买力则受到影响。当然，从市场营销的角度看，大量的农村人口进入城市，从事各种岗位的工作，满足了城市发展的需要，增加了各种可能的市场供给，保证了企业营销活动的顺利开展。

二、经济环境

经济环境是指企业开展市场营销活动的经济因素，主要涉及经济发展状况、消费者的收入与支出状况等。

1. 经济发展状况

1）经济体制

经济体制主要涉及政府管理经济的方式对企业营销活动的影响。当前，我国已经确立了社会主义市场经济体制，企业作为营销主体的地位得到彰显，可以自主开展营销活动。

2）经济结构

经济结构涉及一国产业结构、技术水平、消费结构、经济发展阶段等因素对企业营销活动的影响。中国经济结构的特点是：目前处于经济起飞阶段，产业结构不尽合理，地区间经济发展差异显著，城乡消费水平差别明显。这些特点都是企业在开展营销活动时需要考虑的外部因素。

3）经济形势

经济形势涉及经济增长率、通货膨胀率、就业率、国际经济形势等因素对企业营销活动的影响。2008年由次贷危机引发的美国金融危机，直接或间接地影响着我国经济的发展。一方面，发达市场经济衰退导致需求减少，使我国的出口订单萎缩，营销难度加大；另一方面，这次危机导致国内房地产、汽车等关联度高的产业业绩大幅下降，造成相关产业受到牵累，很多企业在开拓市场时遭遇挑战。

4）经济政策

经济政策涉及货币、汇率、贸易、财税、产业政策等政策因素对企业营销活动的影响。比如，2004年10月至2008年5月，中央银行连续9次加息，加息的作用在于：通过提高存贷款利率，抑制投资需求，吸收一部分居民存款，使银行资金状况有所缓解，抑制房地产泡沫等。在2008年受国际金融危机影响的情况下，为抑制经济衰退，中央银行在3个月的时间内连续5次降息。显然，国家的经济政策必将影响企业的市场营销活动，既可能带来机会，又可能产生威胁。

此外，国内外的经济状况都是复杂多变的，机遇与挑战并存，企业必须认真研究，力求正确认识与判断，并相应制订营销战略和计划。

2. 消费者的收入与支出状况

现实的市场需求取决于收入水平。国民收入、个人收入水平及其支出模式既影响人们的购买能力，也影响人们的消费模式。

1）国民收入

国民收入、人均国民收入等指标可反映一个国家的经济发展水平。人均国内生产总值也称为"人均GDP"，常作为发展经济学中衡量经济发展状况的指标，是重要的宏观经济指标之一，是人们了解和把握一个国家或地区的宏观经济运行状况的有效工具。2016年，中国的人均国内生产总值为8113美元，此前的2014年和2015年分别为7595美元和8016美元。一般而言，人均国内生产总值超过1000美元即标志着经济增长进入一个重要阶段，消费结构向发展型、享受型升级。目前，我国汽车、手机消费快速增长，机械、电子行业成为工业增长的主导力量；居民住房需求旺盛,推动了房地产业的快速发展,这些都预示着将会产生更多的营销机会。

2)个人收入

个人收入是指城乡居民通过各种来源获得的收入总和。各地区居民收入总额可用以衡量当地消费市场的容量,人均收入的多少反映了购买力水平的高低。

个人可支配收入。从个人收入中减除缴纳税收和其他经常性转移支出后,所余下的实际收入,即能够用以作为个人消费或储蓄的数额。个人可支配收入被认为是消费开支的最重要的决定性因素。

个人可任意支配收入。在个人可支配收入中,有相当一部分要用来维持个人或家庭的生活及支付必不可少的费用(如食品、服装、分期付款、水电费、煤气费、通信费、房租、子女教育费等)。只有在可支配收入中减去这部分维持生活的必需支出,才是个人可任意支配收入。个人可任意支配收入是影响消费者需求构成的最活跃的经济因素。

对企业营销活动而言,个人可支配收入与个人可任意支配收入是有意义的收入指标。这部分收入越大,企业的营销机会越多。2016年世界人均收入排名如表2.2所示。

表2.2 2016年世界人均收入排名

排名	国家	人均收入/$
1	卢森堡	103 187
2	瑞士	82 178
3	卡塔尔	78 829
4	挪威	76 266
5	美国	55 904
6	新加坡	53 224
7	澳大利亚	51 641
8	丹麦	56 956
9	冰岛	51 068
10	圣马力诺	49 139

3)消费支出

消费支出主要是指消费者支出模式和消费结构。收入在很大程度上影响着消费者支出模式和消费结构。随着消费者收入的变化,支出模式与消费结构也会发生相应变化。

20世纪以来,经济学家一直运用恩格尔系数来分析消费者支出模式和消费结构。德国统计学家恩斯特·恩格尔通过研究发现:一个家庭的收入越少,其总支出中用来购买食物的比例就越大;而随着家庭收入的增加,用于购买食物的支出占总支出的比例会下降,用于教育、卫生、娱乐等方面的支出的比重则会上升。这一结论被称为恩格尔定律,而食品支出占家庭消费支出总额的比率被称为恩格尔系数。恩格尔系数是衡量一个国家、一个地区、一个城市、一个家庭生活水平高低的标准,反映了人们收入增加时支出变化趋势的一般规律,说明消费者收入的变化直接影响着消费者支出模式的变化。恩格尔系数与贫富标准如表2.3所示。

表2.3 恩格尔系数与贫富标准

恩格尔系数	59%以上	50%~59%	40%~50%	30%~40%	30%以下
贫富标准	绝对贫困	勉强度日	小康水平	富裕	最富裕

4）消费者储蓄与信贷

储蓄与信贷是影响消费者现实购买力的两大金融因素。储蓄是将收入的一部分存储待用。储蓄的形式可以是银行存款，可以是购买债券，还可是手持现金。储蓄高则现实购买少，潜在购买力大。信贷则是将未来的购买提至当前。信贷的形式主要有短期赊销、分期付款、消费贷款等。消费信贷使消费者可用贷款先取得商品所有权，再按约定期限归还贷款。消费信贷的规模与期限在一定程度上影响着某一时期内现实购买力的大小，也影响着提供信贷的商品的销售量。

消费信贷是一个经济杠杆，可以调节积累与消费、供给与需求之间的矛盾。当市场供大于求时，可以发放消费信贷，刺激需求；当市场供不应求时，可以收缩消费信贷，适当抑制、减少需求。消费信贷把资金投向需要发展的产业，刺激这些产业的生产，带动相关行业和产品的发展。企业营销者应密切关注消费信贷的政策走势，以便及时抓住商机。

三、自然环境

企业市场营销活动离不开物质资源与自然条件的支撑，营销环境中的自然环境主要包括自然资源、气候条件、生态环境、能源供应等诸多方面的因素。当前人类社会发展面临着一系列自然环境因素的挑战，市场营销活动也不例外。主要的挑战有：

1. 资源短缺

随着经济的发展，全球资源短缺问题日益严重。中国是一个自然资源相对贫乏的国家，加之人口众多，人均资源拥有水平在世界上排位靠后。以矿产资源为例，我国人均矿产资源不到世界人均占有量的1/2，只有美国的1/10。一些关系到国计民生的大宗矿产（如石油、富铁矿等）严重不足。以石油为例，经济快速发展带来的对石油产品的需求与日俱增，使中国的原油供需缺口越来越大。中国已成为世界原油进口大国之一。经济发展对进口原油的高度依赖已成为影响中国经济安全的隐患，同时对相关企业的营销活动构成了极大的挑战。

2. 环境恶化

据考古研究，4000年前，我国黄河流域到处是大片的原始森林，而现在黄河流域的森林覆盖率只有1.2%。目前，全国的森林覆盖率仅为13%。改革开放以来，虽然我国开始重视环境问题，但是发展工业成为当务之急，高耗能、高污染的企业比比皆是，一些高污染企业甚至肆意排放"三废"，大江、大河水质污染严重，黄河断流持续的时间越来越长，水土流失严重，草场过度放牧，毁林、盗林严重，随意占用耕地，沙尘暴频繁出现，生态环境日益恶化。这些现象是违背科学发展观的后果，反过来又对企业营销活动产生了现实的制约。

资源短缺、环境恶化是企业营销活动无法回避的现实，已引起全世界的高度关注。许多国家和国际组织都通过立法来强化环境治理，因而企业必须高度重视相关法规，在营销活动中履行应承担的社会责任，如开展节能降耗，使用替代资源，加强"三废"的综合利用，开展绿色营销、生态营销等。

低碳生活无处不在

据报载，京城首次"低碳招聘会"于2010年3月21日在北京人才大厦举行，1027个岗位现场招纳低碳人才。在招聘现场，参会企业也纷纷亮出了低碳的招数，最典型的就是取消发放纸质材料,用U盘收电子简历。

说起时下的大学毕业生招聘会,相信很多大学生都会深有感触,认为花销不少,浪费也多。就以求职简历为例,为了给招聘人员留下深刻印象,大学生们可谓煞费苦心,如用高级铜版纸做成精美封面,放上自己靓丽的艺术照,加上获得的各种证书的复印件,有的求职简历居然有十几页之多。此外,为在求职过程中多找几个"婆家",大学生们往往要准备几十份甚至上百份求职简历。

因此,看到这次低碳招聘会中有许多企业取消纸质材料,采取用U盘收简历的做法时,大家难免眼前一亮。在笔者看来,此举好处多多:首先,这一做法有力地倡导了低碳理念;其次,这一做法减轻了大学生的经济负担;最后,这一做法与时俱进。

目前,提倡低碳生活方式的潮流方兴未艾,人们对走进低碳生活非常期待和向往。但是,对于什么是真正的低碳生活,如何身体力行、积极参与低碳生活,很多人还不太明白,也找不到实践的机会。营销管理者可以从中找到市场机会。

四、科学技术环境

科学技术是社会生产力中最活跃的因素,它影响着人类社会的历史进程和社会生活的方方面面,对企业营销活动的影响更是显而易见。现代科学技术突飞猛进,科技发展对企业营销活动的影响表现在以下几个方面。

1. 科技发展促进社会经济结构的调整

每一种新技术的发现、推广都会给某些企业带来新的市场机会,导致新行业的出现。同时,也会给某些行业、企业造成威胁,使这些行业、企业受到冲击甚至被淘汰。例如,电脑的运用代替了传统的打字机,复印机的发明排挤了复写纸,数码相机的出现夺走了胶卷的大部分市场等。

2. 科技发展促使消费者购买行为的改变

随着多媒体和网络技术的发展,出现了"电视购物""网上购物"等新型购买方式。人们还可以在家中通过"网络系统"订购车票、飞机票、戏票和球票。工商企业也可以利用这种系统进行广告宣传、营销调研和推销商品。随着新技术革命的推进,"在家便捷购买、享受服务"的方式还会继续发展。

3. 科技发展影响企业营销组合策略的创新

科技发展使新产品不断涌现,产品寿命周期明显缩短,要求企业必须关注新产品的开发,加速产品的更新换代。科技发展运用降低了产品成本,使产品价格下降,并能快速掌握价格信息,要求企业及时做好价格调整工作。科技发展促进流通方式的现代化,要求企业采用顾客自我服务和各种直销方式。科技发展使广告媒体多样化,信息传播快速化,市场范围更加广阔,促销方式更加灵活。为此,要求企业不断分析科技新发展,创新营销组合策略,适应市场营销的新变化。

4. 科技发展促进企业营销管理的现代化

科技发展为企业营销管理现代化提供了必要的装备,如电脑、传真机、电子扫描装置、光纤通信等设备的广泛运用,对改善企业营销管理、实现企业现代化发挥了重要的作用。同时,科技发展对企业营销管理人员也提出了更高要求,促使其更新观念,掌握现代化管理理论和方法,不断提高营销管理水平。

五、政治法律环境

1. 政治环境

政治环境涉及国家的政治制度、政党制度、经济管理制度、政府与企业的关系等。在我国,安定团结的政治局面不仅有利于经济发展和人民货币收入的增加,而且会影响群众的心理预期,导致市场需求的变化。党政方针政策规定了国民经济的发展方向和速度,也直接关系到社会购买力的提高和市场消费需求的增长变化。

政治环境对企业营销活动的影响主要表现为国家政府所制定的方针政策,如人口政策、能源政策、物价政策、财政政策、货币政策等对企业营销活动带来的影响。例如:国家通过降低利率来刺激消费的增长;通过征收个人收入所得税来调节消费者收入的差异,从而影响人们的购买;通过增加产品税,对香烟、酒等商品的增税来抑制人们的消费需求。在国际贸易中,不同的国家也会制定一些相应的政策来干预外国企业在本国的营销活动,主要措施有进口限制、税收政策、价格管制、外汇管制、国有化政策。

2. 法律环境

法律环境是指国家或地方政府所颁布的各项法规、法令和条例等。它是企业营销的限制性环境因素,具有强制性、严肃性。企业只有依法进行各种营销活动,才能受到国家法律的有效保护。近年来,为适应经济体制改革和对外开放的需要,我国陆续制定和颁布了一系列法律法规,例如,《中华人民共和国产品质量法》《中华人民共和国经济合同法》《中华人民共和国涉外经济合同法》《中华人民共和国商标法》《中华人民共和国专利法》《中华人民共和国广告法》《中华人民共和国食品卫生法》《中华人民共和国环境保护法》《中华人民共和国反不正当竞争法》《中华人民共和国消费者权益保护法》,等等。企业的营销管理者必须熟知有关的法律条文,才能保证企业经营的合法性,运用法律武器来保护企业与消费者的合法权益。

六、社会文化环境

社会文化环境主要是指一个国家、地区的价值观念、生活方式、风俗习惯、宗教信仰、伦理道德、教育水平、语言文字等营销环境因素。文化是指一个国家或民族的历史、地理、风土人情、传统习俗、生活方式、文学艺术、行为规范、思维方式、价值观念等。文化是一种社会现象,是人们长期创造形成的产物;同时又是一种历史现象,是社会历史的积淀物。文化对企业的市场营销活动的影响是多层次、全方位、渗透性的。

文化又由亚文化组成,亚文化是在主体文化支配下形成的文化分支,涉及种族、地域、宗教等。不同的文化群在消费心理、消费习惯等多方面均存在差异。营销者只有对目标市场所处的社会文化环境进行全面深入的调查研究,才能制订有效的市场营销决策。通常,社会文化环境分析的内容包括:

1. 价值观念

价值观念是指人们对社会生活中各种事物的态度和看法。不同文化背景下的人群,价值观念有很大差异,这些差异直接影响着消费心理和消费行为。对于不同的价值观念,营销管理者应研究并采取不同的营销策略。

2. 宗教信仰

宗教信仰是一种具有很强行为约束力的价值规范。在营销活动中,必须明晰不同宗教信仰对人们的消费观念、消费行为、习惯禁忌、消费方式等的影响,以便有针对性地设计营销策略。

"指南针地毯"的启示

比利时的一个地毯商把脑筋动到了穆斯林身上。这个名叫范德维格的商人,聪明地将扁平的指南针嵌入祈祷地毯。这种特殊的指南针,不是指南或指北,而是直指圣城麦加。这样,伊斯兰教徒不管走到哪里,只要把地毯往地上一铺,麦加方向顷刻之间就能准确找到。这种地毯一推出,在穆斯林居住地区即成了抢手货,几个月内,范德维格在中东和非洲一下子就卖掉了 25 000 多张"指南针地毯",赚了大钱。

3. 教育水平

文化主要是通过教育手段传承的。受教育程度不同的消费者,其价值取向、消费心理、消费行为往往存在差异,营销者应了解这些差异,有效制订营销对策。

4. 消费习俗

消费习俗是风俗习惯在消费领域的具体体现,表现为人们在衣食住行、婚丧嫁娶、节日、礼仪等活动和规范上的差异,这种差异往往取决于地域、民族差异,对企业的产品研发、渠道选择和促销安排都有直接影响。

第三节 微观营销环境分析

微观营销环境既受制于宏观营销环境,又与企业营销形成协作、竞争、服务、监督的关系,直接影响与制约企业的营销能力。微观营销环境是那些与企业有双向运作关系的个体、集团和组织,在一定程度上,企业可以对其进行控制或施加影响。市场营销微观环境主要由企业内部、供应商、营销中间商、顾客、竞争者和公众构成(见图2.3)。

一、企业内部

企业的市场营销部门不是孤立的,它面对着许多其他职能部门,如高层管理(董事会、总裁等)、财务、研发、采购、制造和会计等部门。这些部门、各管理层次之间的分工协作是否和谐会影响企业的营销决策和营销方案的实施。例如,在营销计划的执行过程中,资金的有效运用、资金在制造部门和营销部门之间的合理分配、可实现的资金回收率都与财务部门有关;新产品的设计和生产方法是研发部门集中考虑的问题;生产所需原材料能否得到充分供应,是由采购部门负责的;制造部门负责生产指标的完成。所有这些部门都同营销部门的计划和活动有着密切的联系。

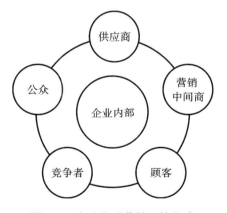

图 2.3 企业微观营销环境构成

二、供应商

供应商是指向企业提供生产上所需要的资源的企业和个人,其提供原材料、设备、能源、劳务等，与企业构成协作关系。供应商所提供资源的价格和数量，直接影响着企业产品的价格、销量和利润。供应短缺、工人罢工或其他事故，都可能影响企业按期完成交货任务。这从短期来看，损失销售额；从长期来看，则损害企业在顾客中的信誉。因此，企业应该了解各供应商所能提供的商品品种、规格、质量、价格、信贷条件、运输方式、信誉等，密切注意各个供应商各方面情况的变化。企业应该通过积极的市场营销活动使各种物质供应能确保生产的顺利进行，同时使企业在与供应商建立的供销关系中处于主动地位，从而降低供应风险。

三、营销中间商

营销中间商是指协助企业促销、销售和经销其产品给最终购买者的机构，包括中间商、实体分配机构、营销服务机构（调研公司、广告公司、咨询公司等）、金融中介（银行、信托公司、保险公司等）。这些都是市场营销中不可缺少的中间环节，大多数企业的营销活动，都需要有它们的协助才能顺利进行。比如：生产集中和消费者分散的问题，必须通过中间商的分销来解决；资金周转不灵，则须求助于银行或信托公司等。随着商品经济的发展，社会分工愈细，这些中介机构的作用就愈大，因而企业在营销过程中必须处理好同这些中介机构的合作关系。

四、顾客

顾客是企业营销活动的起点，也是营销活动的对象和终点，是企业最重要的一个环境因素，企业需要仔细了解其顾客。通常按顾客及其购买目的的不同来划分市场，一般可以分为消费者市场、产业市场、中间商市场和政府市场等。这些市场上的消费者需求不相同而且时刻变化，必定要求企业以不同的服务方式提供不同的产品，从而制约企业营销决策的制订。这种划分方法可以具体深入地了解不同市场的特点，更好地贯彻以顾客为中心的经营思想。企业面对的顾客可分为以下几种类型。

（1）消费者市场：购买商品和服务供自己消费的个人和家庭。

（2）生产者市场：购买商品及劳务投入生产经营活动过程以赚取利润的组织。

（3）中间商市场：为转售牟利而购买商品和劳务的组织。

（4）非营利市场：为提供公共服务或转赠需要者而购买商品和服务的政府机构和非营利组织。

五、竞争者

从消费者需求的角度划分，企业的竞争者包括愿望竞争者、平行竞争者、产品形式竞争者和品牌竞争者。

（1）愿望竞争者，指提供不同产品以满足不同需求的竞争者。例如，电视机制造商的愿望竞争者是生产冰箱、洗衣机、地毯等不同产品的厂家。如何促使消费者首先购买电视机，而不是首先购买其他产品，这就是一种竞争关系。

（2）平行竞争者，指提供能够满足同一种需求的不同产品的竞争者。例如，平板电视、液晶电视都是家庭的视频工具，这两种产品的生产经营者之间存在竞争关系，他们也就相互成为各自的平行竞争者。

（3）产品形式竞争者，指生产同种产品，但提供不同规格、型号、款式的竞争者。

（4）品牌竞争者，指产品的规格、型号等相同，但品牌不同的竞争者。在同行业竞争中，卖方密度、产品差异、进入壁垒的变化是三个特别需要重视的方面。

①卖方密度是指同一行业或同一类商品经营中卖主的数目。这种数目的多少,在市场需求量相对稳定时,直接影响着企业市场份额的大小和竞争的激烈程度。

②产品差异是指同一行业中不同企业生产同类产品的差异程度。差异使产品各有特色而相互区别,这实际上就存在着一种竞争关系。

③进入壁垒是指某个新企业在试图加入某行业时所遇到的困难程度。

六、公众

公众是指对企业实现营销目标的能力有实际或潜在利害关系和影响力的团体或个人。企业所面临的公众主要有以下几种(见图2.4)。

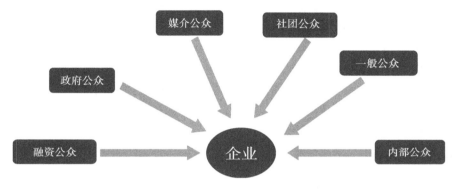

图 2.4　公众类别

1. 融资公众

融资公众是指影响企业融资能力的金融机构,如银行、投资公司、证券经纪公司、保险公司等。企业可以通过发布真实而乐观的年度财务报告,回答关于财务问题的询问,稳健地运用资金,在融资公众中树立信誉。

2. 政府公众

政府公众是指负责管理企业营销活动的有关政府机构。企业在制订营销计划时,应充分考虑政府的政策,研究政府颁布的有关法规和条例。

3. 媒介公众

媒介公众是指报纸、杂志、广播、电视和网络等大众传播媒介。它们对企业的形象及声誉的建立具有重要作用。媒介公众具有双重性质,它既是媒介又是公众。媒介公众传递信息迅速、影响力大,可以引导社会舆论,促进或降低影响,对社会的经济、政局的变化具有不容忽视的作用,因此媒介公众被认为是继立法、司法、行政三个权力之后的"第四权力",任何组织和个人都不能轻视媒介公众的影响力。

4. 社团公众

社团公众是指保护消费者权益的组织、环保组织及其他群众团体等。企业营销活动关系到社会各方面的切身利益,必须密切注意并及时处理来自社团公众的批评和意见。

5. 一般公众

一般公众是指上述各种公众之外的社会公众。一般公众虽然不会有组织地对企业采取行动,但企业形象会影响到他们的惠顾。

6. 内部公众

内部公众是指企业的员工,包括高层管理人员和一般职工。企业的营销计划需要全体职工的充分理解、支持和具体执行。企业应经常向员工通报有关情况,介绍企业发展计划,发动员工出谋献策,关心员工福利,奖励及时,增强内部凝聚力。员工满意度高就必然会影响到外部公众,从而有利于塑造良好的企业形象。

第四节　营销环境分析与营销对策

市场营销环境通过对企业构成威胁或提供机会而影响营销活动。对企业内外环境进行分析的方法很多,最常用的方法就是SWOT分析法。SWOT分析法是由麦肯锡咨询公司提出的,是指企业系统地考虑其内部环境和外部环境,确定企业可行性方案的理论框架。其中,S表示优势,W表示劣势,O表示机会,T表示威胁。这四个方面综合起来就可以全面地分析企业的内外部环境,能够为企业营销策划的制订提供参考依据。

因此,SWOT分析法实际上是对企业内外部条件各方面内容进行综合和概括,进而分析组织的优劣势、面临的机会和威胁的一种方法。优劣势分析主要是着眼于企业自身的实力及其与竞争对手的比较,而机会和威胁分析则将注意力放在外部环境的变化及对企业的可能影响上。在分析时,应把所有的内部因素集中在一起,然后用外部的力量来对这些因素进行评估。本节只介绍运用SWOT分析法对外部环境进行分析。

一、市场威胁矩阵分析

对环境威胁的分析,一般着眼于两个方面:一是分析威胁的潜在严重性,即影响程度;二是分析威胁出现的可能性,即出现概率。其分析矩阵如图2.5所示。

	出现概率	
	大	小
影响程度 大	Ⅰ	Ⅱ
影响程度 小	Ⅲ	Ⅳ

图2.5　威胁分析矩阵图

威胁分析矩阵图的纵轴代表影响程度,即威胁出现给企业带来的损失的大小;横轴代表出现威胁的概率。Ⅰ区域给企业带来的威胁最严重,其"影响程度"和"出现概率"均大,是企业实现赢利目标的主要障碍,应特别重视;Ⅳ区域的"影响程度"和"出现概率"都小,不构成企业的威胁;Ⅱ区域"影响程度"大,但其"出现概率"小,不构成威胁;Ⅲ区域"影响程度"小,但其"出现概率"大,构成企业的主要威胁。因此,企业应重点分析Ⅰ、Ⅲ区域,防止威胁给企业带来风险,对于Ⅱ、Ⅳ区域应严格监视,以防其向不利于企业经营的方向发展。

二、市场机会矩阵分析

环境机会是指外部环境的变化,给企业扩大销售额、提高市场占有率、增加赢利带来有利的影响。环境机会一般用机会分析矩阵图表示,如图2.6所示。

在机会分析矩阵图中,纵轴表示潜在吸引力,即企业只要利用这一机会,就能带来经济效益,

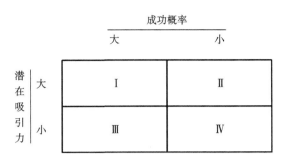

图 2.6 机会分析矩阵图

它可用货币数额表示;横轴代表成功的可能性(概率)。将矩阵分为四个区域:Ⅰ区域是最好的市场营销机会,其"潜在吸引力"和"成功概率"都大,企业应制订营销战略,以便抓住和利用这一机会;Ⅱ区域的"潜在吸引力"大,但其"成功概率"小;Ⅲ区域的"潜在吸引力"小,但其"成功概率"大;Ⅳ区域的"潜在吸引力"和"成功概率"都小,所以无机会可言。所以,对于Ⅱ、Ⅲ区域,企业在进行营销决策时,要进行具体分析,权衡利弊,使其向着有利于企业营销的方向发展。

三、综合机会威胁矩阵分析

综合分析是指将环境机会与环境威胁综合起来,用于确定在一定环境条件的前提下企业的类型。在现实中,当某一环境因素变化时,对某一企业的影响是两方面的,即既存在机会,也可能产生威胁。综合分析矩阵如图 2.7 所示。

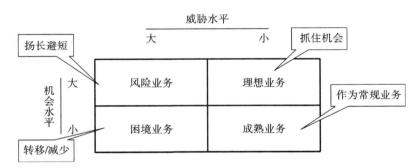

图 2.7 综合分析矩阵

在图 2.7 中,纵轴代表机会水平,横轴代表威胁水平,这两项指标在机会分析矩阵和威胁分析矩阵中得到。因此,企业的业务可分为如下四种类型:一是风险业务,即高机会水平和高威胁水平的业务;二是困境业务,即低机会水平和高威胁水平的业务;三是成熟业务,即低机会水平和低威胁水平的业务;四是理想业务,即高机会水平和低威胁水平的业务。

四、企业营销对策

在企业的经营活动中,对环境机会与威胁的分析一定要有超前性,因为在环境发生重大变化之后,企业再分析就为时已晚,机会已经损失。企业要取得营销的成功,关键在于善于抓住机会,力求避免威胁。对于以上四类业务,企业应采用不同的对策。

对于理想业务,如果与企业发展战略相符,就应该抓住机遇,迅速行动。

对于风险业务,应该全面分析企业自身的优势与劣势,扬长避短,创造条件跟进。

对于成熟业务,机会与威胁程度都不高,可以作为常规业务,保持战略发展。

对于困境业务,则采取转移和减少的对策。要么通过调整市场营销组合等来改善环境,以减轻环境威胁的严重性,要么转移到其他赢利更多的行业或市场。

本章小结

市场营销环境就是影响企业的市场和营销活动的不可控制的参与者和影响力,即企业的市场营销环境是指影响企业市场营销活动和目标实现的各种因素和条件的总和。营销环境具有客观性、差异性、多变性、相关性四个特征。

根据营销环境对企业营销活动发生影响的方式和程度,可以将市场营销环境分为两大类:微观营销环境和宏观营销环境。微观营销环境指与企业紧密相连,直接影响企业营销能力的各种参与者,从企业营销系统的角度看,包括市场营销渠道企业、企业内部、竞争者、中间商、消费者与公众。微观营销环境也称直接营销环境、作业环境。它直接影响与制约着企业的营销活动,多半与企业具有或多或少的经济联系。宏观营销环境指影响微观营销环境,并因而造成市场机会或环境威胁的主要社会力量,包括人口、经济、政治法律、科学技术、社会文化及自然生态等企业不可控的宏观因素。宏观营销环境一般以微观营销环境为媒介去影响和制约企业的营销活动,故被称为间接营销环境。在特定场合,宏观营销环境也可直接影响企业的营销活动。这两种环境不是并列关系,是包容和从属关系。微观环境受宏观环境的大背景制约,宏观环境借助微观环境发挥作用。市场营销工作就是要发现并利市场机会,而市场机会来自营销环境的变化。

在企业的经营活动中,通过对环境机会与环境威胁进行分析,可以把企业业务分成理想型、风险型、成熟型和困境型四类,不同类型的业务,企业采取的对策也不同:对于理想业务,如果与企业发展战略相符,就应该抓住机遇,迅速行动;对于风险业务,应该全面分析企业自身的优势与劣势,扬长避短,创造条件跟进;对于成熟业务,机会与威胁程度都不高,可以作为常规业务,保持战略发展;对于困境业务,则采取转移和减少的对策,要么通过调整市场营销组合等来改善环境,以减轻环境威胁的严重性,要么转移到其他赢利更多的行业或市场。

思考题

1. 为什么要分析市场营销环境,市场营销环境有哪些特征?
2. 宏观营销环境是怎么构成的,它们是怎样影响企业营销活动的?
3. 微观营销环境是怎么构成的,它们是怎么影响企业营销活动的?
4. 试分析我国汽车行业的科学技术环境。
5. 举例说明企业应该怎样分析其面临的机会与威胁。面对这些机会与威胁,企业应该采取何种对策?

案例分析与实训

1. 案例分析

麦当劳(中国)悄悄改名叫"金拱门"

据国家企业信用信息公示系统显示,麦当劳(中国)有限公司(简称麦当劳)于2017年10月12日更名为"金拱门(中国)有限公司"。

新麦当劳中国宣布了中国内地"愿景2022"加速发展计划,提出了未来五年销售额年均增长率保持在两位数的目标。预计到2022年底,中国内地麦当劳餐厅将从2500家增加至4500家,开设新餐厅的速度将从2017年每年约250家逐步提升至2022年每年约500家。届时,约45%的麦当劳餐厅将位于三、四线城市,超过75%的餐厅将提供外送服务,为中国消费者带来便利。"愿景2022"还提到"未来2.0"餐厅覆盖率提升到逾90%,为更多顾客提供数字化及人性化的用餐体验。

麦当劳总裁兼首席执行官史蒂夫·伊斯特布鲁克(Steve Easterbrook)表示:"中国将在不远的未来成为麦当劳在美国以外最大的市场。中国市场瞬息万变,我们很高兴能与中信和凯雷强强联合,通过更快速的本地化决策,满足中国顾客的需求。麦当劳在中国的业绩一直非常出色,增长势头强劲。此外,团队也敏锐地把握了外送服务和数字化等消费潮流,走在麦当劳全球系统的前列。我坚信此战略合作将进一步释放我们在中国市场的潜力。麦当劳将通过在新麦当劳中国的持股,以及积极参加董事会会议,继续推动麦当劳在中国市场的增长。"

为了迎合中国人的聚餐文化,餐厅努力营造"人情味",增设了聚会和庆祝功能,尤其是针对独生子女的消费群体,极力营造家庭氛围,提供一整套庆祝生日的服务,所以,和美国麦当劳利用科技取代人力的做法不同,北京麦当劳高度依赖与消费者的互动。这些措施把麦当劳从就餐场所转变为了休闲场所,顾客到这里不仅仅是为了用餐,更是为了社交与娱乐。于是,"快餐"慢了下来,吃快餐成为一种带有文化体验意味的行为。另一方面,洋快餐的标准化生产提高了中国人对饮食卫生的标准,也带动了中式快餐的发展。

麦当劳目前在全球有30 000多家分店,其中公司直营不到20%,80%以上是授权经营。而中国市场恰恰相反,2400家门店有70%是直营模式,这和中国特殊的市场环境及麦当劳谨慎的扩张步伐有关。麦当劳年营收的65%来自直营店铺销售额,但公司的利润主要还是来自授权加盟经营。

公司之所以寻求和中信集团的合作,既是为了借助拥有政府背景的中信在房地产、金融领域的资源关系网,为其在中国部署的发展战略提供便利的条件,也是为了改变原先的直营模式,改为授权加盟模式,坦白说,这是一种接地气的"傍大款"行为,其目的仍是为了追求利益的最大化。也正是如此,新成立的"金拱门"雄心勃勃地宣布了下一步的计划:未来五年中国内地的麦当劳餐厅将从2500家增加至4500家,并进入300个城市,到2022年将在三、四线城市拓展45%的业务。

至于说改名,可以看成是麦当劳在新形势下的本土化策略,是为了让自己听上去更像是一个中国企业,能和遍布三、四线城市的"乡村鸡""麦当当"等本土化品牌一较高下的选择。为了达到这一目的,还有什么比入乡随俗、取一个喜庆祥和的名字更有说服力的呢?

试分析:

(1)麦当劳(中国)市场环境有哪些新特点?

(2) 你认为麦当劳改名的主要原因有哪些?

(3) 你认为麦当劳改名后应该如何开展业务?

2. 实训

实训目的:学习分析营销环境和制订营销对策内容。

实训内容:2012年3月,国务院召开第五次廉政工作会议,明确指出要严格控制"三公"经费,禁止用公款购买香烟、高档酒和礼品。短短两个月,市场上多年来"只涨不跌"的高端白酒应声跌价,白酒行业整体进入冷冬。面对如此环境,酒企应如何把握市场变化,采取何种应对之策以获得更好的发展?

第三章 消费者市场及其购买行为分析

 教学内容和教学目标

◆ 内容简介
(1) 消费者市场及消费者需求的特征。
(2) 消费者购买动机。
(3) 消费者行为模式及行为类型。
(4) 消费者决策过程及影响因素。

◆ 学习目标
(1) 了解消费者需求的含义和特征。
(2) 掌握影响消费者购买行为的因素,并能运用于具体实践分析中。
(3) 了解消费者购买决策过程。

如果把营销视为一种价值创造与价值传递的活动,那么这个价值的高低,是以活动主体尤其是消费者的感受与认定为依据进行评定的,因而营销者必须深入研究分析消费者的行为,才能制订出切实有效的营销策略。

第一节 消费者市场概述

一、消费者市场概念及其特点

消费者市场又称最终消费者市场、消费品市场或生活资料市场,是指个人或家庭为满足生活需求而购买或租用商品的市场,它是市场体系的基础,是起决定作用的市场。消费者市场是现代市场营销理论研究的主要对象。

与生产者市场相比,消费者市场具有以下特征。

1. 从交易的规模和方式看

消费品市场购买者众多,市场分散,成交次数频繁,但单笔交易数量零星。

2. 从交易的商品看

由于交易的商品是供人们最终消费的产品,购买者是个人或家庭,因而消费品市场更多地受到消费者个人因素诸如文化修养、欣赏习惯、收入水平等的影响,表现出产品需求差异性大。另外,产品的花色、品种、规格复杂多样,生命周期短,专业技术性不强,替代品较多,因而产品的价格需求弹性较大,即价格变动对需求量的影响较大。

3. 从购买行为看

消费者的购买行为具有很大程度的可诱导性和非专业性,这是因为一方面消费者在决定采取购买行为时,可能是因为店堂环境、灯光装饰、商品陈列或是推销员的语言和示范等诱导其产生了购买行为;二是消费品市场的购买者大多缺乏相应的商品知识和市场知识,其对产品的选择受广告、宣传的影响较大。

4. 从市场动态看

由于消费者的需求复杂,供求矛盾频繁,加之随着城乡、地区及国际交往的增多,人口的流动性越来越大,购买力的流动性也随之加强。

二、消费者需求的特征

在现实生活中,尽管消费者的需求复杂多样,且随着社会经济的发展不断变化,但仍具有某些共同的趋向性和规律性,具体如下。

1. 多样性和差异性

正如世界上没有完全相同的两片叶子,世界上也没有决然相同的两位消费者,他们会因为在年龄、性别、职业、受教育程度乃至个性、生活方式、文化背景等方面的不同,而表现出需求的多样性和差异性。此外,需求的多样性和差异性也表现在同一消费者的需求内容中,因其所处家庭生命周期阶段、从事职业的不同,也会对同一消费品表现出不同的需求偏好。

2. 层次性和发展性

随着人类社会由低级向高级发展,身处其中的人的需求同样也会经历一个由低级向高级逐渐发展的过程。美国心理学家马斯洛(Maslow)于1943年提出了著名的需求层次理论。他将人类需求按由低到高的顺序分成五个层次,依次是生理、安全、社交、尊重和自我实现的需求。一般而言,只有当低层次需求相对满足之后,才会向更高层次的需求发展。

另一方面,社会经济文化的发展不断创造出新的消费产品,对新产品的消费又反过来促进社会经济文化的发展,如此循环往复而使需求呈现出发展的无限性。

3. 伸缩性和周期性

消费者的需求还会因市场价格调整和个人货币收入增减而呈现出明显的伸缩性或弹性,这种伸缩性一方面受产品特性影响,另一方面受替代品或互补品的影响。另外,伸缩性还受市场状况的影响,在供大于求的市场状况下,消费者需求可以通过多种供应品得以满足,因而在伸缩性上表现得比较明显;而在供小于求情况下,消费者没有太多的选择余地,其需求伸缩性也会表现得不太明显。

除了伸缩性之外,消费者的需求还具有周期性的特点。这种周期性除了体现在对一些季节性商品的需求上,还体现在一些有着使用周期或淘汰周期的产品上,比如很多家庭或个人都不会只消费一台电视、一部手机、一辆轿车,而会消费第二台(部、辆)、第三台(部、辆)……这种随着时间的推移重新出现的需求很多情况下不是简单的重复购买,而可能是在需求的内容、形式上有所变化和更新。

4. 关联性和替代性

消费者的需求是多种多样的,各种需求之间往往具有一定的关联性。比如:购买了一套西服,可能会顺便购买衬衫、领带、皮鞋等;购买电饭煲,又可能会顺便购买榨汁机、豆浆机等。这里所列举的是一种同类产品关联。还有一种易为营销人员所忽视的非同类产品关联,如NCR公司旗下的Teradata数据仓库事业部在为沃尔玛公司所建的数据仓库进行数据分析时,发现纸尿片和啤酒这两类风马牛不相及的产品,在销售上表现出惊人的相关性,基于这种不同类产品关联的启发,商场便将纸尿片与啤酒安排在相邻的货架上,从此,纸尿片与啤酒的销量日益上升。

不仅如此,消费者需求还具有相互替代性。这种替代性使消费品市场常常出现某种(某类)商品销售量增长,而另一种(一类)商品销售量减少的现象。如禽流感期间,对家禽类产品的需求减少,取而代之的是猪、牛、羊肉制品需求的增加。

5. 可诱导性

消费者需求除了受基于自身需要产生的欲望这种内在驱动力的影响外,还会因商家的广告宣传、道德风尚的倡导、生活或工作环境的变迁等而发生变化和转移,使潜在的欲望和需求转变为明显的行为,使未来的消费需求转变为现实的消费需求,使微弱的需求转变为强烈的需求。

三、消费者购买动机分析

1. 消费者购买动机的形成

在现实生活中,每个消费者的购买行为都是由其购买动机引发的,而动机又是因人的需要而产生的。所谓消费者购买动机,是指消费者为了满足自己一定的需要而引起购买行为的愿望或意念,它是能够引起消费者购买某一商品和劳务的内在动力。消费者购买动机是由需要驱使、刺激强化和目标诱导三种要素组成的。

1) 需要驱使

需要是消费者产生购买行为的原动力,离开需要的动机是不存在的。但是,并不是所有的需要都能表现为购买动机。例如,某一消费者感到饥饿,需要吃东西,但看到食品不卫生,就倒胃口了。

2) 刺激强化

只有当需要的强度达到一定程度后,才能引起动机。比如美味佳肴,可能引起人的食欲,但当这个人并不饿时则并不然。一般来说,刺激越多、诱因越强,消费者购买动机的形成越有可能。

3) 目标诱导

目标诱导是指消费者在接受众多的刺激时,能够引起其注意、促成购买行为的目标商品的诱发作用。如一些消费者想购买某种国外高档化妆品,但是如果国家不允许进口,这种愿望就缺乏实现的基础和条件,对于消费者来说,也就不可能产生购买进口商品的动机。

综上所述,消费者购买动机实质上是需要驱使、刺激强化、目标诱导三种要素相互作用的一种合力。

2. 消费者购买动机的类型

消费者购买动机与消费者需要一样,也是复杂多样的,用概括的方法对消费者的购买动机进行分类,一般分为两大类。

1) 生理性购买动机

生理性购买动机指由先天的、生理的因素所引起的,为满足维持、保护、延续和发展生命等需要而产生的各种购买动机,又称本能动机。

生理性购买动机驱使下的消费者行为个体之间差异较小,具有经常性、习惯性和稳定性的特点,比较容易实现。

2) 心理性购买动机

心理性购买动机是指由后天的社会性或精神需要所引起的,消费者除本能外,为满足、维持社会生活,进行社会生产和社会交际,在社会实践中实现自身价值等而产生的各种购买动机。

这类动机个体之间在实现的途径、达到满足程度上有较大差异,具有深刻性、隐匿性、多样化的特点。

随着人类社会的发展,消费者出于单纯生理性购买动机的行为已很少见,即使是购买食物充饥往往也混合着非生理性动机,如对食品的色、香、味、形的要求,就体现了消费者的表现欲、享受欲和审美欲。因此企业在进行商品设计、包装、品牌形象创立、广告宣传时,往往从消费者的心理性购买动机方面寻找"突破口",而有关商品的质量、性能、安全和服务等则以消费者的生理性购买动机为"诉求点"。

【延伸阅读】 经典广告语欣赏(见右侧二维码)。

在消费者的实际购买活动中,还表现出以下各种不同的具体的购买动机。

求实动机。它是指消费者以追求商品或服务的使用价值为主导倾向的购买动机。在这种动机的支配下,消费者在选购商品时,特别重视商品的质量、功效,要求一分钱一分货,相对而言,对商品的象征意义、所显示的"个性"、商品的造型与款式等不是特别强调。一般来讲,购买基本的生活资料时,其实用性要求较高;而购买享受资料时,则对其实用性要求较低,求实动机表现得不突出。

求新动机。它是指消费者以追求商品、服务的时尚、新颖、奇特为主导倾向的购买动机。在这种动机的支配下,消费者选择产品时,特别注重商品的款式、色泽、流行性、独特性与新颖性,相对而言,产品的耐用性、价格等成为次要的考虑因素。一般而言,在收入水平比较高的城市消费者及青年群体中,求新购买动机比较常见,他们易受广告宣传和社会环境的影响,是各种新式产品的主要购买者。

求美动机。它是指消费者以追求商品的欣赏价值和艺术价值为主要倾向的购买动机。在这种动机的支配下,消费者选购商品时特别重视商品的颜色、造型、外观、包装等因素,讲究商品的造型美、装潢美和艺术美。求美动机的核心是讲求赏心悦目,注重商品的美化作用和美化效果。调查发现,求美动机在受教育程度较高的群体及从事文化、教育等工作的人群中是比较常见的。他们往往是高级化妆品、首饰、工艺美术品和家庭高档用品的主要购买者。

求名动机。它是指消费者以追求名牌、高档商品,借以显示或提高自己的身份、地位而形成的购买动机。当前,在一些高收入层、大中学生中,求名购买动机比较明显。购买名牌商品,除了有显示身份、地位、富有和表现自我等作用以外,还隐含着减少购买风险、简化决策程序和节省购买时间等多方面考虑因素。

求廉动机。它是指消费者以追求商品、服务的价格低廉为主导倾向的购买动机。在求廉动机的驱使下,消费者选择商品以价格为第一考虑因素。他们宁肯多花体力和精力,多方面了解、比较产品价格差异,选择价格便宜的产品。相对而言,持求廉动机的消费者对商品质量、花色、款式、包装、品牌等不是十分挑剔,而对降价、折让等促销活动怀有较大兴趣。具有这种购买动机的人,以经济收入较低的人为多。

求便动机。它是指消费者以追求商品购买和使用过程中的省时、便利为主导倾向的购买动机。在求便动机的支配下,消费者对时间、效率特别重视,对商品本身则不甚挑剔。一般而言,成就感比较高、时间机会成本比较大、时间观念比较强的人,更倾向于持有求便的购买动机。

模仿或从众动机。它是指消费者在购买商品时自觉不自觉地模仿他人的购买行为而形成的购买动机。一般而言,普通消费者的模仿对象多是社会名流或其所崇拜、仰慕的偶像。电视广告中经常出现某些歌星、影星、体育明星使用某种产品的画面或镜头,目的之一就是要刺激受众的模仿动机,促进产品销售。

偏爱动机。它是指消费者以满足个人特殊兴趣、爱好为主导倾向的购买动机。其核心是为了满足某种嗜好、情趣。具有这种动机的消费者,大多出于生活习惯或个人癖好而购买某些类型的商品。比如,有些人喜爱养花、养鸟、摄影、集邮,有些人爱好收集古玩、古董、古书、古画,还有人好喝酒、饮茶。在偏爱动机的支配下,消费者选择商品往往比较理智、挑剔,不轻易盲从。

显耀动机。这是一种以显示地位、身份和财务实力为主要特征的购买动机。这类消费者在选购商品或从事其他消费活动时,不太重视消费支出的实际效用,而格外重视由此而表现出的社会象征意义。具有这类动机的人,在享有一定社会地位的政府和社会各界名流中比较多见。

好胜动机。这是一种以争强好胜或为了与他人攀比并胜过他人为目的的购买动机。这类消费者购买商品往往不是由于迫切需要,而是由于不甘落后、胜过他人的心理。因此,由这类动机引起的消费行为具有冲动性、偶然性、即景性的特点,带有浓厚的感情色彩。

以上我们对消费者在购买过程中呈现的一些主要购买动机做了分析。需要指出的是,上述购买动机并没有囊括实践中消费者具体购买动机的所有情况,而且它们之间不是彼此孤立的,而是相互交错、相互制约的。在有些情况下,一种动机居支配地位,其他动机起辅助作用;在另外一些情况下,可能是另外的动机起主导作用,或者是几种动机共同起作用。因此,在调查、了解和研究过程中,对消费者购买动机切忌作静态和简单的分析。

 小贴士

美国麦尔·休·高浦勒斯制鞋公司经过市场了解,发现美国市场人们购买鞋子的目光已不仅仅停留在"质优价廉"上,更多的是需求能体现和寄托消费者自我情绪的个性、情感型产品。于是,该公司设计员便发挥想象力,设计能激发人们购买欲望、引起感情共鸣的鞋子,并有意赋予鞋子以不同个性的情感色彩,如男性情感、女性情感、优雅感、野性感、轻盈感、年轻感等。此外,他们还费尽心机地给鞋子起了一个个稀奇古怪的名字,如"笑""哭""愤""怒""爱情"等,充分满足消费者的情感需求,麦尔·休·高浦勒斯制鞋公司也借此创造了巨额利润。

(资料来源:百度文库)

第二节 消费者行为模式、类型和购买决策过程

一、消费者行为模式

消费者行为是指消费者为寻找、购买、使用、评估和处理消费品所采取的各种行动及先于且决定这些行动的决策过程。这种决策过程的具体内容在西方市场营销学中通常按照"6W1H"架构或"7Os"架构列出,具体如表3.1所示。

表3.1 "6W1H"架构和"7Os"架构

"6W1H"架构	"7Os"架构
谁是购买者?(Who)	购买者(Occupants)
他们买什么?(What)	购买对象(Objects)
他们为何购买?(Why)	购买目的(Objectives)
谁参与购买?(Who)	购买组织(Organizations)
怎样购买?(How)	购买行为(Operations)

续表

"6W1H"架构	"7Os"架构
何时购买？（When）	购买时间（Occasions）
何处购买？（Where）	购买地点（Outlets）

研究消费者行为的模式很多，这里主要介绍刺激-反应模式，如图 3.1 所示。

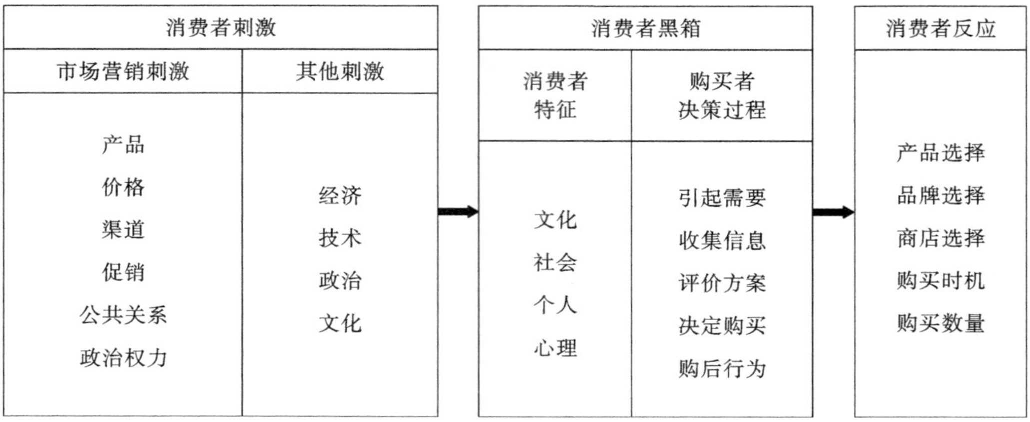

图 3.1　刺激-反应模式

上述刺激-反应模式主要涉及三个方面的内容。一是消费者刺激，这种刺激包括市场营销刺激和其他刺激两大类，前者如新产品上市、降价促销、广告促销等，后者如收入水平提高、与邻居或同事的攀比、家居环境要求等。二是消费者黑箱，即消费者在各种刺激因素的作用下，经过复杂的心理活动过程，产生购买动机，在动机驱使下，做出购买决策。由于这一过程是在消费者内部自我完成的，而消费者心理是个未知数，因此，称之为"黑箱"或"暗箱"。三是消费者反应，是指消费者在深思熟虑之后，就是否购买、如何购买等所表现出来的具体、实际的行为。

根据刺激-反应模式，任何刺激因素作用于人时，都会产生不同的反应。比如，当产品价格便宜时，有的认为"一分价钱一分货，好货不便宜，便宜没好货"；也有的认为价廉物美，会立即购买。为什么同样的信息刺激对不同的消费者产生的影响不同？这就需要研究刺激-反应过程中的"黑箱"。"黑箱"由两部分构成，消费者特征与购买者决策过程。消费者特征是由于文化、社会、个人、心理因素的影响，消费者对刺激会形成不同的反应与理解。购买者决策过程则通过识别问题、收集信息、方案评估，直接决定购买者的决策。

营销者的任务就是要了解在外部刺激和购买决策之间消费者的意识发生了什么变化，并根据本企业的特点，向消费者展开适当的市场营销"刺激"，以使外在的刺激因素与消费者内在的心理活动发生互动作用，以便形成购买决策，采取购买行动，达到满足消费者需要、获取企业利润的目的。

二、消费者购买行为类型

从事实际购买活动的消费者，由于其收入、性格、素养及当时购物环境的不同而存在着购买心理的差异，选购商品时的行为表现也就各不相同。区分不同类型的消费者购买行为，找出它们之间的差异，对企业开展营销活动有重要的参考价值。

在实际研究中，根据不同分类标准，可将购买行为分成不同类型：按消费者对购买目标的选定程度划分,可分为全确定型、半确定型和不确定型;按消费者的购买态度与要求划分,可分为习惯型、理智型、感情型、冲动型、经济型、疑虑型和不定型;按消费者在购买现场的情感反应划分,可分为沉着型、温顺型、活泼型、反抗型和激动型,等等。下面着重探讨按消费者决策过程的复杂程度来划分消费者购买决策行为类型。

消费者购买行为会随着其购买决策类型的不同而有所不同。在较为复杂的和花钱多的购买决策中,购买者往往要反复比较、权衡,并且可能还需要其他人(如家庭成员、朋友、销售人员等)参与购买决策。根据购买过程中参与者的介入程度和品牌间的差异程度,可以将消费者购买行为分为四种类型(见图 3.2)。

图 3.2　消费者购买行为类型

1. 复杂的购买行为

消费者对花钱较多、偶尔购买、购买风险大、消费者介入购买过程程度高且品牌差异大的商品,表现出复杂的购买行为。他们一般购买前对商品的品牌、类型、属性了解较少,因而在购买时都非常仔细,大部分消费者往往不会听信销售员的一面之词,而会多方收集信息,比较差异、优劣,经过评估后,最后才做决策。

针对这种购买行为,相应的营销策略是:

(1) 协助购买者学习商品属性知识,制作产品宣传册、宣传单页、DM 海报等放置在销售场所,供消费者任意取用、阅读了解。

(2) 在广告宣传、人员推销时,着重强调本品牌的优势、差异化特征、卖点,以区别竞争对手,打动消费者。

(3) 谋求商店销售员及购买者熟人的支持,在消费者对强力推销厌倦、不信任的情况下,也能最终影响消费者最后的品牌选择。

2. 减少失调感的购买行为

消费者对花钱较多、偶尔购买、需要加以识别且品牌差异较小的商品,表现出减少失调感的购买行为。如地毯、油漆、地板等家装材料,消费者对于购买这类产品也持慎重态度,由于各种品牌看起来没什么太大差别,他们往往会把在一定价格幅度内的大多数产品看成是同样的,在了解相关特性后,一般会较快地做出购买决策。但是,消费者在产品购买后可能会因为周围人的评价,产生一种购后不协调的感觉。于是,他开始学习更多东西,试图证明自己的决策是正确的,以减少购后的不协调感。在这种情况下,营销沟通工作就显得非常重要,通过营销沟通可以增强消费者的信念,帮助消费者对他选择的品牌产生满意的感觉。

3. 习惯性的购买行为

对于大多数价格低廉、经常购买、品牌差异不大的商品,如购买食盐、白糖等调味品,或其他居家生活用品,消费者表现出习惯性的购买行为,这种购买是消费者在低度介入、品牌间无多大差别的情况下完成的。消费者有时会长期购买同一种品牌的产品,但这只是出于品牌熟悉,而并非出于品牌忠诚或品牌信念。

针对这种购买行为,相应的营销策略是:运用价格和销售促进;多做广告,有效的重复可以刺激诱导消费者重复购买;营销人员也可以通过某些策略使低度介入产品转变为高度介入产品,这种转变多是通过广告宣传、广告诉求来实现的。

以上这些策略能把对产品的购买从低介入提高到一种适度的介入水平,使消费者由品牌熟悉转变为品牌忠诚,从而使建立在品牌忠诚基础上的习惯性购买行为更持久、更稳定。

4. 寻求多样化的购买行为

消费者在购买一些介入程度较低、各品牌之间又存在较大差异的产品时,容易产生一种寻求多样化的购买行为,在这种情况下,消费者会经常改变品牌选择。这种品牌选择的变化常起因于产品的品种众多、品牌间差异大,而不是起因于对产品不满意。如购买饮料、饼干、方便面、糖果等快速消费品时,消费者更倾向于尝试更多的品牌。

针对这一购买行为,处于不同市场地位的产品往往会采取不同的营销策略。市场领导者会试图通过摆满商品货架,避免脱销,以及经常做广告来鼓励习惯性的购买行为。而市场挑战者则会采用压低价格,提供各种优惠、赠券、免费样品,以及以宣传试用新产品为特色的广告活动来刺激顾客更换产品品种选择。

三、消费者购买决策过程

1. 消费者参与购买决策的角色

购买决策在许多情况下并不是由一个人单独做出的,而是有其他成员的参与,是一种群体决策的过程。这不仅表现在一些共同使用的产品上,如电冰箱、电视机、住房等,也表现在一些个人单独使用的产品,如服装、手表、化妆品等的购买决策过程中,因为这些个人在选择和决定购买某种个人消费品时,常常会同他人商量或者听取他人的意见。因此了解哪些人参与了购买决策,他们各自在购买决策过程中扮演怎样的角色,对于企业的营销活动是很重要的。

一般来说,参与购买决策的成员大体可形成五种主要角色:

发起者:购买行为的建议人,首先提出要购买某种产品或劳务。

影响者:对发起者的建议表示支持或者反对的人,这些人不能对购买行为的本身进行最终决策,但是他们的意见会对购买决策者产生影响。

决策者:对是否购买、买什么、买多少、怎样购买等做出全部或部分最终决策的人。

购买者:执行具体购买任务的人,其会对产品的价格、质量、购买地点进行比较选择,并同卖主进行谈判。

使用者:产品的实际使用人,其决定了对产品的满意程度,会影响买后的行为和再次购买的决策。

这五种角色相辅相成,共同促成了购买行为。但必须指出的是,五种角色的存在并不意味着每一种购买决策都必须要五人以上才能做出,在实际购买行为中,有些角色可在一人身上兼而有之,如使用者可能也同时是发起者,决策者可能也同时是购买者,而且在非重要的购买决策活动中,决策参与的角色也会少一些。

认识购买决策的群体参与性,对于企业营销活动有十分重要的意义。一方面企业可根据各种不同角色在购买决策过程中的作用,有的放矢地分别进行营销宣传;另一方面也必须注意到有些商品在购买决策中的角色错位,如男士的内衣、剃须刀等生活用品有时会由妻子决策和采购,儿童玩具的选购过程中,家长的意愿占了主要的地位,等等。这样才能找准营销的发力点、关键点,提高营销活动的效果。

2. 消费者购买决策过程

由于消费者所要购买的商品的种类、价格,个人的能力及经济条件等不同,消费者的购买决策过程有时比较简单,有时较为复杂。但一般来说,消费者决策过程包括以下五个阶段:确认需求、信息搜集、评估选择、购买决策和购后行为,如图3.3所示。

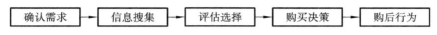

图3.3 消费者购买决策过程

对于消费者购买决策过程,需要说明的有三点:

一是并不是所有的购买决策都会按次序经历这个过程的所有步骤。在有些情况下,消费者可能跳过或颠倒某些阶段,如在习惯性购买行为中,消费者在确认需求后,立即就进入购买决策,跳过了信息收集和评估选择阶段。

二是图3.3所示的购买决策过程,是假定消费者最终决定购买某产品或服务。事实上,消费者在购买决策过程的任何步骤上都可能决定不购买,决策过程就在那个步骤上停止。

三是很明显购买决策过程在开始购买前早就开始了,并且购买后还要延续很长时间。因此营销人员需要关注整个购买过程,而不是只注意购买决定。

1) 确认需求

购买过程开始于需求确认——购买者认识到一个问题或需求。需求可能由内部刺激引起,也可能由外部刺激引起。内部刺激源于人的某种需要,如饥饿、干渴、寒冷等导致的需求;外部刺激源于外部的客观因素,如一个消费者路过一家烤鸭店,新烤出的烤鸭香味可能刺激他购买。

2) 信息收集

需求确认后消费者并不会马上得到满足,除非消费者对所购商品的特性、品牌、价格、销售地点等十分清楚,否则消费者需要通过广泛收集可靠、有效的产品及相关信息。消费者可以从下列来源中寻求信息:

个人来源:家庭、朋友、邻居、熟人、同事等。

商业来源:广告、销售人员、经销商、店内信息、产品说明书、宣传招贴、包装、陈列等。

公共来源:大众传播媒体、政府机构、消费者评审组织。

经验来源:消费者自身通过接触、检查及使用某产品获得的信息。

一般消费者得到的多数商品信息来自商业来源,这些来源由营销者控制着。最有效的来源是个人来源,尤其是在消费者对服务的选择上。商业来源通常只是通知购买者,但是个人来源会为购买者证明和评估商品好坏。

3) 评估选择

评估选择就是消费者如何处理信息和决定品牌。一般而言,消费者购买介入程度越高、各种备选产品或备选品牌的差异程度越大、购买时的时间压力越小,消费者在信息的收集、产品评估与选择上投入和花费的精力就越多;反之,则花在评估选择上的时间和精力就越少。如遇紧急情况,汽车因轮胎故障中途抛锚,此时,只要遇到轮胎出售,哪怕价格贵一些,司机也会不假思索地购买。

4) 购买决策

一般来说,消费者的购买决策将是购买前一阶段评估选择中他最中意的品牌,但在购买意向和购买决策之间还会受到两个因素的影响。第一个是影响购买决策的其他人对该产品的态度。如果消费者的丈夫(妻子)觉得应该买价格低的照相机,那么买贵重照相机的可能就减少了。第二个是未预料到的形势变化。例如消费者可能下岗了,可能有其他东西更需要买,或者其他同类产品降价了等。

5) 购后行为

购买商品后,消费者会感到满意或不满意,并且产生评估营销者的购后行为。如果产品性能表现没有达到期望,消费者就会失望、不满意;如果达到或超过期望,消费者就会满意并可能再次重复购买。因此,公司的明智之举是定期衡量顾客的满意程度并采取额外的行动来减少顾客购买后的不满意程度。

消费者的期望来自他们从销售者、朋友或其他来源得来的信息。如果销售者夸大了产品的性能,消费者的期望就达不到,就会产生不满意情绪。期望与性能的差距越大,消费者的不满意情绪就越强,这说明销售者应该如实地介绍产品,以使消费者满意。一些销售者懂得产品性能,他们能利用产品性能去促使消费者感到满意。例如,波音公司销售人员估计他们产品的潜在优点时有点保守,常低估油耗水平。他们说可省5%的油,但实际省8%。客户因实际性能超过期望,所以很满意。他们继续购买并告诉其他客户,说波音公司信守承诺。

为什么使消费者满意很重要呢?因为企业的销售来自两个基本群体——新顾客和老顾客。通常吸引新顾客比保住老顾客的花销大,最好的留住现有顾客的方法是使他们满意。满意的顾客会再次购买产品,并向其他人推荐这些产品。一个满意的顾客平均会告诉3个人关于好产品的情况,而一个不满意的顾客平均会告诉11个人他的不幸,因此使顾客满意很重要。有句俗语说:"最好的广告就是满意的顾客。"

因此,一个公司常常衡量消费者的满意程度是明智的,不应等到顾客不满意时自动出来抱怨。大约96%不愉快的顾客从不向公司讲他们遇上的问题,因此,公司应该建立一个系统,鼓励顾客提意见。用这种方法,公司能了解自己做得怎样和如何改进。3M公司宣布,它2/3的新产品设计来自顾客的抱怨。光听还不够,公司必须对听到的抱怨做出建设性的反应。除了了解意见和对抱怨做出反应外,营销者还可以有其他方法减少消费者的不满,并帮助消费者对购买的产品感到满意。例如,丰田公司写信或打电话给买了新车的人,祝贺他们选了一辆好车,并在广告中表现买了新车的人的喜悦("我喜欢你为我做的,丰田!")。

(资料来源:百度文库)

第三节　影响消费者购买行为的因素

消费者不可能在真空里做出自己的购买决策,他们的购买决策很大程度上受到文化、社会、个人和心理等因素的影响,这些因素相互作用、彼此联系,共同影响消费者的购买行为。图3.4反映了影响消费者购买行为的主要因素。

一、文化因素

文化因素对消费者购买行为具有最为广泛和深刻的影响。营销人员需要从文化、亚文化等

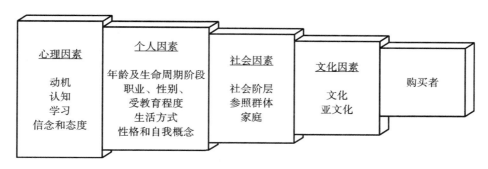

图 3.4 影响消费者购买行为的主要因素

方面来理解文化因素所起的作用。

1. 文化

从消费者行为研究的角度来看,文化是指一定社会中经过学习获得,会对消费者行为产生影响的信念、价值观和习惯的综合。对一定社会中各种文化因素的了解将有助于营销人员提高消费者对其产品的接受程度。

要了解消费者行为上所体现的文化差异,首先应该了解不同文化背景下人们价值观的差异。此外,文化中的语言和非语言因素(如时空观、象征意义、契约与友谊、礼节与礼仪等),也会对消费者的行为产生重要影响。例如,在墨西哥市场,福特汽车公司将其销售车的品牌由"Comet"(彗星)改成了"Caliente"。然而改名后的汽车销售非常不理想,究其原因,原来"Caliente"在墨西哥当地俚语中的意思是"妓女"。

2. 亚文化

同一文化中的人群根据人口特征、地理位置、政治信仰、宗教信仰等,又可以分为若干个不同的亚文化群。亚文化是指这样一群人,他们的行为、信念具有主流文化的烙印,在此基础上又共享着他们自己独特的文化要素。

从对营销研究最有意义和指导性的角度来看,亚文化群体又可分为民族亚文化群、宗教亚文化群、种族亚文化群、地理亚文化群等。首先,不同的民族在饮食、服饰、建筑、礼仪、道德观念上往往大相径庭;其次,各种宗教无不具有独特的清规戒律,对教徒的生活方式和习俗加以规范,提倡或抑制某种消费行为;最后,不同地域的居民,因居住地的自然地理条件不同,形成不同的生活方式、爱好和风俗习惯等。

二、社会因素

1. 社会阶层

社会阶层是由在社会地位或社会认可、尊重程度上基本相同的人构成的群体。社会阶层对消费者行为的影响表现为:

(1) 不同社会阶层有不同的消费结构,如上层消费者会更多地消费珠宝、首饰、古玩、豪宅,而下层消费者则会更多地消费日常生活必需品。

(2) 不同社会阶层对同类消费品有不同的产品和品牌偏好,如同样是享受休闲,以美国为例,马球、壁球和欣赏歌剧是上层社会的活动,桥牌、网球、羽毛球在中层社会成员中颇为流行,而玩老虎机、拳击、职业摔跤是下层社会的活动。

（3）不同社会阶层在购物方式上也有所不同。一般上层消费者喜欢单独购物，重视购物环境和商品品质，对服务要求高，乐于接受新的购物方式；中层消费者比较谨慎，对购物环境有较高的要求，但也经常在折扣店购物；下层消费者对价格特别敏感，多在中、低档商店购物，而且喜欢成群结队逛商店。

（4）不同社会阶层对促销方式的依赖和反应程度也有所不同。国外一个研究比较了1000多名女顾客在百货商店的购买行为，发现上层消费者大约90%以上依赖广告，而下层购买者依赖广告的仅占10%。另外，考察不同促销媒体对不同阶层消费者的吸引力和影响力，发现电视媒体对上层消费者的影响较小，印刷媒体则正好相反；而且从促销使用的语言上看，越是上层消费者，使用的语言越抽象，越是下层消费者，使用的语言越具体，且更多地伴有俚语和街头用语。

2. 参照群体

参照群体也称为相关群体，是指能作为直接或间接的参照物影响个人态度、意见或价值的所有团体。参照群体又可以进一步细分，其中对消费者行为影响最为强烈的是认同群体和崇拜性群体。

认同群体又称为成员群体，即某人身为成员之一的群体，如家庭、朋友、邻居、同学、同事等群体。在这个群体中，往往会有一个意见领袖，因其知识渊博、信息来源广泛，且具有独特的人格魅力和公信力而受到其他成员的推崇，从而对一个特定产品或产品种类的非正式传播提供意见、信息或发挥示范作用。如在医患关系中，医生是意见领袖，他对药品的看法和意见很大程度上决定了患者及其家属的购买倾向。因而，争取意见领袖的兴趣和注意，并获取他们对本企业产品的支持，说服他们购买，是营销人员的重大任务。

崇拜性群体又称为理想群体，即某人推崇的一些人或希望去从属的群体。如体育明星、影视明星、名人、专家等。营销实践中，企业发布专家证言、明星代言广告等，就是利用消费者对专家明星崇拜、仰慕的心理，从而刺激其产生模仿动机，促进产品销售。

在不同情况下，参照群体对消费者购买行为的影响强度是不一样的，决定参照群体影响强度的因素有：

（1）产品的必需程度。产品的必需程度越低，参照群体的影响强度越大，反之亦然。如购买高档时装、汽车，受参照群体影响大，而购买食品、生活必需品，则参照群体的影响相对较小。

（2）产品与群体的相关性。也就是对产品的认识是公众的还是私人的，如是公众的，则个体在活动中遵守群体规范的压力就越大，反之则越小。

（3）产品的生命周期。产品处于导入期时，消费者的产品购买决策受群体影响很大，但品牌决策受群体影响较小；在成长期，参照群体对产品及品牌的影响都很大；而在成熟期，则在品牌选择上的影响力大于在产品选择上的影响力；在产品衰退期，群体影响在产品和品牌选择上都较小。

（4）个体对群体的忠诚程度。个人对群体越忠诚，就越可能遵守群体规范，越容易受到群体影响。

（5）个体在购买中的自信程度。自信程度越高，受群体影响越小。

品牌形象代言一定要用明星代言吗?

在这个消费明星的时代,产品无明星代言就好像红花没有绿叶衬。在某些企业的心目中,傍上了明星,其产品就能点石成金,其品牌就能身价百倍。

《来自星星的你》火了之后,国内外品牌纷纷盯上主演金秀贤这位新晋男神,想凭借其在中国的超高人气助己一臂之力。于是当我们打开电视或是手机、电脑,刚刚看到金秀贤举着巧克力在微笑,转眼就变成他捧着冰激凌美滋滋地乐,一会儿他又开始喝咖啡、喝可乐。

Angelababy杨颖自参加《奔跑吧兄弟》节目后,人气暴涨,与内地第一小生黄晓明的婚讯公布后,在内地的知名度与关注度更是剧增,广告代言源源不断。在2015年初的百度年会上,百度宣布Angelababy正式成为手机百度的首位代言人;美图公司于2015年9月28日宣布与Angelababy杨颖再次牵手,继美图手机之后续约代言美图旗下的"美颜相机"App软件产品,继续携手美图打造"美"的生活;还因为《奔跑吧兄弟》,Angelababy成为安慕希的形象代言人。

如此多企业和品牌追捧明星代言,动辄几百上千万的代言费,照样有企业抢着掏,那么明星代言是否真的能引起足够的品牌辨识度和关注度,点燃激发消费热情并促进销量的增长呢?明星代言广告又是否是品牌形象代言的唯一选择?

3. 家庭

家庭是社会的细胞,对人的影响最大,人的价值观、审美观、爱好、习惯等多半是在家庭的影响下形成的。一个人在其一生中一般要经历两个家庭,原有家庭和现有家庭。

原有家庭的父母、兄弟姐妹可能对其消费行为带来一定程度的影响。人的消费心理、消费行为、消费方式、消费习惯等首先从原有家庭中学来。因而消费者行为不可避免地会受到原有家庭成员的影响,这种影响甚至会迁延至其结婚成家建立自己的家庭之后。

而现有家庭对家庭成员消费行为的影响更加直接,也更强烈。社会学家根据家庭权威中心点的不同,把家庭决策类型分为四种。

各自做主型:在购买一些个人使用产品,如剃须刀、化妆品时,则由丈夫、妻子独立做出决定。

丈夫支配型:如在购买汽车、保险、维修工具等商品时,通常由丈夫做主。

妻子支配型:如在购买清洁、厨房用品和食品时,通常由妻子做主。

共同支配型:如在度假、孩子上学、购买和装修住宅时,多为丈夫和妻子共同做出购买决策。

随着社会、经济、文化的变迁,家庭对成员消费行为的影响作用也在悄悄发生变化。因此,汽车营销人员开始重视了解家庭中妻子的意见,甚至戴上指套来体会妇女在操纵转换器等方面是否方便;同时营销人员也开始重视丈夫在日常用品上的意见;至于过去常常忽略的一个角色——子女,他们作为营销现实和潜在的顾客,正在积极参与到购买决策中来,成为营销人员关注的对象。

三、个人因素

消费者购买行为也会受到个人特征的影响。这些影响因素包括年龄及生命周期阶段、职业、性别、受教育程度、生活方式、性格和自我概念等。

1. 年龄及生命周期阶段

不同年龄的人有不同的消费心理和行为,消费者对产品的需求会随着年龄的增长而变化。

以对书籍的需求为例,小学一、二年级,学生读的书以图为主,标有拼音,多是情节简单的童话、生活故事等;小学三、四年级,开始读一些深刻的童话、有情趣的诗、伟人故事与历史,还有科幻小说、探险故事等;小学五、六年级,接触哲理散文名篇,读少年小说、少年诗歌、中外名著、科普类书籍等。

家庭生命周期是指从家庭筹组到解体所经历的整个阶段。处于家庭生命周期的不同阶段,消费者的购买行为也有很大差异,如表3.2所示。

表3.2 家庭生命周期与购买行为

阶　　段	购 买 行 为
单身:年轻,不住在家里	几乎没有经济负担,是新观念的带头人,购买一般厨房用品、家具、娱乐休闲用品及旅游度假
新婚:年轻,无子女	经济比下一阶段好,购买力最强,耐用品购买力高,是高档家具、旅游度假等的消费者
满巢阶段一:最年幼的子女不到6岁	家庭用品采购的高峰期,储蓄部分钱,喜欢新产品,易受广告宣传的影响,购买婴儿食品、服装、玩具等
满巢阶段二:最年幼的子女6岁以上	经济状况较好,对广告不敏感,购买大包装商品,孩子的教育培养费用增加
满巢阶段三:年长的夫妇和未独立的孩子	经济状况仍然较好,一些子女有工作,对广告不敏感,耐用品购买力强,会更新一些大件商品
空巢阶段一:年长的夫妇,无子女同住,有工作	经济富裕,有储蓄,对旅游、娱乐、自我教育尤感兴趣,愿意施舍和捐献,对新产品无兴趣
空巢阶段二:年长的夫妇,无子女同住,已退休	收入锐减,赋闲在家,购买有助于健康、睡眠和消化的医用护理保健产品
鳏寡阶段一:尚在工作	收入仍较可观
鳏寡阶段二:退休	收入锐减,生活节俭,对医疗服务和保健品的需求更强烈

2. 职业、性别、受教育程度

一个人的职业影响其消费行为,如同是购买手机,商务人士可能要求该手机能移动办公、GPS导航、保密性强、可屏蔽干扰,而普通技术人员可能要求该手机具备基本的通话和群发短信功能就可以了。

由于生理和心理上的差异,不同性别的消费者在购买欲望、消费过程和购买习惯上也有不同。

受教育程度高的消费者对书籍、报刊等文化用品的需求量较大,购买商品较理智,而受教育程度低的消费者在购买商品时更容易冲动,且更多地表现出从众性购买。

3. 生活方式

简言之,生活方式就是人如何生活,对他们来说什么最重要,他们如何去分配时间和金钱,以及在不同产品或服务上的花费如何。一个具有保守、拘谨性格的消费者,其生活方式不大可能太多地包容诸如登山、跳伞、丛林探险之类的活动,其消费产品时一般选择成熟、被大家普遍接受的产品。而被称为千禧一代、Z世代的消费者,他们喜好新鲜事物,有强烈的求知欲,往往是新产品、新消费模式的最先尝试者。

企业定位于某一特定的生活方式,使产品与目标消费者理想的生活方式相适应,我们可称之为"生活方式营销"。例如,宜家在保持简洁明快的北欧风格的基础上,根据季节和消费者的喜好不断变换样板间的设计,从色彩缤纷的客厅,到风情万种的卧室,人性化的居家式店铺陈设和多样美味的餐饮服务给消费者带来了家的感受,这种生活方式营销也为宜家赢得了良好的口碑,宜家最终发展成为全球较具影响力的家居产品零售商。

4. 性格和自我概念

消费者的性格和自我概念与其对产品或品牌的选择关系密切。

一个人的性格通常可用自信、控制欲、自主、顺从、交际、保守和适应等特征来加以描绘。调查发现,消费者往往倾向于购买那些与他们自己具有相似个性的产品或使他们感到能让自己的某些性格弱点得到弥补的产品。

营销实践中,越来越多的企业开始重视品牌个性的塑造与传播。如百事可乐品牌创建活动中所展示出来的个性——年轻有活力、特立独行和自我张扬迷倒了新新人类。新一代年轻人饮用百事可乐不仅仅是喝饮料,而是通过百事可乐展示他们与上一辈(他们喝可口可乐)不一样的个性。

自我概念是个体对自身一切的知觉、了解和感受的总和,它涉及"我是谁""我是什么样的人""我应该是什么样的人"等一些基本的价值判断。每个人都需要在行为上与他的自我概念保持一致。

在营销实践中,企业可以利用广告诉求或广告代言人的形象风格来使产品或品牌形象与目标消费者的自我概念相匹配。例如"利郎"商务男装,借助风格内敛、淡定从容、成熟知性的电影演员陈道明的成功演绎,很好地契合了其目标顾客(中产阶层、白领人士、商务人士和成功人士)追求简约与精致同行、阅尽繁华后返璞归真的自我概念定位。

四、心理因素

消费者行为受动机、认知、学习、信念和态度等心理因素的影响。

1. 动机

动机研究是回答消费者为什么会购买,以及为什么会从众多商品中选购某种品牌的问题。心理学家曾针对购买动机提出过多种动机理论,其中最流行的有3种:西格蒙德·弗洛伊德的精神分析理论、弗雷德里克·赫茨伯格的双因素理论和亚伯拉罕·马斯洛的需求层次理论。

1)西格蒙德·弗洛伊德的精神分析理论

弗洛伊德的动机理论的核心是"潜意识"学说,即消费者面对具体产品时,不仅会对产品的使用功能做出反应,还会对它的一些暗示做出反应。如果某消费者要买一台笔记本电脑,他也许会称自己的动机是为了更好地工作、发展自己的事业,但进一步分析的话,他购买笔记本电脑也可能是为了向他人显示自己的才华或体现自己的精明和老练。

2)弗雷德里克·赫茨伯格的双因素理论

赫茨伯格提出来的一个重要观点是,满意与不满意是两类不同性质的事物,他认为一种事物当它存在时可以引起满意,当它缺乏时,不是引起不满意,而是没有满意。根据这个理论,在产品中同样存在两个因素:保健因素和激励因素。保健因素是商品的质量、性能、价格,如保健因素得不到满足,消费者会不满意;激励因素是魅力条件,是产品能够使消费者满意的因素。该理论给予营销者的启示是:不仅要尽最大努力去消除影响购买者的各种不满意因素,还要尽最大努力去提供令购买者满意的魅力因素,这样才能有效地激发、诱导消费者购买行为的发生。

3）亚伯拉罕·马斯洛的需求层次理论

需要（需求）层次理论是美国著名心理学家马斯洛经过二十多年的研究创立的学说。由于这个学说在理论研究和实际运用方面都有重要意义，所以在西方国家，需要（需求）层次理论已被广泛接受和传播。马斯洛认为人的需要有五个基本层次，且由低到高依次排列为生理需要、安全需要、社交需要、尊重需要和自我实现需要，如图3.5所示。

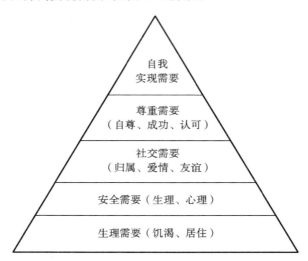

图3.5 马斯洛需要（需求）层次理论

通常低层次的需要相对满足之后，才会向更高一个层次发展；且高层次的需要发展之后，低层次的需要仍然存在，只是对人的行为影响比重减轻而已；营销并不能创造需要，只是通过刺激，使人意识到某种需要，也即使某种需要由潜在上升到显在状态。

马斯洛的需求层次理论对理解消费者行为动机和企业开展经营活动具有非常重要的实践意义。例如，根据购买者不同的需求层次，可以将市场细化为若干子市场，生产和出售适合不同层次消费者需要的不同档次、不同质量的商品。

2. 认知

认知包括两个阶段：感觉和知觉。

感觉是人脑对当前作用于感觉器官的客观事物的个别属性的反应。比如，一份比萨，有香味、滋味、颜色、软硬、重量、大小、干湿等多方面的属性，当它摆在我们面前的时候，它的各种属性就分别作用于相应的感觉器官，并使人脑对这些个别属性进行反映，如眼睛看到颜色和外形，鼻子闻到香味，舌头尝到滋味，手摸到软硬、干湿等，这些都是感觉。

知觉是人脑对直接作用于感觉器官的客观事物的各个部分和属性的整体反映。人们往往会对同一刺激物产生不同的知觉，这是因为人们会经历3种知觉过程，即选择性注意、选择性理解、选择性保留。①选择性注意：人们会更多地注意那些与当前需要有关的刺激物、他们期待的刺激物、跟刺激物的正常印象相比有较大差别的刺激物。②选择性理解：即使是消费者注意的刺激物，也并不一定会与原创者预期的方式相吻合，因为消费者往往会将刺激物信息朝着合乎自己意愿的方向加以扭曲。③选择性保留：消费者会忘记他们所知道的许多信息，而倾向于保留那些能够支持其态度和信念的信息。

上述知觉过程告诉我们，营销者的任务就是设法突破牢固的知觉壁垒，引起消费者注意，使其产生购买欲望，继而激发其产生兴趣，并不断刺激强化其对商品的记忆，直至最终诱使其采取购买行动。

【延伸阅读】 如何让你的产品进入消费者的视野焦点？（见右侧二维码）。

3. 学习

学习是由经验（自己的或他人的）引起的个人行为的改变。人类行为大多来源于学习，学习论者认为，一个人的学习是通过驱动力、刺激物、诱因、反应和强化的相互影响而产生的。例如，某消费者有提高英语水平的驱动力，当这种驱动力被引向一种刺激物，如新东方培训时，就成为一种动机。该动机在接触到有关新东方培训的广告、文章或成功案例时，必然会做出相关的反应，如参加还是不参加培训，是一次性报足一系列培训，还是先培训一期，再视效果如何决定要不要接着报第二期。如果参加一期培训后效果明显感到满意，他就会继续强化他的反应，购买同一地点、同一机构的培训，反之，则会放弃继续参加培训。

对营销人员来说，可以通过把学习与强烈驱动力联系起来，运用刺激性暗示和提供强化等手段来建立对产品的需求。例如，一家外资连锁超市在刚进入某个城市市场时，先是不定期地在当地报纸上或者借助当地报纸的发行网络散发"特价"商品的目录广告，在给当地居民留下它会经常不定期推出特价商品的印象后，就不再专门做类似的广告，但它的降价促销活动仍然不定期地举行。结果，许多消费者便经常光顾这家超市，希望能买到特价商品，但事实上他们更多的是购买了非特价商品。

4. 信念和态度

通过实践和学习，人们获得了自己的信念和态度，它们又转过来影响人们的购买行为。

1）信念

信念是指一个人对某些事物所持有的描述性思想。这种描述性思想往往表现为品牌偏好或原产地偏好。以品牌偏好为例，某些消费者相信海飞丝能有效去除头屑，新飞冰箱省电、制冷快、售价合理，肯德基的奥尔良鸡翅比麦当劳更好吃，等等。而原产地偏好使我们固执地相信来自原产地的产品是最好的，如日本的汽车和消费电子产品，美国的高技术产品、软饮料、玩具、香烟和牛仔裤，法国的酒、香水和奢侈品等。

2）态度

态度是指一个人对某些事物或观念长期持有的好与不好的认识上的评价、情感上的感受和行动倾向。人们几乎对所有事物都持有态度，如宗教、政治、衣着、音乐、食物等。态度导致人们对某一事物产生好感或厌恶感，亲近或疏远的心情；能使人们对相似的事物产生相当一致的行为。但态度一旦形成是难以变更的，因此营销者最好使产品与既有态度相一致，因为改变消费者的态度需要时间。

本章小结

消费者市场具有如下特征：①消费品市场购买者众多，市场分散，成交次数频繁，但单笔交易数量零星；②产品需求差异性大，产品的价格需求弹性较大；③消费者的购买行为具有很大程度的可诱导性；④消费者的需求复杂，供求矛盾频发。

消费者的需求复杂多样，表现出如下特征：①多样性和差异性；②层次性和发展性；③伸缩性和周期性；④关联性和替代性；⑤可诱导性。

每个消费者的购买行为都是由其购买动机引发的，消费者购买动机实质上是需要驱使、刺激强化、目标诱导三种要素相互作用的一种合力。

用概括的方法对消费者的购买动机进行分类，一般分为心理性购买动机和生理性购买动机。

然而在消费者的实际购买活动中,还表现出求实、求新、求美、求名、求廉、求便、模仿或从众、偏爱、显耀、好胜等购买动机。

消费者行为是消费者为寻找、购买、使用、评估和处理消费物品所采取的各种行动及先于且决定这些行动的决策过程。这种决策通常包括"6W1H"架构或"7Os"架构决策内容。

消费者行为模式是研究消费者行为的起点,广为接受的消费者行为模式是刺激-反应模式,该模式主要涉及三个方面的内容:一是消费者刺激,二是消费者黑箱,三是消费者反应。

在实际研究中,根据消费者决策过程的复杂程度可将购买行为划分为复杂的购买行为、减少失调感的购买行为、习惯性的购买行为、寻求多样化的购买行为。

购买决策在许多情况下并不是由一个人单独做出的,而是有其他成员的参与。一般来说,参与购买决策的成员大体可形成五种主要角色,即发起者、影响者、决策者、购买者、使用者,这五种角色相辅相成,共同促成了购买行为。

消费者决策过程包括以下五个阶段:确认需求、信息搜集、评估选择、购买决策和购后行为。

消费者不可能在真空里做出自己的购买决策,他们的购买决策很大程度上受到文化、社会、个人和心理等因素的影响。①文化因素对消费者购买行为具有最为广泛和深刻的影响。营销人员需要从文化、亚文化等方面来理解文化因素所起的作用。②社会因素,这一因素包含社会阶层、参照群体、家庭几个方面。③消费者购买行为也会受到个人特征的影响。这些影响因素包括年龄及生命周期阶段、职业、性别、受教育程度、生活方式、性格和自我概念等。④消费者行为受到动机、认知、学习、信念和态度等心理因素的影响。

思考题

1. 何谓消费者市场?它有哪些特征?
2. 简述消费者需求的特征。
3. 按消费者决策过程的复杂程度划分,消费者购买行为可分为哪几种类型?结合上述行为类型分析相应的营销策略。
4. 试论述影响消费者购买行为的主要因素。
5. 简述消费者购买决策过程。

案例分析与实训

1. 案例分析

江城广播电台《早班直通车》栏目报道了一则消息:今天上午,本台爆料热线接到车主爆料,称平时交通顺畅的莲花区东胜大道堵车严重。记者赶往现场,发现东胜大道车流行进的方向都朝着莲花区最大的购物超市——百汇超市。经调查,原来是百汇超市开业十周年店庆开展大酬宾活动,吸引了大批市民前往购物导致拥堵。这个活动将持续3天,记者提醒市民掌握交通路况,合理安排上下班出行工具及路线。

分析:许多广播电台听众通过这则报道获悉百汇超市大酬宾的信息,该信息属于哪种信息来源?对此你有何启发?

2. 实训

实训目的:通过开展实地调研,深入理解并掌握消费者购买决策行为类型及影响消费者行为的影响因素。

实训内容：设计调查问卷了解大学生购买手机或化妆品的动机、消费偏好及决策影响因素，并就问卷资料（要求有效问卷50份）加以整理分析，从制造商或零售商角度给出产品设计或营销推广建议。

第四章 组织市场及其购买行为分析

教学内容和教学目标

◆ 内容简介
(1) 组织市场的类型及其特点。
(2) 生产者市场购买行为。
(3) 中间商市场购买行为。
(4) 非营利组织市场和政府市场购买行为。

◆ 学习目标
(1) 了解组织市场的类型和特点。
(2) 掌握影响生产者购买决策的主要因素,并能运用于具体实践分析中。
(3) 掌握中间商的购买类型和主要购买决策,并能运用于具体实践分析中。
(4) 了解非营利组织和政府市场的购买行为。

市场营销学往往按购买者在市场上购买商品的特点和目的的不同,将市场划分为消费者市场和组织市场两大类。作为与消费者市场相对而言的组织市场,是指企业为从事生产、销售业务活动及政府部门和非营利组织为履行职责而购买产品和服务的市场。组织市场包括生产者市场、中间商市场、非营利组织市场和政府市场。本章着重就组织市场及其购买行为进行分析,探讨组织市场的特点、类型及不同的组织市场中购买决策的影响因素和购买行为特点,为组织市场的营销人员提供制订策略性营销计划的前提和依据。

第一节 组织市场的类型及其特点

一、组织市场的概念与类型

组织市场是指工商企业为从事生产、销售等业务活动及政府部门和非营利组织为履行职责而购买产品和服务所构成的市场。组织市场的实质是由各组织机构形成的对企业产品和劳务需求的总和。

在市场营销中,基于对购买者的分析,也即根据是谁在市场上购买,我们通常将组织市场进一步划分为生产者市场(产业市场)、中间商市场、非营利组织市场及政府市场,如图4.1所示。

1. 生产者市场

生产者市场,又称产业市场或业务市场,它是指由购买产品和服务并将之用于生产其他产品或服务,以供销售、出租或供应给他人的个人和组织组成的市场。换言之,生产者市场购买者的购买目的是通过加工来赢利,而不是个人消费。生产者市场通常由农业、林业、水产业、制造业、

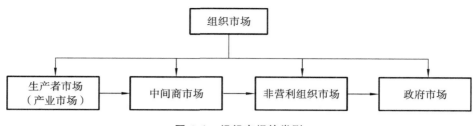

图 4.1 组织市场的类型

建筑业、通信业、金融业、保险业等产业组成。

2. 中间商市场

所谓中间商市场，是指由通过购买商品和服务并将之转售或出租给他人以获取利润为目的的个人和组织所组成的市场。中间商不提供形式效用，而是提供时间效用、地点效用和占有效用。因此，中间商市场也称为转卖者市场。中间商市场由各种批发商和零售商组成。批发商是指购买产品和服务并将之转卖给零售商和其他商人，以及产业用户、公共机关用户和商业用户等，但不把商品大量卖给最终消费者的商业单位。零售商的主要业务则是把产品或服务直接提供给最终消费者。

3. 非营利组织市场

非营利组织泛指所有不以营利为目的、不从事营利性活动的组织。非营利组织通常包括机关团体和事业单位。非营利组织市场则是指由为了维持正常运作和履行职能而购买产品和服务的各类非营利组织所构成的市场。

4. 政府市场

政府市场是指由那些为执行政府的主要职能而采购或租用商品的各级政府单位组成的市场。一个国家政府市场上的购买者是该国各级政府的采购机构。由于各国政府通过税收、财政预算等掌握了相当大一部分的国民收入，为了开展日常政务，政府机构经常要采购物资和服务，因而形成了一个很大的市场。政府机构往往是市场活动的最大买主，占有 20%～30%的份额。

二、组织市场的特点

组织市场购买行为是指各类正规组织机构确定其对产品和服务的需要，并在可供选择的品牌与供应商之间进行识别、评价和挑选的决策过程。与消费者市场相比，组织市场有以下几个特点。

1. 组织市场的规模和复杂性

1）组织市场的顾客数量较少，购买量较大，地理位置较为集中

组织市场的规模特点主要体现在组织市场的顾客数量较少，但是每个顾客每次交易的规模和价值相对比较大。同时，组织市场的购买者的地理位置相对集中，往往集中在某些区域，以至于这些区域的业务用品购买量在全国市场中占据相当的比重。例如，中国汽车业的零部件供应商把产品卖给为数不多的几个汽车制造企业，如一汽集团、上汽集团、北汽集团、广汽集团和东风集团等，它们多集中在北京、上海、广州、武汉等地。显然每个顾客对于供应商都是十分重要的，失去任何一个顾客，都将严重影响供应商的销售额。

2）组织市场的市场环境更为复杂

组织市场在总交易量、每笔交易的当事人数、客户经营活动的规模和多样性、生产阶段的数量和持续时间等方面，要比消费者市场大得多、复杂得多。此外，组织市场的数量并不受其下游

消费者市场数量的限制,因为有些组织不参加任何消费者市场。一些组织对消费者提供服务而不直接收取费用(如慈善机构、教堂、学会等),另外有些组织中则根本看不到消费者这一角色的作用(如军队)。

2. 组织市场中顾客需求的特性

1) 派生需求

组织需求是一种派生需求,即组织机构购买产品是为了满足其顾客的需要。也就是说,组织机构对产品的需求,归根结底是从消费者对消费品或服务的需求中派生出来的。显然,皮鞋制造商之所以购买皮革,是因为消费者对鞋的需求;出版社用纸市场的需求取决于对书籍和杂志的需求。如果对于最终消费品需求疲软,那么对所有用以生产这些消费品的企业产品的需求也将下降。组织市场的供应商必须密切关注最终消费者的购买类型和影响他们的各种环境因素。

2) 需求缺乏弹性

组织市场对产品或服务的总需求量受价格波动影响较小。一般来说,原材料的价值越低或原材料成本在制成品成本中所占的比重越小,其需求弹性就越小。短期内,组织市场的需求特别缺乏弹性,因为任何组织都不能随时对其生产方式或运营模式做过多变动。

3. 组织市场中购买行为的特性

1) 购买决策影响人数较多

由于组织市场具有购买者数量较少、购买规模较大,与消费者市场相比,在组织市场中影响组织购买决策的人较多。大多数组织设有专门的采购委员会,其由技术专家、高层管理人员及相关人员组成。在购买重要商品时,决策往往由采购委员会全体成员共同做出。

2) 购买过程复杂

由于购买金额较大,参与者较多,而且产品技术性能较为复杂,组织购买行为过程将持续较长一段时间,几个月甚至几年都有可能。这就使企业很难判断自己的营销努力会给购买者带来怎样的反应。

3) 直接采购

由于是专业性采购,且交易涉及的金额较大,组织购买者通常直接从生产厂商那里购买产品,而不经过中间商,那些技术复杂和价格昂贵的项目更是如此。

4) 互惠购买

由于组织市场购买者处于谈判强有力的地位,可以让卖方做出让步,反过来购买自己的产品。有些情况下,购买者要求卖方反过来购买自己的产品以确保订单的安全。

5) 租赁方式广泛存在

许多组织购买者日益转向大设备租赁,以取代直接购买。承租人能得到一系列好处:获得更多的可用资本,得到出租人最新的产品和上乘的服务及一些税收利益。出租人则最终将得到较多的净收益,并有机会将产品出售给那些无力支付全部贷款的顾客。

第二节 生产者市场购买行为

在组织市场中,生产者市场的购买行为与购买决策具有典型的代表意义。生产用品供货企业不仅要了解购买者是谁和生产者市场的特点,而且要了解参与产业购买决策过程的人有哪些,他们在购买决策过程中充当什么角色、起什么作用。换言之,就是要了解其顾客的购买行为、购买决策参与者及相关影响因素。

一、生产者购买行为的主要类型

生产者市场的购买者,或称产业购买者,不是只做一次性的购买决策,而是要做一系列的购买决策。产业购买者行为类型的复杂性决定了产业购买者所做购买决策的数量,以及其购买决策结构的复杂性。

生产者购买行为的类型大体有三种(见表 4.1)。

表 4.1 生产者购买行为主要类型的比较

类型	特点	营销重点
直接重购	按照以往惯例再行采购	尽力维护产品和服务质量,降低客户重购成本
修正重购	就产品规格、价格、发货条件等加以调整	了解修正原因,掌握新标准,保护自己的份额
全新采购	首次购买某种产品或劳务	全面研究购买决策过程及影响因素,制订策略

1. 直接重购

所谓直接重购,是指企业的采购部门或采购中心根据过去和供应商打交道的经验,从供应商名单中选择供货企业,直接重新订购过去采购过的同类产业用品。此时,生产者的购买行为是惯例化的。在这种情况下,列入供应商名单的供应商应尽力保持产品质量和服务质量,并采取其他有效措施来提高采购者的满意程度。未列入名单的供应商要试图提供新产品,或提供某些能令顾客满意的服务,以便使购买者考虑从它们那里采购,同时设法先取得一部分订单,之后逐步争取更多的订货份额。

2. 修正重购

修正重购是指企业的采购部门为了更好地完成采购工作任务,适当改变要采购的某些产业用品的规格、价格等条件或供应商。这种行为类型较复杂,因而参与购买决策过程的人数较多。这种情况给"门外的供货企业"提供了市场机会,同时给"已入门的供货企业"造成了威胁。作为"门外的供货企业",应加大沟通和促销力度,开拓新顾客;而作为"已入门的供货企业",则要设法巩固现有顾客,保护既得市场。

3. 全新采购

全新采购(简称新购)是指企业第一次采购某种产业用品。新购的成本费用越高、风险越大,那么需要参与购买决策过程的人数和需要掌握的市场信息就越多。这种行为类型最为复杂。因此,供货企业要派出精锐的推销人员小组,向顾客提供市场信息,帮助顾客解决疑难问题。

在直接重购的情况下,产业购买者的购买决策较为简单;而在新购情况下,产业购买者要做的购买决策较多,包括决定产品规格、价格幅度、交货条件和时间、服务条件、支付条件、订购数量、可接受的供应商和选定的供应商等。

生产者市场购买行为

浙江吉利控股集团有限公司(简称吉利集团)是中国汽车行业十强企业。吉利集团现生产、销售吉利自由舰、吉利金刚、吉利远景、上海华普、美人豹等八大系列 30 多个品种整车产品。除了发动机、变速器等核心部件是自己开发和生产外,吉利集团每年还要向近千家供应商采购零配件。吉利集团向零配件供应商购买汽车零配件产品,是为了生产整车。

(资料来源:赵开华,张满林.市场营销[M].北京:中国经济出版社,2010.)

二、生产者购买决策的参与者

在企业中,参与采购决策的人除了专职的采购人员之外,还会涉及一些其他人员,这些人共同构成采购组织的决策单位,即生产者购买决策单位,市场营销学称之为采购中心。在企业的采购中心中通常包括五类成员。

(1) 使用者。使用者即具体使用产业用品的人员。例如:实验室用的电脑,其使用者是实验室的技术人员;复印机的使用者是办公室的秘书。使用者往往是最初提出购买某种生产用品意见的人,他们在计划购买产品的品种、规格决策中起着重要作用。

(2) 影响者。影响者是在企业外部和内部直接或间接影响购买决策的人员。他们通常协助企业的决策者决定所需购买产品的品种、规格等。企业的科研人员或技术顾问是最主要的影响者。

(3) 采购者。采购者是在企业中有组织采购工作(如选择供应商,与供应商谈判等)正式职权的人员。在较复杂的采购工作中,采购者还包括参加谈判的公司高级人员。

(4) 决定者。决定者是在企业中拥有批准购买产品权力的人。在标准品的例行采购中,采购者往往是决定者;而在较复杂的采购中,公司领导人是决定者。

(5) 信息控制者。信息控制者是在企业外部和内部能控制市场信息流使其流向决定者和使用者的人员。例如企业的购买代理商、技术人员等。

并不是所有的企业在采购过程中都必须有上述五种人员参与购买决策过程。企业采购中心规模的大小和成员的数量会随着采购产品的不同而有所不同。

三、生产者购买决策的主要影响因素

生产者的购买决策除了会受到经济因素的影响之外,还很容易受到环境、组织、人际及个人等因素的影响(见图 4.2)。

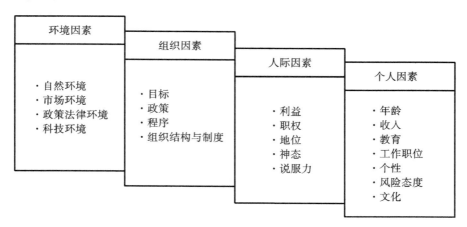

图 4.2 生产者购买决策的影响因素

1. 环境因素

环境因素是一个企业所处环境的特征,主要指宏观的、企业无法控制的外部环境因素,包括一个国家的经济发展前景、市场需求水平、技术发展状况、市场竞争程度、政策法律法规、货币成本、文化背景等。这些因素变动都会影响生产购买者的购买行为。当国际石油价格上涨时，必定会导致国内石油供应短缺和石油价格上升，那么某些零售部门的价格也会随之上升，最终使成本增加，这必然会引起生产者的购买行为发生变化。任何企业的生产经营活动都必须在社会中进行，因此必然会受特定环境因素的影响。影响生产者购买行为的环境因素，是企业不可控制的，主要包括以下四个方面。

1）自然环境

随着自然环境的破坏，自然环境因素对企业的制约作用日益突显。为了保证连续性生产，对于一些制约企业生产的紧缺物资，生产者需要保持充足的库存。

2）市场环境

当市场处于高速增长时期时，生产者需要大量采购生产资料，扩大生产规模以满足市场增长的需要；当市场处于暂时调整时期时，生产者的采购数量就要适当减少，以避免企业库存过多而造成大量资金积压。

3）政策法律环境

企业的生产经营活动必须严格遵守国家的法令、法规和政策。如一个制药厂，不能采购劣质原材料生产假药，危害人民身体健康。这一点是营销人员必须重视和掌握的。

4）科技环境

科学技术的发展直接影响企业现有产品的前景和企业新产品开发的速度和方向。随着改革开放的不断深入，我国不断引进先进技术，并在此基础上消化、创新，使产品市场生命周期不断缩短，企业要加快产品的升级换代，对生产资料的采购就要提出更高要求。

2. 组织因素

组织因素是企业本身的因素，指生产企业内部的运行机制，如企业的目标、政策、程序、组织结构与制度等。组织因素会影响生产者的购买决策和购买行为。营销人员需要了解采购企业内部的组织因素，进而采取不同的营销策略。

1）目标

不同类别或同一类别的生产者，它们的组织目标可能有所不同。有的追求较高的市场份额，有的追求当期利润最大化。组织目标的确定会影响到购买人员的购买行为。比如：对于以成本领先为目标的企业，会对符合本企业要求的尽可能低价的产品感兴趣；而对于以市场领先为目标的企业，会对技术先进、优质高效的产品感兴趣。

2）政策

企业内部的采购政策对生产采购者的购买决策具有一定的影响。采购政策受产品生命周期的影响，当采购发生在产品导入阶段时，企业通过价值分析、目标成本法等降低采购价格；当采购发生在产品成长阶段时，产品将大量生产上市且被市场广泛接受，采购可以利用需求量大幅增长的优势，采用最佳订货批量并降低采购价格；当采购发生在产品成熟阶段时，生产或技术达到了稳定阶段，产品供给也已稳定，可利用价值工程等方法进一步找出不必要的成本；当采购发生在产品衰退阶段时，产品或技术即将过时或衰退，新的替代品很快就会出现，此时就应该缩小生产规模并降低采购价格。

3）程序

企业内部的采购程序，是指从提出和接受材料采购单起至到货验收与核付货款止的一系列采购业务活动。由于企业的生产过程及生产资料不同，其采购生产资料的过程也不同。一般来说,使用时间较长的机器设备等物品,其采购程序较长,而消耗量较大的生产资料(如燃料、原材料等)的采购程序则较短。

4) 组织结构与制度

企业的组织结构不同,其内部采购制度也有所不同。有的企业设立若干事业部,采购工作由各事业部自己负责;有的企业只设立一个采购部门,统一负责全公司的采购工作。同时,由于企业的采购制度不同,具体参与采购工作的人员角色、权限等也必然不同。

3. 人际因素

生产采购决策离不开使用者、影响者、采购者、决定者和信息控制者的参与。这些参与者的经验、背景(专业及受教育程度)和个性,以及他们在企业中的地位、职权、说服力和相互之间的关系,都会影响生产者的购买决策和购买行为。比如,技术人员接受过专门教育和培训,拥有专业技术,与产品接触密切,对产品的质量要求非常严格;同时,他们也比较熟悉行业特点和发展趋势,因而在大多数情况下由他们提出采购需求并评价、筛选供应商。此外,其他影响决策的人员(如顾问和采购人员等),他们与信息的接触往往比较密切,更关心采购是否成功和采购的结果。所以,供应商的营销人员应该多向这两类人提供有说服力的信息,利用良好的企业声誉让他们相信采购是安全可靠的。

4. 个人因素

虽然生产者购买是组织行为,但最终还是要由负责采购的若干个人做出决策并付诸实施。因此,个人因素也是影响生产者购买决策的一个重要因素。每个参与采购决策的人在个人的年龄、收入、教育水平、所学专业、职务、个性、直觉、偏好等方面都存在差异,这些差异又会影响各个参与者对所需要采购的生产资料和供应商的感觉、看法,进而影响购买决策和购买行动。不同的购买者有不同的购买风格,有些人凭直觉进行购买,善于在诸多卖方之间进行谈判以得到最优交易条件。此外,采购人员的主观情感因素、品牌偏好等都会影响其购买决策和购买行为。

四、生产者购买决策过程

一般认为,生产者购买决策过程可分为八个阶段,但并非每项采购都要经过这八个阶段(见图4.3),具体过程根据购买业务的类型不同而定。其中,新购最复杂,需要经过所有八个阶段;直接重购最简单,只需经过两个阶段;而修正重购则介于两者之间,有些阶段需要,有些阶段不需要。供应商要了解顾客在购买过程中各个阶段的情况,并采取适当措施,满足顾客在各个阶段的需要,才能成为现实的卖主。

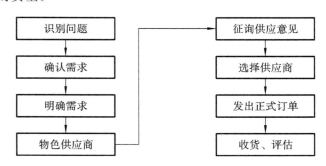

图 4.3 生产者购买决策过程

1. 识别问题

识别问题是生产者购买决策过程的起点,即发现生产中存在的各种问题,认识到需要采购某种产品或服务,此时开始采购过程。这些问题包括存货水平下降需要购进生产资料,设备发生故障需要更新,开发新产品需要新的设备,或者现有供应商供货质量不理想需要更换供应商,等等。当企业内部人员意识到这些问题并提出对某种商品或服务的需求时,采购过程就开始了。因此,营销人员需要加强日常推销工作和各种宣传工作,以发掘新的潜在需求。

2. 确认需求

识别问题、提出需求之后,采购人员就需要着手确认需求,草拟需求说明书,确定所需产品或服务的主要项目,具体包括产品或服务的种类、性能、特征、数量等内容。简单的采购任务一般由采购人员直接决定,但对于复杂的采购项目(比如修正重购和新购),专业采购人员需要与技术人员和工程师等其他部门的人员共同研究,然后制订书面的采购申请书,以便采购人员、使用者、技术人员、财务人员甚至企业中、高层管理者都了解情况,提出意见和建议,才能最终做出决定。供货企业的营销人员在此阶段要帮助采购单位的采购人员确定所需品种的特征和数量。

3. 明确需求

确认需求之后,就要对所需产品的规格、型号等技术指标做详细的说明。采购部门按照确定的申购报告,组织有关成员对采购品的要求进一步细化,确定产品规格、技术要求、质量标准、价值成本、潜在的替代品等。产品规格的确定需要专业技术人员对所需产品的规格、型号、功能等技术规格提出要求,并写出详细的技术说明书,该技术说明书要列明拟购产品和服务在品种、数量、售后保证等方面的具体要求。价值分析就是分析产品成本与功能之间的比例关系,目的是在保证不降低产品功能(使用价值)的前提下,尽量减少成本,以获得更大的经济效益。企业通常委派专业人员运用价值分析法来进行价值分析,即将产品及其配件的功能与各自的成本进行比较。经过价值分析后,购买者应写出详细的书面材料,说明技术要求,作为采购人员进行采购的依据。供货企业的市场营销人员也要运用价值分析技术,向顾客说明其产品有良好的功能。

4. 物色供应商

根据所需生产资料的详尽信息,寻找有良好信誉并且合乎自身要求的潜在供应商,将其列为备选对象,向其传递采购意向。寻找供应商的途径非常多,例如查询行业供应商名录、电话号码簿,或者通过参加展会、网络搜索和广告宣传获取。因此,供应商应通过多种途径宣传、推广自己,扩大知名度,树立良好的信誉。往往新购项目的复杂性较高,购买者用于选择和考查供应商的时间和费用开支也较大;在修正重购和直接重购的情况下,供应商更应注重绩效评价和信息沟通,减少购买方更换供应商的可能性。

5. 征询供应意见

征询供应意见也即向潜在供应商发函,请它们尽快提供产品说明书、产品价目表等信息资料及试用样品等,目的在于了解每一个潜在供应商的供货能力、条件和资历。因此,供应商的营销人员应根据市场情况,写出实事求是而又能别出心裁、打动人心的产品目录、说明书、价目表等资料,力求全面而形象地表达所推销产品的优点和特性,力争在众多的竞争者中获得胜利。

6. 选择供应商

收到备选供应商寄送的资料之后,生产购买者需要对有关资料进行具体分析和评价,出于谨慎的原则甚至需要组织人员进行现场考察,最后做出决策。通常,生产购买者要综合考虑供应商的交货能力、产品质量、产品规格、产品价格、信誉、财务状况、付款结算方式、维修服务能力等方面。为了分散风险、获得质优价廉的生产用品,生产采购者一般会选择两家或两家以上的供应商,以免受制于人。根据上述条件遴选出来的供应商,企业也往往还会和其进行面谈,争取更优惠的供货条件。

7. 发出正式订单

选定供应商之后,生产购买者向供应商发出采购订单,列出所需产品的技术规格、订购数量、交货时间、退货办法等内容,通常会形成采购合同或协议等书面文件。许多企业更倾向于采用"一揽子合同"的采购方式,即采购企业与供应商建立长期互利供货关系,通过增加采购次数来减少库存。当生产购买者需要进货时,采购经理的电脑联网程序就会自动打出订货单,并通过传真将订货单发送给供应商,以此将库存转移给供应商。供应商也可受益于"一揽子合同",在市场价格波动尤其是下行趋势下,仍能按原定交易价格供货,确保产品有固定的销路和收益。

8. 收货、评估

生产购买者收货后对产品进行使用和评估。供应商要及时了解使用者对产品的意见,提供必要的培训和售后服务。采购部门需要组织使用者对采购品的技术性、质量标准、供应履约等情况进行全面审核,以决定是否继续执行采购协议。因此,供应商在执行合同的过程中,应该认真履约,加强售后服务,提高顾客的满意度,促进购买者进行直接重购。

以上八个阶段是生产者购买决策的基本过程,但是并非所有企业都要经历。生产者购买类型、购买方式的不同导致不同的生产者的购买决策过程也不相同。例如,重购只需经过明确需求和收货、评估两个阶段。对于供应商而言,质量过硬、信誉良好的企业形象才是取得供需双方长期合作的基础。

第三节 中间商市场购买行为

一、中间商的购买类型

中间商购买行为是指中间商在寻找、购买、转卖或租赁商品过程中所表现的行为。由于中间商处于流通环节,是制造商与消费者之间的桥梁,因此,企业将其视为顾客采购代理人,全心全意帮助它们为顾客提供优质服务。研究中间商市场的购买行为,首先要了解中间商市场的购买类型。

1. 新产品采购

新产品采购指中间商第一次购买某种从未采购过的新品种。中间商根据拟采购产品的市场前景、需求强度、获利的可能性等多方面因素决定是否购买。购买决策过程的主要步骤与生产者购买决策过程大致相同,即也由识别问题、确认需求、明确需求、物色供应商、征询供应意见、选择供应商、发出正式订单、收货和评估等八个阶段组成。

2. 最佳供应商选择

中间商对拟采购的商品品种已经确定,但需要考虑从哪家卖主进货,也即选择最佳的供应商。中间商根据自身的品牌定位和品牌形象,从众多供应商中选择最优者。

3. 改善交易条件的采购

这种采购说明中间商并不想更换供应商,但希望从现有供应商那里获得更为有利的供货条件,譬如更及时的供货、更合适的价格、更积极的广告支持与促销合作等。

4. 直接重购

对于长期合作、信誉状况良好、产品质量过关的供应商,中间商通常会采用直接重购的方式。

二、中间商购买过程的参与者

不同的中间商,其购买过程的参与者也不尽相同。中间商购买过程的参与者类型与生产采购类似,包括影响者、采购者、决定者、信息控制者等;不同之处在于,中间商购买的目的是转卖以获得利润,所以在中间商的购买过程中还有一类非常重要的参与者,那就是拟采购商品的销售人。拟采购商品的销售人是与顾客接触最频繁、关系最紧密的人,通过与顾客的接触,他们可以发现客户的需求和偏好,因此,他们是中间商购买的重要参与者。

中间商采购参与者的数量与中间商的规模和类型有关。对于路边或社区内的方便商店,店主亲自选择拟采购的商品,并进行采购工作;大型公司则有专人和专门的组织进行采购;对于重大项目,还需要公司高层管理者的参与和介入。

三、中间商的主要购买决策

1. 中间商的配货决策

配货决策是指决定拟经营的品种结构,即中间商的产品组合。由于中间商所选择的产品组合会直接影响中间商的供应商组合,进而影响中间商的市场营销组合和顾客构成,因此,配货决策是中间商主要购买决策中最基本、最重要的决策。

根据中间商的经营范围和产品组合策略,中间商的配货决策主要有以下四种。

(1) 独家配货,指中间商决定只经营某一独家厂商的各种产品,以求得较好的供货条件,一般只是规模较小的少数企业采用这种策略。

(2) 深度配货,指中间商决定经营许多厂商生产的同类各种型号规格的产品,这给顾客在购买某种商品时提供了较大的选择余地,从而增强了对顾客的吸引力。这种策略目前较具竞争力。

(3) 广度配货,指中间商决定经营种类繁多、范围广泛但尚未超出行业界限的产品,这种策略使中间商具有一定的经营范围,也使顾客方便购得相关商品。

(4) 混合配货,指中间商跨行业经营多种互不相关的产品,这种策略能减少中间商因外界环境变化所带来的经营风险,但要求企业有雄厚的经营实力。

2. 供应商组合决策

供应商组合决策是指确定拟建立供应关系的各有关供应商,也即选择哪些供应商作为合作伙伴。在核心竞争力备受关注的环境下,选择合适的供应商或者是战略合作伙伴,变得越来越重要和关键。

3. 供货条件决策

供货条件决策是指决定具体采购时的交易条件,包括所要求的价格、交货期、相关服务及其他交易条件等。

四、中间商购买行为的主要影响因素

中间商购买行为的主要影响因素与生产者购买行为大致相同,也包括环境、组织、人际、个人等因素。此外,中间商的购买风格、消费者对拟购商品的接受程度等因素对中间商购买行为也有不可忽视的影响。

1. 中间商的购买风格

根据中间商的购买风格可以将中间商分为七种类型:忠实采购者、随机型采购者、最佳交易采购者、创造性采购者、广告型采购者、怪吝型采购者、琐碎型采购者。

1) 忠实采购者

忠实采购者是指长期忠实地从某一供应商处进货的采购者。忠实的采购者会年复一年地忠于同一货源,不轻易更换供应者。

采购者忠实于某一渠道的原因有多种。首先是利益因素,对供应商的产品质量、产品价格、服务和交易条件感到满意或未发现更理想的替代者。其次是情感因素,长期合作,感情深重,有过在困难时期互相帮助的经历,即使对方偶有不周之处也不计较,即使其他供应商的产品质量和交易条件与之相同或略优,也不愿轻易更换。再次是个性因素,该采购者认识稳定,习惯于同自己熟悉的供应商打交道,习惯于购买自己熟悉的产品。

2)随机型采购者

随机型采购者习惯于从事先选择的若干符合采购要求、能满足自己长期利益的供应商中随机地确定供应对象并经常更换。

对于这类采购者,供应商应在保证产品质量的前提下提供理想的交易条件,同时增进交流,帮助解决业务的和个人的有关困难,加强感情投资,使之成为忠实的采购者。

3)最佳交易采购者

最佳交易采购者是指力图在一定时间和场合实现最佳交易条件的采购者。这类采购者具有以下三个特征:第一,在与某一供应商保持业务关系的同时,还会不断地收集其他供应商的信息;第二,一旦发现产品或交易条件更佳的供应商,就会立刻转换购买;第三,一般不会成为某一供应商的长期顾客,除非该供应商始终保持着其他竞争者无法比拟的交易条件。

针对这类供应商,若单纯依靠感情投资来强化联系是难以奏效的,最重要的是密切关注竞争者的动向和市场需求的变化,随时调整营销策略和交易条件,提供比竞争者更多的利益。

4)创造性采购者

创造性采购者是指经常对交易条件提出一些创造性的想法并要求供应商接受的采购者。对于这类采购者,供应商要给予充分尊重,好的想法给予鼓励和配合,不成熟的想法也不能讥笑,在不损害自己根本利益的前提下,尽可能地接受他们的意见和想法。

5)广告型采购者

广告型采购者又称追求广告支持的采购者,是指把获得广告补贴作为每笔交易的一个组成部分甚至首要目标的采购者。广告型采购者的特点:第一,把获得广告补贴作为每笔交易的一个组成部分甚至首要目标;第二,重视产品购进后的销售状况,希望供应商给予广告支持,以扩大影响、刺激需求。

对于这类采购者的要求,若符合买卖双方的利益,在力所能及或合理的限度内,供应商可考虑给予满足。

6)悭吝型采购者

悭吝型采购者又称斤斤计较型采购者,是指每笔交易都反复地讨价还价,力图得到最大折扣的采购者。与这类采购者打交道是比较困难的,让步太多则无利可图,让步太少则丢了生意。供应商在谈判中要有耐心和忍让的态度,以大量的事实和数据说明自己已经做出了最大限度的让步,争取达成交易。

7)琐碎型采购者

琐碎型采购者又称精明干练型采购者,是指每次购买的总量不大,但品种繁多,重视不同品种的搭配,力图实现最佳产品组合的采购者。与这类采购者打交道会增加许多工作量(如算账、开票、包装、送货等),供应商应当提供细致周到的服务,不能有丝毫厌烦之意。

2. 消费者的接受程度

中间商的购买目的是向消费者提供所需商品,从而赚取利润。这就决定了中间商在购买商品时,首先要考虑的是这个商品能否被消费者接受,以及消费者的接受程度如何。

3. 商品供应者提供的优惠和折让

面对消费者需求的众多商品,中间商制订购买决策时会充分考虑供应商提供的条件,供应商提供的优惠和折让越多,中间商的利润就越大,那么中间商与其建立长期合作关系的可能性就越大。

4. 广告和促销

广告和促销活动在很大程度上影响着消费者的购买倾向,因此,中间商在制订购买决策时会充分考虑广告和促销的作用,以便利用生产者的广告效应顺利转售和出租商品给消费者。

5. 开发新项目

有些商品对中间商来说,经营它在短时间内可能无利可图或者获利不多,但该项目具有很大的市场潜力,远景看好。出于占领市场、吸引消费者的考虑,中间商也会做出相应的购买决策。

6. 商品推荐

生产商上门推销对中间商也会产生一定影响,一般上门推荐的商品都附带有吸引人的条件。

第四节 非营利组织市场和政府市场购买行为

一、非营利组织的类型

非营利组织是指不是以营利为目的的组织,它的目标通常是支持或处理个人关心或者公众关注的议题或事件。非营利组织所涉及的领域非常广,包括艺术、慈善、教育、政治、宗教、学术、环保等。非营利组织的运作并不是为了产生利益,这一点通常被视为这类组织的主要特性。然而,某些专家认为将非营利组织和企业区分开来的最主要差异是非营利组织受到法律或道德的约束,不能将盈余分配给拥有者或股东。

非营利组织可以根据运营目标划分为促进群体交流的非营利组织和提供社会服务的非营利组织。

(1) 促进群体交流的非营利组织。这类组织是指促进群体内成员的交流、沟通思想和情感、宣传普及某种知识和观念、推动某项事业的发展、维护群众利益的各种组织,例如各种职业团体、业余团体、宗教组织、专业学会和行业协会等。

(2) 提供社会服务的非营利组织。这类组织为某些公众的特定需要提供服务,包括学校、医院、红十字会、卫生保健组织、新闻机构、图书馆、博物馆、文艺团体、基金会、福利和慈善机构等。

二、非营利组织的购买特点

1. 限定总额

非营利组织设立的目的不是为组织管理者或所有者创造利润,其日常运转活动经费主要来自政府财政拨款和社会捐助。因此,非营利组织的采购经费预算与支出受到严格控制,不能随意突破。

2. 价格低廉

非营利组织购买商品是为了维持机构运行和履行机构职能的需要,所购商品的质量和性能既要能保证这一目的的实现,又要使目标群体对使用该产品或服务感到满意。因此,非营利组织在采购时不仅看重产品或服务的质量,还强调产品价格低廉。由于受到经费预算的严格限制,绝大多数非营利组织在采购时更倾向于选择报价较低的供应商。

3. 保证质量

非营利组织购买商品不是为了转售,也不是为了成本最小化,而是为了维持运行和履行组织职能,所购商品的质量和性能必须要有保证。

4. 受到控制

为了使有限的资金发挥更大的效用,非营利组织采购人员受到较多的控制,只能按照规定的条件购买,缺乏自主性。

5. 程序复杂

非营利组织提供必要的公益性服务,享受公众捐助和政府补贴,所以其工作必须服从或服务于公众利益,还要受到公众的监督及诸多规章制度的约束。为了使有限的资金发挥更大的作用,非营利组织必须制订规范的采购程序,采购人员只能严格按照规定的条件购买,购买过程的参与者众多,程序也更为复杂。

三、非营利组织的购买方法

1. 公开招标选购

非营利组织的采购部门通过传媒发布广告或发出信函,说明采购商品的名称、规格、数量和有关要求,邀请供应商在规定的期限内投标。有意争取这笔业务的企业要在规定时间内填写标书,密封送交非营利组织的采购部门。招标单位在规定的日期开标,选择报价最低且其他方面符合要求的供应商中标单位。

公开招标方式一般具有以下四个特征:①程序控制严密;②竞争充分透明;③耗时相对较长;④体现规模效应。这些特征体现了竞争的公平性与合理性。

2. 议价合约采购

非营利组织的采购部门同时和若干供应商就某一采购项目的价格和有关交易条件展开谈判,最后与符合要求的供应商签订合同,达成交易。这种方式适用于复杂的工程项目,因为它们涉及重大的研究开发费用和风险。

3. 日常性采购

日常性采购是指非营利组织为了维持日常办公和组织运行的需要而进行的采购。这类采购金额较少,交款和交货方式常为即期交付,如购买办公桌椅、纸张文具、小型办公设备等。

非营利组织如何做到年营业额 2700 万

通过卖服务,一个做小动物保护工作的美国非营利组织——动物救援联盟庇护所及野生动物中心(The Animal Rescue League Shelter & Wildlife Center,简称 ARL)年营收总额竟然高达 2700 万元人民币,这是怎么做到的?

ARL 是美国西宾夕法尼亚州一家致力于动物保护的 NGO,建立于 1909 年。ARL 的使命是为所有社区送来的被遗弃、未被妥善照料及受伤的动物提供临时住所、食物、医疗和安慰;照料走失的动物,或为它们寻找新家;向公众开展对动物人道关怀的教育。

ARL 拥有动物庇护所和野生动物中心,它是当地唯一推行门户开放政策的动物保护组织,即在任何时间接受任何动物,无论它们年方几何、是否健康或性格是否理想,凡是被其他组织拒绝的动物,都能在这里找到一个家。

但 ARL 也不会什么都管,比如 ARL 就不会直接上街去救动物回家,而是与匹兹堡动物控制中心建立良好的合作关系:"把所有合适的动物送到我们这里。"

1. 非营利≠完全免费

ARL 每小时要接收至少 2 只动物,每年要接收 21 622 只动物。尽管数量大得惊人,但 ARL 仍不强制规定它们在这里接受庇护的时间。这样一个组织如何维持自身运转?钱从哪里来?

ARL 并不接受政府拨款,其三大资金来源是:一般捐款,出售商品和服务收益(如兽医费用、领养费用等),企业和基金会补助及捐赠。

ARL 提供的诊所治疗、领养服务等,都不是免费的。它的三大资金用途分别是庇护所和野生动物中心医疗护理、动物绝育手术、领养服务。

ARL 根据不同的季节、动物的年龄及领养地点等,对犬领养人收取 55 到 150 美元不等的费用,对猫领养人收取 80 美元左右的费用,在特殊情况下以捐款代替付费。2013 年,通过领养服务,ARL 收入 626 663 美元;通过兽医诊疗服务,收入 481 388 美元。

ARL 还提供犬类行为和训练课程:小狗幼儿园为 8 至 12 个月大的犬开课,以帮助小狗适应社会化生活,教它们一些基本的礼仪和命令,比如上厕所训练、咀嚼、坐下、待着不动等,每节课收费 10 美元。ARL 也为那些有陋习的成年狗提供培训课程,全部课程持续 7 周时间,总费用为 99 美元。

ARL 的人文与环境教育部还肩负着公众教育的任务。2013 年,ARL 在匹兹堡更大范围地新增了几个点,提供更多的野生动物中心游览活动,为孩子和成人量身打造了许多项目。教育项目的费用至少需要 150 美元,包含夜间动物管理、动物基础护理、防咬伤等内容,其中只有防咬伤环节是免费的。

当然,免费的服务也有很多。其中 ARL 与相关非营利组织合作,免费为死亡的宠物提供丧葬服务。ARL 每年会在自己的官方网站公布详细的审计报告供大家监督。

关于捐赠,ARL 官网接受直接资金捐助,并有一个"心愿单"专页,上面注明了庇护所和野生动物中心需要的宠物用品、家居用品,包括冷冻肉、宠物玩具、幼猫代奶粉、绳套、不锈钢碗、猫砂、毛毯等,甚至还有供野生动物食用的冰冻干血蠕虫、爬行动物所需要的专用灯等,并将迫切需要的部分用黑体标出,供大家选择性捐赠。

2. 创造人与动物的美好相遇

退休的乔安妮(Joanne F.)已经在动物庇护所做了七年半的志愿者,她喜欢为猫咪服务。"我最大的快乐就是帮助人们找到一只猫咪,给予它一个永恒的家。能够为人们创造这种联系实在是太开心了。"她只是庇护所 535 位志愿者中的一位。ARL 官网不时更新志愿者们的故事,他们平均每年贡献了超过 25 000 小时的服务时长。

为加强管理,野生动物中心聘请了志愿者经理,并创立了一些新增的志愿者岗位。现在,志愿者必须提交详细的时间表以尽可能为动物提供最佳照料。ARL 则为志愿者们提供更为专业的培训,教他们如何理解动物行为、正确地照料动物、策划适宜社区的活动等。

ARL 规定,领养者应为 21 岁及以上的成年人,有固定住所并允许宠物居住。领养者必须携带有效证件和一张全家福照片,如果领养者申请领养犬只并且家里已经养了一只狗,还必须把它一同带到 ARL 来,看它是否对新成员友好及欢迎。所有可供领养的动物都能在 ARL 官网上查到详细信息:品种、性别、年龄、ID 等。

现在,ARL 官网上可供领养的猫、狗、兔子等共有 522 只。所有可领养的动物都实施了绝育手术,装上了微型芯片,经过了除虫,并且注射了疫苗,接受了必要的医疗救治。

(资料来源:商界招商网,2015 年 3 月 4 日)

四、政府市场及购买行为

政府市场由为执行政府职能而采购或租用产品的各级政府部门和机构组成。政府市场的客户,是各级政府组织的采购部门。政府购买的目的是维护国家安全和社会公众的利益,满足社会公共需要及自身正常运转。

(一)政府购买行为的特点和购买方式

1. 政府购买行为的特点

(1)需求受到较强的政策制约。政府的办公开支和购买需求往往会受到相关政策文件和法律条文的制约,也会受到来自社会多方的监督和质询。

(2)购买需求受到社会公众的监督。在现代社会政务公开的背景和要求下,政府采购各项支出的明细账目不仅受到上级机关、审计部门的审查批准,同时还受到舆论和社会公众的关注和监督。

(3)购买目标的多重性。政府采购的目标往往不是单一的,政府市场购买的目的既有生产需要又有消费需要。工程项目、公共设施的建设等是进入生产领域后再提供给公众用于公共消费;而政府机关购买办公用品就是为了直接提供给相关人员消费。同时,政府采购既要满足政府自身的正常运作,也要满足社会其他部门的特殊需求和公众舆论的期望与满意度。

(4)购买交易额大,产品配套性强,重复购买频率高。政府采购的主体是政府,是一个国家内最大的单一消费者,购买力非常大,对社会经济有着非常大的影响,其采购规模的扩大或缩小和采购结构的变化,对社会经济发展状况、产业结构及公众生活环境都有着十分明显的影响。一般来说,政府采购属于批量采购,一次性采购量大,产品配套性强,重复性高。

(5)供应商风险小,货款回收更有保障。政府市场的购买主体是各级国家机关、团体,其购买一般控制在政府财政预算内,并且有较强的财力保障及较好的信誉,货款回收风险基本上没有。

(6)更倾向于扶持本国民族工业。为了刺激国内需求,保护民族工业,政府采购通常会优先选择本国供应商,适当照顾经济形势欠佳的地区或企业和中小企业,但是前提是准时交货、质量可靠和按期履行合同。

2. 政府购买方式

政府购买方式与非营利组织相同,一般采取以下几种方式。

1)公开招标

与非营利组织相同,指政府按照法定程序,向全社会发布招标公告,邀请所有潜在的供应商参加投标,由政府通过事先确定的需求标准从所有投标人中择优选出中标供应商,并与之签订政府采购合同。有意向的供应商要在规定期限内填写标书,密封送交。相关部门在规定日期开标,选择符合要求且报价低的供应商成交。

2)邀请招标

邀请招标是指因采购需求的专业性较强,政府有意识地对具备一定资信和业绩的特定供应商发出招标邀请书,由被邀请的供应商参与投标竞争,从中选定中标者。

与公开招标相比较,邀请招标仅在符合采购需求的范围内邀请特定的供应商参加投标,竞争范围有限,政府选择的余地相对较小。同时,邀请招标无须发布公告,政府只需向特定的潜在投标人发出邀请书即可。

3）竞争性谈判

竞争性谈判是指采购人通过与三家以上的供应商进行谈判，从中确定最优中标人的一种采购方式。根据我国《政府采购法》的规定，只有符合下列情形之一方可采用竞争性谈判方式：①招标后没有供应商投标或没有合格的或者重新招标未能成立的；②技术复杂或者特殊，不能确定详细规格或者具体要求的；③采用招标时间不能满足客户紧急需求的；④不能事先计算出价格总额的。

4）询价采购

所谓询价采购，是指采购人向供应商发出询价单让其报价，然后在报价的基础上进行比较并确定最优供应商的一种采购方式。这种方式非常直接简单，主要适用于采购货物的规格和标准统一、现货货源充足、价格变化幅度不大、采购金额较小的采购项目。

5）单一来源采购

单一来源采购是指采购人所要采购的货物或服务只能从唯一供应商处获得，这是一种没有竞争的采购，所以也叫直接采购。采用单一来源采购方式必须满足以下三个条件：①虽然达到了招标采购的数额标准，但采购项目的来源渠道单一；②采购活动前发生了不可预见的紧急情况，不能从其他供应商处采购；③必须保证原有采购项目的一致性或者服务配套的要求，需要继续从原有供应商处添购，但总额不大。

（二）政府市场购买过程的参与者

1. 采购人

采购人是指使用财政性资金采购物资或服务的国家机关、事业单位或者其他社会组织。政府财政部门是政府采购的主管部门，负责管理和监督政府采购活动。

2. 政府采购机构

政府采购机构是指政府设立的负责本级财政性资金的集中采购和招标组织工作的专门机构。

3. 招标代理机构

招标代理机构是指依法取得招标代理资格，从事招标代理业务的社会中介组织。

4. 供应人

供应人是指与采购人可能或者已经签订采购合同的供应商或者承包商。

（三）政府购买行为的主要影响因素

政府市场购买行为除受到环境、组织、人际和个人等因素的影响之外，还受制于以下因素。

1. 社会公众监督

政府采购的独特之处在于它受到外界的密切关注和公众的评论，因此政府在制订购买决策前，就要充分考虑到该项决策的可行性及其能否得到监督机构、社会团体和公众的认可。

2. 政治因素

通常，政府的基本职能是稳定的，决定了政府采购项目、范围、数量的相对稳定性。但是，当国家政治环境、政策法规发生变化时，政府的采购决策会受到极大影响。例如在战争时期，政府将采购大量的军需物资，而在和平时期，政府将考虑如何发展经济、促进社会进步。

3. 非经济标准的影响

政府市场的采购者通常会选择那些符合要求的、出价最低的商品供应者，以求改善支出效率，减少财政赤字。但同时，对非经济目标的追求，在政府采购中的作用也相当大。这些非经济目标包括社会稳定、国家安全、环境友好、资源节约等。

本章小结

市场是企业经营的起点和归宿,根据购买者在市场上购买商品的特点和购买目的的不同,可将市场划分为消费者市场和组织市场。

组织市场是指工商企业为从事生产、销售等业务活动,以及政府部门和非营利组织为履行职责而购买产品和服务所构成的市场。这类市场包括四种类型,即生产者市场、中间商市场、非营利组织市场和政府市场。组织市场的特点是市场容量大、客户数量少、购买规模大,购买者在地理区域上相对集中;组织市场的需求是派生需求、需求缺乏弹性,而且需求波动大;组织市场上的购买者成分复杂,并多为受过专门训练的采购人员。组织市场购买者的决策,通常比消费者的决策更为复杂;在组织市场上,买卖双方往往倾向于建立长期客户关系,保持密切往来。此外,组织市场还可通过租赁方式取得所需产品。影响组织市场购买行为的因素通常有环境因素、组织因素、个人因素、人际因素。其购买决策过程要经过八个阶段:识别问题、确认需求、明确需求、物色供应商、征询供应意见、选择供应商、发出正式订单、收货和评估。

思考题

1. 什么是组织市场?它有哪些特点?
2. 组织市场有哪些类型?
3. 生产者购买决策的参与者主要有哪些?
4. 生产者购买决策的影响因素有哪些?
5. 中间商的购买类型对购买决策会产生哪些影响?

案例分析与实训

1. 案例分析

企业如何"跃龙门"

一、面临的难题

A企业是北京市中关村一家典型的生产高技术复杂设备的工业产品企业,其产品主要应用于航天、真空开关等行业的密封性检测。虽然这个行业同类厂商数目不多,但竞争相当激烈,业内有领头企业。B公司凭借本土优势,以相对国际知名企业较低的价格占有60%的市场份额,其他40%被几个国际大企业和国内其他小企业瓜分。A企业分析自己的产品技术性能居于国际知名品牌与国内领头企业之间,因此,定价比国际品牌低,但高于国内同类产品。A企业的目标是通过优质的服务和理想的产品性能价格比,后来居上成为国内领头企业,但它面临的难题是:作为不知名的新企业,如何使用户相信自己;如何在价格高于老牌企业的情况下进行销售;如何快速提高企业的知名度和美誉度,树立自己的企业地位。

二、制订关系营销战略

产品上市伊始,A企业的推销人员拿着产品样本到处推销时,用户总是说:"这么贵的东西你让我们如何相信你呢?为慎重起见,请告诉我们哪些厂家用过你的产品,我们要证实一下。"通过分析自己的目标市场，A企业意识到，当前首要任务是找到有说服力的用户，找出市场中关键的公司和关键的人物，并与之建立关系。这些人的认可和推荐，是企业启动市场的基础。在工业品采购过程中，用户将权衡采购风险、采购收益和转换成本等三方面的利弊，但考虑最多的是采购风险。在工业品营销中，市场的启动不是凭借广告，而是主要靠推荐渠道。一般来说，产业市场内的用户彼此比较熟悉，因此口头传播的力量体现得淋漓尽致，而行业权威的一句评论对用户的影响有时比企业说上千句还有用。企业宣传只有与推荐渠道一致才会起作用。

三、初步启动市场

1. 与关键公司建立关系，启动行业市场

当时，国内真空开关行业检漏仪的应用尚未开始，真空开关行业是竞争对手力量最薄弱的地方。国外公司在中国一般只有一个办事处或者只有一个代理商，市场开拓能力不足。由于用户了解这种设备有一个过程，B公司作为龙头企业也不愿做用户培育工作。A公司决定从其行业领头企业着手。公司通过与真空开关行业的领头企业C公司进行全面交流，使其认识到设备的先进性及设备更换的必要性，为了降低客户的风险，打消其疑虑，A公司决定让C公司免费使用，在A公司专家的帮助下C公司更新了设备，改进了工艺，并使产品质量大幅度提高，增强了企业竞争力，终于C企业成为该行业的第一家购买者。A公司并未到此为止，而是按照"使潜在用户成为主顾，使主顾成为宣传者"的指导思想，继续深入挖掘。在与C公司的合作中，A公司的服务和产品品质给用户留下了深刻印象。凭借C公司的行业影响力和宣传、推荐，A公司一举打开了真空开关行业用户市场，使国内该行业的前五大厂家都成了自己的用户。

2. 与关键人物建立关系，获取关键订单

针对航天领域市场，公司了解到航天部某集团要招标采购一批仪器，这是一笔大订单，引起了国内外供应商的注意。当时该集团有两种意见，一种认为设备的可靠性是关键，因此建议采购国外知名企业的产品，另一种意见是用B公司的产品，不过这两种意见均还没有定论，作为新企业，A公司如何才能获得订单呢？当时航天部门成立了一个关于检漏的专家组，这些人虽然不管采购，也不是什么高官，但对选型等却很有发言权，也很有权威性。A公司通过努力与他们建立了联系，送去新产品的资料，并请他们到公司来熟悉应用，亲身感受了解企业产品的优点和质量的可靠性，了解公司的科研实力。在和专家的接触中A公司了解到，该集团有一个高难度的工作，需要做密封检测，在专家的介绍下，A公司派出相关工作人员为其免费检测。检测过程中，工作人员教会客户使用仪器，与设备未来的使用人员建立了良好的关系，同时A公司设备的良好性能及工作人员的敬业精神也给专家和客户留下了良好印象。最后在专家组的推荐下，A公司终于在与国内外同行的竞争中获得了订单。至此，虽然各行业陆续有一些订单，但是A公司明白，在高价设备的购买中，企业若没有必要的原因一般是不会冒风险放弃原有供应商而选择新供应商的，A公司现在的问题是如何全面启动市场。

问题：

（1）结合案例，回答工业品采购有哪些特点？

（2）根据你对产业市场购买及政府市场购买的理解，结合关系营销策略，讨论A企业在开拓市场时是怎样做的。

2. 实训

实训目的：理解掌握组织市场用户购买行为的差异性。

实训内容：假设你是某家电企业武汉分公司经理，根据调研情报某高校欲为新建教学楼购置一批空调，请根据组织市场用户购买特点设计有效的营销活动。

第五章 竞争者分析及市场竞争战略

教学内容和教学目标

◆ 内容简介
（1）竞争者分析。
（2）一般竞争战略。
（3）基于市场地位的竞争战略。

◆ 学习目标
（1）能从产业及市场角度识别竞争者。
（2）理解波特五力模型，并能应用于竞争分析中。
（3）能结合具体实践分析企业的竞争地位，对竞争战略提出合理建议。
（4）掌握三种基本竞争战略的主要类型及实施途径。

任何一个企业在制订竞争战略时都需要对市场环境和竞争者进行分析，如此才能在激烈的市场竞争中制订正确的竞争战略，从而在竞争中保持有利地位。

第一节 竞争者分析

一、识别竞争者

竞争者是那些生产经营与本企业提供的产品相似的或可以互相替代的产品、以同一类顾客为目标市场的其他企业。例如，海尔公司把长虹公司当作主要竞争者，可口可乐公司把百事可乐公司视为主要竞争者，通用汽车公司把福特汽车公司作为主要竞争者。

根据产品的替代程度不同，可将竞争者分为四个层次：①品牌竞争者，以大体相同的价格向同类顾客出售相同产品的其他企业；②行业竞争者，将所有生产同种产品或同类产品的企业都视为竞争者；③形式竞争者，将所有提供相同产品和服务的企业都视为竞争者；④一般竞争者，将所有争取相同顾客的企业都视为竞争者。

1. 从产业角度识别竞争者

从产业方面来看，提供同一类产品或可相互替代产品的企业，构成一种产业，如汽车产业、医药、服装产业等。如果一种产品价格上涨，就会引起另一种替代产品的需求增加。例如，咖啡涨价会促使消费者转而购买茶叶或其他软饮料，因为它们是可相互替代的产品。企业要想在整个产业中处于有利地位，就必须全面了解本产业的竞争模式，以便确定自己的竞争者。

一般来说，要想具有更高的市场竞争力，就必须努力了解其所在产业的竞争模式，以及产业的动态，主要是产业需求与供给对产业结构的影响情况。具体影响如下：

(1) 销售商的数量和差别程度。根据企业所处的产业状况决定销售数量和产品的同质状况。对于完全垄断市场,由于产品没有任何替代品,企业要么提高服务质量,要么降低价格。对于寡头垄断市场,少数几家大企业生产同一类产品,瓜分该市场,企业之间更容易勾结起来定价,以谋取收益的最大化。在垄断竞争市场中,不同竞争者各有其细分市场,通过差别化营销来占领该市场。在完全竞争市场中,大量厂商提供相同产品或服务,因此销售商只有在降低生产和销售成本的情况下才可得到较高的利润率。

(2) 行业壁垒。行业壁垒包括进入壁垒和退出壁垒两方面。进入壁垒包括资本需求、规模经营、专利需要、许可证条件、场所、原料及企业信誉等,其中有些障碍是行业固有的,有些是由竞争者设置的。退出壁垒主要是企业对顾客和员工的义务、政府限制、资产与设备状况、纵向联合等,在企业面临困境但无法退出时,企业只能维持在原行业中,由此便构成了企业产业收缩的障碍。

(3) 产业成本结构。成本结构是指产品成本中各项费用在总成本中所占的比例。产业成本结构对企业进行行业策略选择具有影响作用。

(4) 产业纵向一体化程度。纵向一体化是提高企业经营活动效率的一个重要手段。纵向一体化通常可以降低企业经营成本,减少行业内部竞争损失,从而有利于在细分市场上进行成本控制和价格控制。

2. 从市场角度识别竞争者

从市场方面来看,竞争者是那些满足相同市场需要或服务于同一目标市场的企业。例如:从产业观点来看,某打字机制造商以其他同行业的公司为竞争者;但从市场观点来看,顾客需要的是"书写能力",这种需要也可以通过铅笔、钢笔、电子计算机来满足,因而生产这些产品的公司均可成为该打字机制造商的竞争者。

3. 波特五力模型

波特五力模型是迈克尔·波特(Michael Porter)于20世纪80年代初提出的,它认为行业中存在着决定竞争规模和程度的五种力量,这五种力量综合起来影响着产业的吸引力及现有企业的竞争战略决策。五种力量分别为行业内现有竞争者的竞争能力、新进入者的威胁、替代品的替代能力、供应商的讨价还价能力、购买者的讨价还价能力,如图5.1所示。

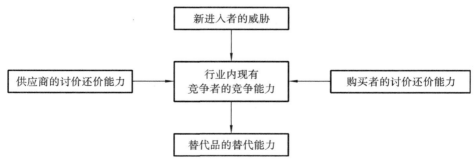

图 5.1 波特五力模型

1) 行业内现有竞争者的竞争能力

大部分行业中的企业,相互之间的利益都是紧密联系在一起的,作为企业整体战略一部分的各企业竞争战略,其目标都在于使自己的企业获得相对于竞争对手的优势,所以在实施中就必然会产生冲突与对抗现象,这些冲突与对抗就构成了现有企业之间的竞争。现有企业之间的竞争常常表现在价格、广告、产品介绍、售后服务等方面,其竞争强度与许多因素有关。

一般来说,出现下述情况将意味着行业中现有企业之间竞争的加剧:行业进入障碍较低,实力相当的竞争对手较多,竞争参与者范围广泛;市场趋于成熟,产品需求增长缓慢;竞争者企图采用降价等手段促销;竞争者提供几乎相同的产品或服务,用户转换成本很低,等等。在这里,退出障碍主要受经济、战略、感情及社会政治关系等方面的影响,具体包括资产的专用性、退出的固定费用、战略上的相互牵制、情绪上的难以接受、政府和社会的各种限制等。

2)新进入者的威胁

新进入者在给行业带来新生产能力、新资源的同时,希望在已被现有企业瓜分完毕的市场中赢得一席之地,这就有可能会与现有企业发生原材料与市场份额的竞争,最终导致行业中现有企业盈利水平降低,严重的话还有可能危及这些企业的生存。竞争性进入威胁的严重程度取决于两方面的因素,即进入新领域的障碍大小与预期现有企业对进入者的反应情况。

进入障碍主要包括规模经济、产品差异、资本需要、转换成本、销售渠道开拓、政府行为与政策、不受规模支配的成本劣势、自然资源、地理环境等方面,这其中有些障碍是很难借助复制或仿造的方式来突破的。预期现有企业对进入者的反应情况,主要是采取报复行动的可能性大小,则取决于有关厂商的财力情况、报复记录、固定资产规模、行业增长速度等。

3)替代品的替代能力

两个处于同行业或不同行业中的企业,可能会由于所生产的产品互为替代品,从而产生相互竞争行为,这种源自替代品的竞争会以各种形式影响行业中现有企业的竞争战略。

第一,现有企业产品售价及获利潜力的提高,将由于存在着能被用户方便接受的替代品而受到限制。第二,替代品生产者的侵入,使得现有企业必须提高产品质量,或者通过降低成本来降低售价,或者使其产品具有特色,否则其销量与利润增长的目标就有可能受挫。第三,源自替代品生产者的竞争强度,受产品买主转换成本高低的影响。总之,替代品价格越低、质量越好、用户转换成本越低,其所能产生的竞争压力就越大;而这种来自替代品生产者的竞争压力的强度,可以具体通过考察替代品销售增长率、替代品厂家生产能力与盈利扩张情况来加以描述。

4)供应商的讨价还价能力

供方主要通过其提高投入要素价格与降低单位价值质量的能力,来影响行业中现有企业的赢利能力与产品竞争力。供方力量的强弱主要取决于他们所提供给买主的是什么投入要素,当供方所提供的投入要素的价值构成了买主产品总成本的较大比例、对买主产品生产过程非常重要,或者严重影响买主产品的质量时,供方对买主的潜在讨价还价力量就大大增强。

5)购买者的讨价还价能力

购买者主要通过其压价与要求提供较高的产品或服务质量的能力,来影响行业中现有企业的赢利能力。购买者具有较强的议价能力主要表现在以下方面:购买者的总数较少,而每个购买者的购买量较大,占了卖方销售量的很大比例;卖方行业由大量相对来说规模较小的企业所组成;购买者所购买的基本上是一种标准化产品,同时向多个卖主购买产品在经济上也完全可行;购买者有能力实现后向一体化,而卖主不可能实现前向一体化。

二、确定竞争者的战略与目标

在明确竞争者之后,要进一步研究每个竞争者在市场上追求的目标和实施的战略及每个竞争者行为的内在动力。每个企业对短期利润或长期利润的侧重有所不同,有些企业追求利润最大化,有些企业追求的是顾客满意度最大。因此,需要分析竞争者的战略和目标。

1. 判断竞争者的战略和目标

判断竞争者的战略和目标的目的主要是辨别竞争者的竞争策略,了解竞争者的市场目标和意图,从而做出应对之策。其主要内容包括竞争者的市场目标和竞争者的竞争策略。

1) 竞争者的市场目标

每个竞争者都有不同的目标组合,例如获利能力、市场占有率、现金流量、技术领先程度、服务领先程度等。只有了解每个竞争者的重点目标是什么,才能对不同的竞争行为做出适当的反应。例如,一个以低成本领先为主要目标的竞争者,对其他企业在降低成本方面的技术创新的反应要比对增加广告预算的反应强烈。

竞争者目标的差异性会影响其经营模式。美国企业一般追求短期利润最大化,因为其当期业绩是由股东评价的,如果短期利润下降,股东就可能失去信心、抛售股票,导致企业资金成本上升。日本企业一般以市场占有率最大化为目标,它们需要在一个资源贫乏的国家为1亿多人提供就业机会,因而对利润的要求相对较低,大部分资金来源于寻求平稳利息收入而不是高额风险收益的银行。所以,日本企业的资金成本要远远低于美国企业,日本企业能够把价格定得较低,并在市场渗透方面显示出更大的耐性。

2) 竞争者的竞争战略

企业竞争战略要解决的核心问题是如何通过确定顾客需求、竞争者产品及本企业产品这三者之间的关系,来奠定本企业产品在市场上的特定地位并维持这一地位。各企业采取的战略越相似,它们之间的竞争就越激烈。在多数行业中,根据所采取的主要战略的不同,可将竞争者划分为不同的战略群体。例如,在美国的主要电器行业中,通用电气、惠普和施乐所提供的电器价位中等,因此可将它们划分为同一战略群体。

企业要想进入某一战略群体,必须注意进入各个战略群体的难易程度不同。一般来说,小型企业适于进入投资和声誉门槛较低的群体,因为这类群体的竞争性较弱,而实力雄厚的大型企业则可考虑进入竞争性强的群体。此外,当企业决定进入某一战略群体时,首先要明确主要的竞争对手是谁,然后根据主要竞争者的战略决定自己的竞争战略。假设某公司要进入上述电器公司的战略群体,就必须在战略上具有自己的优势,否则很难吸引相同的目标顾客群体。

除在同一战略群体内存在激烈竞争外,在不同战略群体之间也存在激烈竞争。这主要是因为不同的战略群体同样可能具有相同的目标顾客,顾客可能无法区分不同战略群体的产品差异;同时,还存在其他战略群体的企业改变战略的情况,如提供中档产品的企业可能转而生产高档产品。

2. 评估竞争者的能力

企业需要对竞争者的能力进行评价,了解竞争者的实力和各项既定战略的执行情况,以及其预期目标的达成情况。为此,企业需要收集过去几年中关于竞争者的资料,如销售额、市场占有率、利润率、投资收益、现金流量、发展战略等。

竞争者的能力主要包括以下五个方面:核心能力、成长发展能力、快速反应能力、适应变化的能力、持久力。

3. 把握竞争者的优势与劣势

竞争者的优势与劣势通常体现在产品、销售渠道、市场营销、生产经营、研发能力、资金实力、组织能力、管理能力等方面。

要想把握竞争者的优势和劣势,需要综合分析竞争对手的经营状况和市场表现。企业可以通过间接的方式获取相关信息,如第二手资料、他人的介绍等。企业也可以对中间商和顾客进行调查，以问卷调查的形式请顾客给本企业和竞争者的产品在一些重要方面分别打分，通过分数了解竞争者的优势和劣势，比较自己和竞争者在竞争地位上的优劣。

4. 估计竞争者的市场反应模式

在分析了竞争者的优势和劣势之后，需要对竞争者的市场反应模式进行判断。一般来说，竞争者的市场反应可以分为以下类型：迟钝型竞争者、选择型竞争者、强烈反应型竞争者、不规则型竞争者。不同类型的竞争者，其市场反应不同。

（1）迟钝型竞争者。迟钝型竞争者也叫从容型竞争者，是指那些对市场反应不强烈、行动较为迟缓的竞争者。这类竞争者对市场反应迟缓的原因在于他们认为顾客高度忠实于自己的产品，也可能是对市场变化重视不够，没有发现对手的变化，或者因为缺乏资金而无法做出快速的反应。

（2）选择型竞争者。选择型竞争者在某些方面对市场反应强烈，在某些方面对市场变化又不够敏感。这类竞争者会选择对自身威胁大的市场变化做出反应，对自身威胁不大的方面他们会选择自动忽略。

（3）强烈反应型竞争者。强烈反应型竞争者也叫凶狠型竞争者。他们对任何方面的市场变化都会做出迅速、强烈的反应。例如美国的宝洁公司，就是一个强烈反应型竞争者，一旦受到挑战，会立刻发起猛烈的进攻。因此，同行企业都尽量避免与其正面交锋。

（4）不规则型竞争者。不规则型竞争者也称随机型竞争者，这类竞争者随机性地对市场变化做出反应，他们的行为难以捉摸、无法预料。

5. 确定竞争对象

在明确了谁是主要竞争者并分析了竞争者的优势、劣势和反应模式之后，企业就要确定具体的竞争对象。在确定具体的竞争对象时，企业要考虑以下因素。

1）竞争者的强弱

多数企业认为应以较弱的竞争者为进攻对象，因为这样可以节省时间和资源、事半功倍，但是获利较少；有些企业认为即使强者也会有劣势，所以应以较强的竞争者为进攻目标，这样可以提高自己的竞争能力并且获利较大。

2）竞争者的远近

竞争者的远近是指竞争者与本企业的相似程度。近的竞争者是与本企业相似度较高、较相近的企业；反之，远的竞争者则是与本企业相似度不高的企业。多数企业主张与同类竞争者展开竞争，但同时又认为应避免摧毁相近似的竞争者，因为其结果很可能对自己不利。例如，美国博士伦眼镜公司20世纪70年代末在与其他生产隐形眼镜的公司的竞争中大获全胜，导致竞争者完全失败而竞相将企业卖给了竞争力更强的大公司，结果使博士伦公司面对更强大的竞争对手，处境更为艰难。

3）竞争者的好坏

竞争者的存在有时是好的，对本企业而言是必要的和有益的，具有战略意义。例如竞争者可能有助于增加市场总需求，可分担市场开发和产品开发的费用，有助于新技术的使用和推广，有助于产品差异化和市场细分，同时有助于加强企业同政府管理者或同职工的谈判力量。但是，企业不能把所有的竞争者都看成是有益的。坏的竞争者则表现为不遵守行业规则，不顾一切地冒险，或者用不正当手段（如贿赂买方采购人员等）扩大市场份额等，从而扰乱了行业的秩序和均衡。

三、竞争地位分析

根据企业在市场上的竞争地位可以把企业分为四种类型：市场领导者、市场挑战者、市场跟随者和市场补缺者(见图5.2)。随着市场环境的变化，企业在市场中的竞争地位也会发生变化。

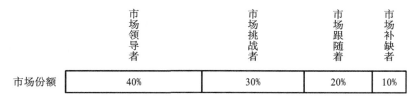

图5.2　市场结构与竞争者类型

1. 市场领导者

指在相关产品的市场上占有率最高的企业。它在价格调整、新产品开发、配销覆盖和促销力量方面处于主导地位。它是市场竞争的导向者，也是竞争者挑战、效仿或回避的对象。市场领导者所具备的优势包括消费者对品牌忠诚度高、营销渠道稳固高效、营销经验丰富等。市场领导者面临着众多竞争者的无情挑战，因此必须保持高度的警惕并采取适当的战略，否则就会丧失领先地位甚至被淘汰。例如手机市场曾经的领头羊摩托罗拉、诺基亚，以及我国彩电市场的长虹、康佳。

2. 市场挑战者

指在相关产品的市场上处于次要地位，但又具备向市场领导者发动全面或局部攻击能力的企业。如美国汽车市场的福特公司、软饮料市场的百事可乐公司等。市场挑战者要向市场领先者进行挑战，首先必须确定自己的策略目标和挑战对象，然后选择适当的进攻策略。

3. 市场跟随者

指在相关产品市场上处于中间状态，并力图保持其市场占有率不至于下降的企业。它不是盲目、被动地单纯追随领先者，它的首要思路是发现和确定一个不致引起竞争性报复的跟随策略。市场跟随者安于次要地位，不热衷于挑战。在大多数情况下，企业更愿意采用市场跟随者战略。

4. 市场补缺者

指专心关注相关产品市场上大企业不感兴趣的某些细小部分，精心服务于总体市场中的某些细分市场，避开与占主导地位的企业竞争，只是通过发展独有的专业化经营来寻找生存与发展空间的企业。其取胜的关键在于专业化的生产和经营状况。在市场经济发展中，人们非常关注成功的企业，往往忽略每个行业中存在的小企业，却正是这些不起眼的星星之火，在大企业的夹缝中求得生存和发展后，成为燎原之势。

美国四大汽车公司的战略方针

美国四大汽车公司是通用汽车公司、福特汽车公司、克莱斯勒汽车公司和美国汽车公司，但是从市场占有率来看，这四大公司所占的比例相当悬殊。其中，市场份额最大的是通用汽车公司，为59%，其次是福特汽车公司，所占份额为26%，克莱斯勒汽车公司为13%，美国汽车公司仅为2%。这四家公司在力量上相差悬殊,各自的战略目标和方针也有所不同。通用汽车公司无论是从市场份额还是从公司规模来衡量,在四大汽车公司里都是绝对的领导者。对于福特汽车公司而言,提高市场份额就代表着巨大的胜利,因此,福特汽车公司扮演着市场挑战者的角色。克莱斯勒汽车公司的战略目标是生存下去,同时获得利润,其扮演市场追随者的角色。而对于美国汽车公司而言,能够生存下去就是最大的胜利,因此它是市场补缺者。

从战略方针的角度来看,通用汽车公司是行业里的领导者,一旦通用汽车公司消灭了一个或多个竞争对手,法院和国会为了维护市场上的竞争机制,防止通用汽车公司垄断的形成,会将它分裂,因此通用汽车公司要想取胜,无法采取主动进攻战略,而不得不采取防御型战略。但这种防御型战略本质上不是消极被动的,而是针对对手的战略意图采取行动,在维护公司市场份额的同时不被政府分裂。对于福特汽车公司而言,处于市场第二的位置使它有条件向市场领导者发动进攻,以抢夺通用汽车公司的巨大市场。因此,福特汽车公司应对通用汽车公司的弱点采取攻击战略。例如,在19世纪60年代,福特汽车公司推出野马牌汽车,为了推销野马牌汽车,福特汽车公司邀请美国各大报刊的编辑、记者前来进行新闻采访,同时借给每一个记者一辆野马牌汽车免费使用几周;几天后,美国各大报纸、杂志出现了对野马牌汽车大加赞赏的文章,引起人们蜂拥购买,从而创新了汽车销售的记录。对于克莱斯勒汽车公司而言,在通用汽车公司和福特汽车公司的争斗中,克莱斯勒汽车公司应该站在"鹬蚌相争,渔翁得利"的有利位置,避免正面介入,而从侧翼发动进攻,推出首辆敞篷车、首辆小型客货车、首辆可乘坐六人的前轮驱动车,以及小型客货车型Voyager,在市场上取得了巨大的成功。对于实力最微弱的美国汽车公司来说,由于其规模太小,缺乏足够的销售人员、制造能力和营销能力,所以最好的方法就是打游击战。美国汽车公司在其他三大汽车公司疏忽的市场中找到了一份足以盈利,而又不致引起其他市场领先者兴趣的细分市场,这就是吉普车市场。

这四家公司每个公司都针对自己在市场中不同的地位找到了自己应该采取的战略,并发挥出自己最大的优势,同时规避了弱势,因此取得了不小的成就。

(资料来源:《市场营销案例》,2004(9):7-8.)

第二节　一般竞争战略

基于五力模型,战略管理学家迈克尔·波特提出了三种基本的竞争战略:成本领先战略、差异化战略、集中型战略。

一、成本领先战略

成本领先战略也称低成本战略,强调以非常低的单位成本向对价格敏感的顾客提供标准化产品,是企业通过有效途径降低成本,使企业的全部成本低于竞争对手的成本,甚至是在同行业中最低的成本,从而获取竞争优势的一种战略。成本领先战略要求企业建立达到有效规模的生产设施,在经验基础上全力以赴降低成本,严格控制成本与管理费用,最大限度地减少研究与开发、服务、推销、广告等方面的成本。

1. 成本领先战略的主要类型

根据企业获取成本优势的方法不同,我们把成本领先战略概括为如下几种主要类型:

(1)简化产品型成本领先战略:使产品简单化,将产品或服务中添加的多余花样全部取消,强调产品的功能和实用性。

（2）改进设计型成本领先战略：优化产品设计，使产品外观或功能更符合消费者需求。

（3）材料节约型成本领先战略：新型材料的发现和应用有助于降低企业的生产成本，强化产品功能的稳定性。

（4）人工费用降低型成本领先战略：人工费用的降低有助于削减企业的生产成本。在劳动密集型行业，企业如能获得廉价的劳动力，也能建立成本优势。

（5）生产创新及自动化型成本领先战略：生产过程的创新和自动化可以作为降低成本的重要基础。例如日本丰田汽车公司首创的JIT生产模式就是通过生产过程的创新和自动化在非批量化生产的情况下仍然实现了低成本。

2. 成本领先战略的实施途径

（1）实现规模经济。根据经济学原理，规模经济是指随着产量的增加，长期平均总成本下降的情况。实现规模经济有助于企业获得成本领先优势，但这并不仅仅意味着生产规模越大越好，因为规模经济追求的是能获取最佳经济效益的生产规模；一旦企业生产规模扩大到一定规模之后，边际效益就会逐渐下降，甚至变成负值，引发规模不经济现象，出现成本随着产量的增加而不断上升的局面。因而，实现成本领先，要将生产规模控制在规模经济范围之内。

（2）做好供应商管理。所谓供应商管理，就是与上游供应商（如原材料、能源、零部件等厂家）建立起良好的协作关系，以便获得廉价、稳定的上游供应资源，并在一定程度上影响和控制供应商，对竞争者建立起资源壁垒。企业应在获取供应成本优势的同时与供应商建立平等、互助、互利的长期战略合作伙伴关系。

（3）塑造企业低成本文化。追求成本领先的企业应着力塑造一种注重细节、精打细算、讲求节俭、严格管理、以成本为中心的企业文化。企业在关注外部成本的同时，也要重视内部成本；不仅应把握好战略性成本，还要控制好作业成本，更要兼顾短期成本与长期成本。

（4）技术创新。技术进步能大幅度降低企业的生产成本。如福特汽车公司通过传送带实现了流水生产方式而大幅度降低了汽车生产成本，实现了让汽车进入千家万户的梦想。

（5）组织创新。组织结构及组织运作模式的创新有助于提高组织的运行效率，进而带来成本的降低。

3. 成本领先战略的优势与风险

1）成本领先战略的优势

即便处于竞争激烈的市场环境中，处于低成本地位的企业仍可获得高于行业平均水平的收益。成本优势可以使企业在与竞争对手的争斗中受到保护，低成本意味着当别的企业在竞争过程中已失去利润时，这个企业仍然可以获取利润。具体而言，成本领先战略具有以下优势：抵挡住现有竞争对手的对抗，抵御购买商讨价还价的能力，更灵活地处理供应商的提价行为，形成进入障碍，树立与替代品的竞争优势。

2）成本领先战略的风险

在实施成本领先战略时，为了获得较高的市场份额，通常会产生高昂的前期投资和初始亏损，一旦这个时候出现具有破坏性的技术变革，则可能会使企业的成本优势不复存在，前期高额投资的收益率急剧下降，同时又给竞争对手创造了以更低成本进入市场的机会。具体来说，成本领先战略的风险体现在以下几个方面：降价过度引起利润率降低，新加入者可能后来居上，丧失了对市场变化的预见能力，技术变化降低了企业资源的效用，容易受外部环境的影响。

因此，采用成本领先战略的企业必须对这些潜在风险加以注意，加强对企业外部环境的认识和了解,降低因技术发展、客户需求发生变化等引起的风险。

二、差异化战略

差异化战略也称差别化战略,是指突出向对价格相对不敏感的顾客提供产业范围内的独特产品与服务。

实现差别化战略可以有许多方式:设计名牌形象、技术上的独特、性能特点、顾客服务、商业网络及其他方面的独特性。最理想的情况是公司在几个方面都有其差别化特点。例如履带拖拉机公司(Caterpillar),不仅以其商业网络和优良的零配件供应服务著称,而且以其优质耐用的产品质量享有盛誉。

如果差别化战略成功地实施了,它就成为在一个产业中赢得高水平收益的积极战略,因为它建立起防御阵地对付五种竞争力量,虽然其防御的形式与成本领先有所不同。迈克尔·波特认为,推行差异化战略有时会与争取占有更大的市场份额的活动相矛盾。推行差异化战略往往要求公司对这一战略的排他性有思想准备。这一战略与提高市场份额两者不可兼顾。在建立公司的差别化战略的活动中总是伴随着很高的成本代价,有时即便全产业范围的顾客都了解公司的独特优点,也并不是所有顾客都将愿意或有能力支付公司要求的高价格。

1. 差异化战略的主要类型

(1)产品差异化:产品差异化的主要因素有特征、性能、式样、设计、风格等。

(2)服务差异化:服务差异化主要包括送货、安装、顾客培训、咨询等服务因素。

(3)人员差异化:人员差异化主要包括胜任力、礼貌、可信度、可靠度、反应敏捷和善于交流六个方面。

(4)营销渠道差异化:企业可以通过营销渠道的差异化来提高其竞争力。在营销渠道差异化过程中尤其要注意渠道的覆盖面、专业化和绩效。

(5)形象差异化:形象差异化策略指的是在产品的核心部分与竞争者产品类同的情况下,塑造不同的产品形象,以获取差别优势的市场策略。

2. 差异化战略的实施途径

1)产品差异化的实施途径

产品差异化的实施途径主要体现在以下几个方面:

①形式:由于人们的审美观念和实际需要有所不同,许多产品在形式上是有差异的,包括产品的尺寸、形状或者实体结构。不同的消费者对产品形式的偏好不同,通过改变商品的形式,能够实现产品的差异化。

②特色:特色是指产品基本功能的某些补充,大多数产品都提供各种不同的特色。率先在市场中推出某些有价值的特色无疑是一个有效的竞争手段。

③性能质量:性能质量是指产品主要特点在实际运用中的效果,提高产品的性能质量有助于产品差异化战略的实施。

④一致性:一致性是指产品的设计和使用与预定标准的吻合程度,产品的一致性是品牌个性化的基础。

⑤耐用性:耐用性能衡量一个产品在自然或重压条件下的预期使用寿命。购买者一般愿意为产品的耐用性支付溢价。

⑥可靠性:可靠性是指产品不出差错的可能性,可靠性越高的产品,顾客后期越少花费维修、保养的时间、精力和金钱。

⑦可维修性:可维修性是指产品出了故障或受损后可以修理的容易程度。

⑧风格:风格是指产品给予顾客的视觉和感觉效果,好的外形往往容易获得顾客更多的注意,并使顾客愿意为此付出更多金钱。

⑨设计:随着竞争的日趋激烈,设计提供一种有效的方法使公司的产品和服务差异化,成为企业竞争的突破口。设计从顾客需求出发,突出产品外观和性能的全部特征。

2) 服务差异化的实施途径

当产品差异化已不明显时,企业可以通过服务差异化来增加产品价值。服务差异化的实施途径有如下几种:

①提高顾客向企业订货的便利性。
②提高交货的准时性、速度和对产品的保护程度。
③确保产品在预定的时间、地点进行安装。
④对客户单位的员工进行培训,以使他们能正确有效地使用供应商的设备。
⑤向客户无偿或有偿地提供有关资料、信息系统和建议等客户咨询服务。
⑥建立服务计划,为客户提供优质的维修保养服务,以帮助购买企业产品的客户正常运作。
⑦其他增值服务。

3) 人员差异化的实施途径

人员差异化是指从内部员工的角度实施差异化战略,雇用及培训优秀的员工可使企业获得明显的竞争优势。具体的实施途径是通过员工培训和标准化操作,提高员工的沟通能力、反应能力和胜任能力,通过内部行为准则规范员工的行为,做到对顾客态度友善、充满敬意并细心周到,给客户带来诚实、值得信任、专业可靠的体验和感受。

4) 营销渠道差异化的实施途径

企业可通过营销渠道的差异化来提高其竞争力,避免产品同质化和恶性竞争的后果。渠道差异化可以从渠道策略、渠道设计、渠道建立、渠道管理、渠道维护、渠道创新等方面进行差异化的建设。在营销渠道差异化过程中尤其要注意渠道的覆盖面、专业化和绩效。

娃哈哈的营销渠道差异化

娃哈哈成都市场在终端运作上由于销售人员的力量不足(16人)和二批网络的建设不够完善,一直处于被动局面。成都邮政不仅具有良好的品牌优势,还有人员优势,400多名员工,成天出没于大街小巷中,有着较强的客情关系和网络优势,但是相对于业务来看,400多名送报员人力过剩,成本过高。笔者参与了成都邮政局与娃哈哈合作的谈判,通过强强合作,一夜之间达到了横扫千军的实力,真正实现了双赢的目的。娃哈哈可利用成都邮政局的优势进行渠道创新,深度分销,增长销量,提升品牌;而成都邮政局则可以利用娃哈哈的著名品牌和强势的产品结构拓展业务,增长利润,降低单人成本。邮政的物流配送及185信息平台,可使终端零售店和消费者购物更便利,让"娃哈哈"这个民族品牌通过中国特有的绿色通道成都邮政传递,将产品和温暖送达千家万户。

5) 形象差异化的实施途径

消费者往往因为企业或品牌形象的不同而做出不同的购买决策,形象能够传递不同的品牌

"个性",以便消费者识别。

①个性:个性是企业期望向消费者展现的特征,企业设计个性是为了在消费者心中树立特定的形象。

②形象:形象是指消费者对企业的看法。企业在形象设计过程中要通过名称、标识、理念、公关活动等各种途径来表达产品特色和市场地位,设计时还要融入情感因素,引起消费者的强烈震撼。

③标识:鲜明的形象应包括便于识别企业的标识。

④多媒体:在企业宣传中,应该融入已选定的标志及多媒体,这样才能让消费者印象深刻。

⑤营销活动:企业可以通过策划各种公关活动来塑造和传递品牌个性。

3. 差异化战略的优势与风险

1) 差异化战略的优势

首先,差异化战略有助于建立顾客对企业的偏爱和忠诚,降低顾客对产品价格的敏感性,使企业避开价格竞争这片"红海",在特定的差异化领域获得持续竞争力,增加企业的利润。其次,差异化战略有利于企业在相关细分市场中形成强有力的产业进入壁垒,给企业带来竞争优势。再次,差异化战略提高了企业的边际收益,能够增强企业对供应商的讨价还价能力。最后,差异化战略能使顾客具有较高的转换成本,削弱购买商讨价还价的能力,增强顾客对企业的依赖性。

2) 差异化战略的风险

第一,追求差异化战略的企业必须明确市场定位,选择关注一小部分细分客户群体,而放弃大部分同质化的顾客群体,这会给企业带来可能丧失顾客的风险。第二,追求差异化意味着高成本,例如广泛的研究、高质量的材料和周到的顾客服务等,因此实行差异化战略的企业的产品价格一般高于行业平均价格水平。第三,当用户变得越来越老练,对产品的特征和差别体会不明显时,就可能发生忽略差异的情况。第四,大量的模仿缩小了顾客对差异化的感知,特别是当产品发展到成熟期时,拥有技术实力的厂家很容易通过模仿减少产品之间的差异化,从而使企业丧失差异化优势。此外,还要注意过度差异化,过度差异化容易给企业造成定位不明确、品牌形象模糊等问题。

三、集中型战略

集中型战略,又称目标集中战略、目标聚集战略、专一化战略,是指把经营战略的重点放在一个特定的目标市场上,为特定的地区或特定的购买者集团提供特殊的产品或服务。集中型战略的前提是企业业务的专一化,即企业能够以更高的效率和更好的效果为某一狭窄的细分市场服务,避免大而弱的分散投资,从而超越在较广阔范围内竞争的对手。

1. 集中型战略的主要类型

(1) 成本集聚战略:企业寻求目标市场上的成本领先优势。

(2) 差异化集聚战略:企业寻求目标市场上的差异化优势。

2. 集中型战略的优势与风险

1) 集中型战略的优势

集中型战略追求的目标不是在较大的市场上占有较小的市场份额,而是在一个或几个市场上有较大的甚至是领先的市场份额。其优点是:适应了本企业资源有限这一特点,可以集中力量向某一特定子市场提供优质的服务,而且经营目标集中,管理简单方便;使企业经营成本得以降低,有利于集中使用企业资源,实现生产的专业化,实现规模经济的效益。从整个市场的角度看,集聚战略未必能使企业取得低成本和差异化优势,但它的确能使企业在其细分目标市场中获得优势地位。这一战略尤其适用于中小企业利用较小的市场空隙谋求生存和发展,使之能够以小搏大,在小市场做成大生意。

2) 集中型战略的风险

集中型战略对环境的适应能力较差,有较大风险,常常需要放弃规模较大的目标市场。如果目标市场突然变化,如价格猛跌、购买者兴趣转移等,企业就有可能陷入困境。若企业所集聚的细分市场非常具有吸引力,导致多数竞争对手蜂拥而入、相互竞争,则会使企业付出很高的代价,甚至导致企业集聚战略的失败。而细分市场之间差异性的减弱,会降低该目标市场的进入壁垒,从而削弱目标集聚企业的竞争优势,使之不得不面对更为激烈的竞争。因此,集中单一产品或服务的增长战略风险较大,因为一旦企业的产品或服务的市场萎缩,企业就会面临困境。企业在使用单一产品或服务的集中增长战略时要谨慎。

以上三种基本竞争战略都是可供选择的、抗衡竞争作用力的可行方案,但是在具体方案的选取上必须基于行业特点、企业的能力、限制条件及竞争状况等因素,具体情况具体分析,只有选择适合本企业的最佳战略才能成功。

第三节 基于市场地位的竞争战略

根据企业在市场上的竞争地位可以把企业分为四种类型:市场领导者、市场挑战者、市场跟随者和市场补缺者,这几种不同市场竞争地位下的企业所实施的战略也各有其特点。

一、市场领导者战略

市场领导者在价格变动、新产品开发、营销网络布局等方面处于支配地位。市场领导者既是市场竞争的先导者,也是企业挑战、模仿的对象,更是在竞争中其他企业尽量回避的对象。市场领导者的地位是在竞争中形成的,但不是一成不变的。为了保住领导者的地位,维护自己的优势,市场领导者通常可采取三种战略,如图 5.3 所示。

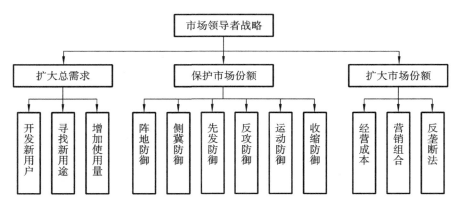

图 5.3 市场领导者的战略选择

1. 扩大总需求

当一种产品的市场需求总量扩大时,受益最大的往往是处于领先地位的企业,因而市场领导者扩大市场总需求的动力最强。通常,市场领导者可采用三种途径扩大市场需求总量。

1) 开发新用户

通过发现新用户来扩大市场需求量,其产品必须具有能够吸引新的使用者、增加购买者数量的竞争潜力。可以运用有效策略寻找到新的使用者：①市场渗透策略；②市场开发策略；③地理扩展策略。例如香水企业可设法说服原来不用香水的女性使用香水（市场渗透战略），说服男士使用香水（市场开发战略），向其他国家推销香水（地理扩展战略）。

2) 寻找新用途

通过开辟产品的新用途扩大市场需求量。领导者企业往往最有能力根据市场需求动态，为自己的产品寻找和开辟新的用途。美国杜邦公司不断开辟尼龙产品的新用途就是一个公认的成功的范例。

3) 增加使用量

说服产品的使用者增加使用量的办法有许多，但最常用的是促使消费者在更多的场合使用该产品，增加使用产品的频率，增加每次消费的使用量。例如，很多生产牙膏的企业将牙膏管口的直径扩大，使消费者在每次挤出同样长度膏体的情况下增加了使用量。

2. 保护市场份额

领导者企业必须防备竞争对手的进攻和挑战，保护企业现有的市场阵地。最佳的战略方案是不断创新，以壮大自己的实力，同时还应抓住竞争对手的弱点主动出击。当市场领导者不具备条件组织或发起进攻时，至少也应使用防御力量，坚守重要的市场阵地。防御战略的目标是使市场领导者在某些事关企业市场领导地位的重大机会或威胁中采取最佳的战略决策。可以选择采用六种防御战略：

1) 阵地防御

阵地防御就是在企业现有阵地周围建立防线。这是一种静态的防御，是防御的基本形式，但并不是唯一形式，如果将所有力量都投入这种防御，最后很可能导致失败。对企业来说，单纯采用消极的静态防御，只保卫目前的市场和产品是缺乏远见的。

2) 侧翼防御

侧翼防御是指市场领导者除保卫自己的前沿阵地之外，还建立一些基地或前哨，以保护现有的薄弱防线和必要时作为反攻基地。企业要特别注意保卫自己较薄弱的侧翼，防止对手乘虚而入。

3) 先发防御

先发防御即在进攻者尚未动作之前，先主动攻击并挫败它。这种战略主张预防胜于治疗，事半功倍。一旦某竞争者的市场占有率达到某一高度让企业感到威胁时，就对它发动攻击，或是对市场上的所有竞争者发起全面攻击。

4) 反攻防御

反攻防御是指当市场领导者面对竞争对手发动降价或促销攻势，无论是侧翼进攻还是先发制人的攻击时，都必须主动反攻，不能只是被动应战或被动承受。当市场领导者在其领地遭到攻击时，一种很有效的方法是反攻竞争者的主要领地，以迫使其撤回部分力量守卫本土。

5) 运动防御

运动防御是指在防御目前的阵地的基础上，把自己的势力范围扩展到新的领域中去，而这些新扩展的领域可能成为未来防御和进攻的中心。这种战略的目的是，不仅防御目前的阵地，还要扩展到新的市场阵地。市场扩展可通过两种方式实现。

一种是市场扩大化。企业将其注意力从目前的产品转到有关该产品的基本需要上，并全面研究和开发与该项需要有关的科学技术。例如把"石油"公司变成"能源"公司，意味着市场范围扩大了。但是市场扩大化必须有一个适当的限度，否则将会导致企业忽略甚至丧失原有的核心能力。

另一种是市场多元化。企业向无关的其他市场扩展,实行多元化经营。例如百度进入外卖行业,春兰集团进入汽车制造领域等。

【延伸阅读】 维维股份:跨界打劫十六年,满满都是泪(见右侧二维码)。

6) 收缩防御

在所有市场阵地上展开全面防御有时会力不从心、得不偿失,在这种情况下,最好是实行战略收缩,也即收缩防御,放弃某些疲软的市场阵地,把力量集中到主要的市场阵地上去。

3. 扩大市场份额

扩大市场份额是指市场领导者设法通过提高企业的市场占有率来增加收益、保持自身的成长和主导地位。企业在确定自己是否以提高市场份额为主要努力方向时应考虑:①经营成本是否提高;②营销组合是否准确;③是否违反反垄断法。

需要注意的是,提高市场占有率不一定能给企业增加利润,只有当具备以下两项条件时利润才会增加:

第一,产品的单位成本能够随市场占有率的提高而下降,市场领导者常常拥有较高的生产和经营能力,能够通过提高市场占有率来获得规模经济成本,追求行业中的最低成本,并以较低的价格销售产品。

第二,产品价格的提高超过为提高产品质量所投入的成本。通常,具有较高质量的产品才能得到市场的认可,并有可能获取较高的市场占有率。但高质量并不意味着过高的投入成本,质量好的产品可减少废品损失和售后服务的开支,所以保持产品的高质量并不会花费太多的成本,而且高质量的产品会受到顾客的欢迎,使顾客愿意付较高的价格。

二、市场挑战者战略

对于市场挑战者而言有两种选择:一种是向市场领导者发起挑战,争取领先地位;另一种是安于次要地位,在共存的状态下求得尽可能多的收益。市场挑战者如果要向市场领导者和其他竞争对手发出挑战,首先必须确定自己的战略目标和挑战对象,其次需要确定适当的进攻策略。

1. 确定战略目标与竞争对手

战略目标与挑战对象密切相关,针对不同的挑战对象要制订不同的目标,选取不同的策略。处于市场挑战地位的企业确定自己的战略目标和竞争对手,一般说来,可从下列三种情况中进行选择。

1) 攻击市场领导者

攻击市场领导者即利用各种方式,攻击市场占有率比自己高的公司,扩大自己的市场占有率。这种进攻方式风险很大,然而收益也很大。挑战者需要仔细调查研究市场领导者的弱点和失误,例如有哪些未满足的消费需要,有哪些令顾客不满意的地方,以及市场领导者内部存在哪些缺点或不足。找到领导者的弱点和失误,就可以将其作为进攻的突破口。此外,市场挑战者还可以开发出优于市场领导者的新产品,以更优质、更先进的产品来夺取市场的领先地位。

2) 攻击规模相当但经营不佳、资金不足的公司

为了避免与市场领导者发起直接冲突,市场挑战者可以选择那些与自己实力相当,但是因为经营不善而发生亏损的企业作为进攻对象,设法夺取它们的市场份额。

3) 攻击规模较小、经营不善、资金缺乏的公司

市场挑战者还可以利用自身规模和资金优势,攻击实力较为弱小的公司,扩大自身的市场占

有率。对于一些经营不善、财务困难的地方性小企业,可夺取它们的顾客,甚至可以兼并这些小企业。例如,青岛啤酒集团能成长到目前的规模,就是靠兼并地方啤酒企业和夺取它们的顾客而实现的。

2. 选择市场挑战策略

选择挑战策略应遵循"密集原则",即把优势兵力集中在关键的时刻和地点。具体而言有五种策略可供选择。

1)正面进攻

正面进攻就是集中全力向对手的主要市场阵地正面发动进攻,即进攻对手的强项。采用这种策略,进攻者必须在产品、广告、价格等方面大大超过对手才有可能成功,否则不建议采取正面进攻策略。正面进攻的胜负取决于双方力量的对比。采用正面进攻策略的一种措施是加大研究与开发经费的投入,提高产品的生产技术,削减生产成本,从而降低价格,以价格优势取得胜利,这是持续实行正面进攻策略可靠的基础之一。

2)侧翼进攻

侧翼进攻就是集中优势力量攻击对手的弱点。具体可采取两种策略:一种是地理性侧翼进攻,即在全国或全世界范围内寻找对手力量薄弱的地区市场,在这些地区市场发动进攻;另一种是市场细分性侧翼进攻,即寻找还未被领先企业覆盖的商品和服务的细分市场,在这些小市场上迅速填空补缺。侧翼进攻符合"发现需要并设法满足它"的现代营销观念。侧翼进攻也是一种有效和经济的战略形式,比正面进攻的成功机会更大。

3)围堵进攻

围堵进攻是一种全方位、大规模的进攻策略,挑战者拥有优于对手的资源,并确信围堵计划的完成足以打垮对手,能够给对方致命一击。

4)迂回进攻

迂回进攻是完全避开对手的现有阵地而迂回进攻的一种策略。具体做法有三种:一是多元化地经营那些与竞争对手现有业务无关联的新产品,实行产品多元化;二是用现有产品进入新的地区市场,实行市场多元化;三是发展新技术、新产品,以取代现有产品。

5)游击进攻

游击进攻的目的在于以小型的、间断性的进攻干扰对手的士气,以不断削弱防守者的力量,占据稳固而持久的立足点。游击进攻主要适用于规模较小、实力较弱的企业。但是如果想要打倒对手,光靠游击战不可能达到目的,还需要发动更强大的攻势。

三、市场跟随者战略

市场跟随者不是盲目、被动地单纯追随领导者,其任务是确定一个不致引起竞争性报复的跟随战略,在不同的情形下有自己的策略组合和实施方案。其战略要求是:必须懂得如何稳定自己的目标市场,保持现有顾客,并努力争取新的消费者或用户;必须设法创造独有的优势,给自己的目标市场带来如地点、服务、融资等某些特有的利益;还必须尽力降低成本并提供较高质量的产品和保证较高的服务质量,提防挑战者的攻击,因为市场跟随者的位置是挑战者的首选攻击目标。市场跟随者有以下三种可供选择的跟随策略:

1)紧密跟随策略

紧密跟随策略是指在各个子市场和营销组合方面,尽可能仿效领导者。这种策略的突出特点是"仿效"和"低调"。采用紧密跟随策略的企业是在各个细分市场和产品、价格、广告等营销组合战略方面模仿市场领导者,完全不进行任何创新的公司。紧密跟随者看似是挑战者,但只要不从根本上侵犯领导者的地位,就不会发生直接冲突。

2) 距离跟随策略

采用距离跟随策略的企业在基本方面模仿领导者,但在产品包装、广告和价格上又与领导者保持一定的差异。距离跟随策略的突出特点是恰当地保持距离。跟随者在市场的主要方面,如目标市场、产品创新与开发、价格水平和分销渠道等方面都追随领导者,但仍与领导者保持若干差异,以形成明显的距离。

3) 选择跟随策略

选择跟随策略是指在某些方面紧跟市场领导者,而同时又能在其他方面另辟新径。这种策略的突出特点是选择追随和创新并举,同时目标市场具有很大的需求潜力。也就是说,选择跟随者不是盲目跟随,而是择优跟随,在跟随的同时还发挥自己的独创性,但不进行直接的竞争。

四、市场补缺者战略

市场经济发展中,人们非常关注成功的企业,往往忽略每个行业中存在的小企业,却正是这些不起眼的星星之火,在大企业的夹缝中求得生存和发展后,成为燎原之势,这些小企业就是所谓的市场补缺者。

美国有一个著名的 PIMS(营销战略对利润的影响)研究,这个研究除了给出了一个著名的盈利率是随着市场份额线性上升的结论外,还从理论上揭示了这些中小企业为何能在与大企业的竞争中处于不败之地的秘密(著名的 V 形曲线)。由于这些中小企业集中力量来专心致力于市场中被大企业忽略的某些细分市场,在这些小市场上专业化经营,因而获取了最大限度的收益。这些可以为中小企业带来利润的有利市场位置称为"利基",因而市场补缺者又被称为市场利基者。

1. 理想的利基市场具备的特征

(1) 这一市场对主要市场竞争者不具有吸引力。

(2) 具有足够的规模和购买力,能够使公司赢利。

(3) 具备一定的发展潜力。

(4) 本公司具备向这一市场提供优质产品和服务的资源和能力。

(5) 本公司在顾客中建立了良好的声誉,能够抵御竞争者入侵。

2. 市场补缺者的策略选择

作为市场补缺者,企业往往从自己的优势或擅长的领域出发,根据不同的分类进行专业化营销。最常见的是根据顾客的分类进行专业化营销。此外,还可以根据服务项目、配送渠道乃至顾客订单进行专业化营销。下面是几种可供选择的专业化方法。

(1) 最终用户专业化:专门致力于为某类最终用户服务,如计算机行业有些小企业专门针对某一类用户(如诊疗所、银行等)进行市场营销。

(2) 垂直专业化:专门致力于为分销渠道中的某些层面提供产品或服务,如制铝厂可专门生产铝锭、铝制品或铝质零部件。

(3) 顾客规模专业化:专门为某一种规模的客户服务,如有些小企业专门为那些被大企业忽略的小客户群体提供服务。

(4) 特殊顾客专业化:只为一个或几个主要客户服务。

(5) 地理市场专业化:专为某一地区或地点的客户提供服务。

（6）产品或产品线专业化：只生产一大类产品，如美国的绿箭公司专门生产口香糖，现已发展成为一家跨国公司。

（7）产品特色专业化：专门生产具有某一产品特色的产品。

（8）客户订单专业化：专门按客户订单生产预订的产品。

（9）质量/价格专业化：专门生产经营某种质量和价格的产品，如专门生产高质高价产品或低质低价产品。

（10）服务专业化：专门提供某一种或几种其他企业没有的服务项目，如英国的米德兰德银行专门提供电话银行服务，所有标准的银行业务都通过24小时电话完成。

（11）销售渠道专业化：专门服务于某一类分销渠道，如专门生产适于麦德龙销售的产品，或专门为航空公司的旅客提供食品。

总之，补缺者只要在经营中结合实际，寻找补缺基点，懂得战略，善于经营，就能获得良好的机会，立于不败之地。

本章小结

在市场经济条件下，企业时刻面临着激烈的市场竞争，多少优秀的企业在残酷的市场竞争和急剧变化的市场形势面前轰然坍塌。要使企业实现从优秀到卓越的跨越，就必须为企业制订一个正确的竞争战略。这个过程包括对竞争对手的分析、在三种可能的竞争战略中做出取舍及评估竞争对手的反应。对竞争对手的分析包括对竞争对手的战略和目标的分析；三种可能的竞争战略包括了成本领先战略、差异化战略和集中型战略；竞争对手的可能反应包括主动攻击和防御。在对竞争对手做出周密细致的分析的基础上，企业可依据自己在市场上的竞争地位相应采取市场领导者战略、市场挑战者战略、市场跟随者战略和市场补缺者战略。

思考题

1. 市场领导者应该通过哪些途径来扩大市场需求总量？
2. 什么是市场跟随者？它具有什么样的特点？
3. 什么是市场补缺者？它怎样进行专业化市场营销？
4. 什么是市场挑战者？其主要战略是什么？
5. 竞争者的一般竞争战略有哪些？

案例分析与实训

1. 案例分析

可乐争霸赛

1）可口可乐与百事可乐的百年之争

1902年，可口可乐公司投下12万美元广告费，使可口可乐成为知名品牌。次年，可口可乐改良配方，除掉古柯碱成分。由于受到广告刺激与禁酒运动的影响，可口可乐快速成长起来。1915年，来自印第安纳州霍特市的一位设计师推出了6.5盎司的新瓶装，使得可口可乐与其他仿冒品相比，显得不同。此后，这种新瓶装约生产了60亿瓶。

百事可乐最早是以"me too"（我也是）的策略进入市场的，你是可乐，我也是可乐。"Coca Cola"的命名是取自可乐倒进杯中时，"喀啦、喀啦"的声音，"Pepsi Cola"的命名则是取自打开瓶盖可乐冒气"噗"的声音。

为了"Cola"一词，可口可乐公司控告百事可乐公司盗用其商品名称，两家为此缠讼多年，最后法院判决，"Cola"为一般名词，而非专利名词。因此，在1970年后，可口可乐公司的宣传重点从"清凉顺畅、心旷神怡"的软性诉求，转向"只有可口可乐，才是真正的可乐"的防御策略，提醒消费者可口可乐才是真正的创始者，其他都是仿冒品。后来更进一步将"Coca Cola"浓缩为"Coke"，以摆脱百事可乐的同名干扰。这样店老板再也不会搞不清是拿可口可乐还是拿百事可乐了。这是领导性品牌围堵追随者品牌的很好策略。

百事可乐成长于20世纪30年代经济大恐慌时期，由于消费者对价格很敏感，因此1934年百事可乐推出了12盎司装的瓶子，但与可口可乐6.5盎司装的价格一样，也是5分钱。对此，可口可乐在是否降价上举棋不定，结果在犹豫中错失良机。

随着经济的增长，糖价和工资上涨，百事可乐的价格由一瓶5分钱涨为6分钱、7分钱，广告改为"分量加倍，口味更好"，随后百事可乐以开发新包装、新通路来扩大市场，从自动贩卖机和零售店等据点转向超级市场，推出家庭号大容量，成效颇佳。1954年可口可乐销售量降低了3%，百事可乐销量上升了12%。1955年可口可乐不得不发动反击，同时推出10盎司、12盎司及16盎司新包装，但为时已晚。可口可乐从20世纪50年代以5:1的悬殊销售额领先百事可乐，到20世纪60年代百事可乐已将比例缩小了一半。这是领导性品牌没有立即采取攻击行动，推出新产品以截阻追随者，以致让追随者坐大的惨痛教训。

百事可乐的另一个成功策略是抓住了"新一代"。20世纪60年代以前，百事可乐的广告重点以社交场合饮用为主，到了20世纪60年代以后才修正为针对年轻的一代。

由于新一代的品牌忠诚度较低，同时具有叛逆个性，他们不喜欢做同样的事、喝同样的饮料，因此老一辈的人比较倾向喝可口可乐，而年轻人则喜欢喝百事可乐。也由于百事可乐容量大，年轻人喝起来觉得过瘾。

百事可乐的广告代理商BBDO可以说是幕后大功臣。从1961年开始，广告强调"现在，百事可乐献给自认为年轻的朋友"，1964年喊出"奋起吧！我是百事的一代"，使这个观念更明确风行，大大影响了年轻人的传统意识。

百事可乐广告的成功，在于充分掌握了年轻人的喜好，使电影和音乐的魅力再现于广告影片中。百事可乐先后以"大白鲨""ET""回到未来"等主题拍摄饶有趣味的DF，特别是以流行音乐制作CMCONG，引起了广大青年人的共鸣。百事可乐还率先聘请当代知名的摇滚红歌星如迈克尔·杰克逊、莱诺·李奇、蒂拉·透娜等作为电视广告主角，又与《迈阿瑟风云》男主角唐·强生（Don Johnson）签约演出新CF，声势更大。这一系列广告影片，风靡于全世界的新一代，使其品牌形象不断上升，甚至有凌驾于可口可乐之上的趋势。

百事可乐在20世纪70年代中期进一步对可口可乐采取正面攻坚行动，发动"百事挑战"（Pepsi Challenge）宣传活动。利用消费者对两种没有标明品牌名称的可乐进行盲测，测试结果表明，偏爱百事可乐与可口可乐的受测者比例为3:2。百事可乐利用广告影片大肆宣传这一结果。由于百事可乐的甜度比可口可乐高9%，且年轻人较能接受甜的口味，当然百事可乐的测试占了上风。

此外，百事可乐还拍摄了颇富攻击讽刺意味的其他广告影片。如：在"机器人篇"中，两台可乐自动贩卖机变成机器人大打出手，结果百事可乐的机器人战胜了可口可乐的机器人；荣获费城广告影片首奖的"考古学家篇"中,一位考古学家在未来的世界里带领一群学生挖掘废墟,当发现了古老的可口可乐瓶子时,考古学家竟称它不知为何物,象征可口可乐已被历史淘汰。

"百事挑战"虽然没有产生预期的成效,但却使可口可乐公司做了一个错误决策。1985年可口可乐宣布改变配方,以与百事可乐的甜度抗衡。这项公开声明激怒了老顾客,遭到了空前的责难。它承认自己不够好,无疑是向百事可乐俯首称臣。此举也摧毁了它辛苦建立起来的"真正的可乐"的地位与信誉。三个月后,可口可乐公司不得不竖起白旗,把原配方改为古典可口可乐(Classic Coke)重新返回市场。但经此波折,可口可乐的元气大伤。百事可乐与可口可乐的销售额差距从1960年的2.5∶1缩小到1.15∶1,可口可乐的领导地位首次出现危机。在1985年底,百事可乐的销售额一度超过了可口可乐,到1986年古典可口可乐才夺回宝座。

2) 可口可乐的品牌定位

可乐史上的另一个插曲,是1982年8月可口可乐公司在纽约无线电城音乐厅推出"健怡可口可乐"(Diet Coke)——这是有史以来在最短时间获得最大成功的饮料。它似乎稳居碳酸饮料第三位,仅次于可口可乐和百事可乐,但是它的成功却也付出了很大的代价。

首当其冲的是可口可乐公司出品的另一个减肥可乐(大牌可乐)。在健怡可口可乐推出的那一年,大牌可乐则是一败涂地。1984年大牌可乐市场占有率突降为1.8%。其次受害的是可口可乐本身。当健怡可口可乐上市时,可口可乐占有23.9%的市场,到1984年已降至21.7%。一个品牌无法代表两种商品,它就好像跷跷板一样,一个上升,另一个就下降。健怡可口可乐所得,几乎就是以大牌可乐和可口可乐的失败换来的。

在未来可乐的市场争霸中,可口可乐采取多品牌多商品的策略来重重包围百事可乐的挑战和对抗。可口可乐现有八项可乐产品(古典可口可乐、新可乐、樱桃可乐、健怡可口可乐、大牌可乐、无咖啡因新可乐、无咖啡因健怡可口可乐及无咖啡因大牌可乐),可以说是兵多将广,但这也给消费者指名购买带来了很大的困扰。哪些商品可以留在市场上,只有留待时间去考验了。

问题:结合案例分别对可口可乐、百事可乐的竞争策略进行分析评价。

2. 实训

实训目的:掌握竞争者分析和主要的市场竞争战略。

实训内容:选择学校或家乡所在地共享单车市场,针对现有竞争者情况展开分析,并以一个新进入的竞争者角色,拟订相应的竞争战略。

第六章 市场营销调研与预测

教学内容和教学目标

◆ 内容简介
(1) 市场营销信息系统的概念及构成。
(2) 市场营销调研的概念、类型及程序。
(3) 市场营销调研的技术与方法。
(4) 市场需求测量的相关概念。
(5) 市场需求预测的方法。

◆ 学习目标
(1) 了解市场营销信息系统的概念及构成。
(2) 掌握抽样技术及调查问卷设计的技巧,并能结合实践运用。
(3) 掌握原始资料及二手资料调研方法。
(4) 掌握常用的经验预测法和定量预测法。

在市场环境、消费者需求日益变幻莫测,市场竞争更加激烈复杂的今天,掌握市场调研及预测的方法和手段,对于指导企业科学实施营销职能,成功地开展各项营销活动具有十分重要的意义。

第一节 市场营销信息系统

一、市场营销信息系统的概念

信息是有效决策的基础。为了有效帮助管理者做出正确决策,营销人员就必须为其提供有参考价值的信息。要达到这个目的,设计和建立一个营销信息系统是满足这一要求的有效方法。

所谓市场营销信息系统,是指一个由人员、机器和程序所构成的相互作用的复合体,企业借以收集、挑选、分析、评估和分配适当的、及时的、准确的信息,为市场营销管理人员改进市场营销计划、执行和控制工作提供依据。

市场营销信息系统的结构如图6.1所示。市场营销管理人员为了履行他们的分析、规划、执行和控制职责,需要有关市场营销环境发展变化的信息。市场营销信息系统处于环境与市场营销管理人员之间,它的作用就是评估管理人员的信息需求,收集所需要的信息,并将信息及时传递给市场营销管理人员。由此可见,市场营销信息系统是企业收集、处理并利用相关环境数据的工具,有效的市场营销信息系统能向决策者提供迅速、准确、可靠的信息。

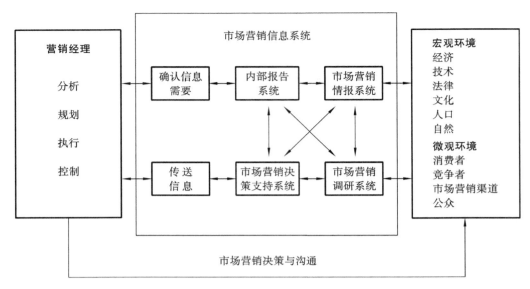

图 6.1 市场营销信息系统的结构

二、市场营销信息系统的构成

市场营销信息系统由四个子系统构成。

1. 内部报告系统

内部报告系统是市场营销管理人员使用的最基本的信息系统,该系统的主要任务是向管理人员提供有关销售额、订单、价格、库存、应收账款、应付账款等各种反映企业经营现状的信息,又称内部会计系统或订货处理系统。

2. 市场营销情报系统

市场营销情报系统是指市场营销管理人员用以了解有关市场营销环境发展趋势的各种信息来源与程序。借助该系统,可将环境最新发展的信息传递给有关的管理人员。因此说,内部报告系统提供的是事后的数据,而市场营销情报系统提供的则是当前的信息。

【营销案例】 日本人是如何发现大庆油田的——情报分析的重要性(见右侧二维码)。

3. 市场营销调研系统

市场营销调研系统的主要任务是收集、分析并报告与企业面临的特定市场营销状况有关的数据和调查结果。市场营销管理人员经常为了特定的问题或机会而请求市场研究部门从事市场调查、消费者偏好测试、销售研究、广告效果评估等工作。市场研究部门的工作主要侧重于特定问题的解决,即针对特定问题正式收集原始数据,加以分析、研究,写成报告供最高管理层参考。

4. 市场营销决策支持系统

市场营销决策支持系统(见图 6.2)是由软件与硬件支持下的数据、系统、工具和技术等组成的协调的集合,企业可以利用它收集和解释业务与环境方面的信息,并用之于市场营销活动。该系统包括统计库和模型库,用以分析复杂的市场营销问题,帮助市场营销管理人员进行更好的决策。

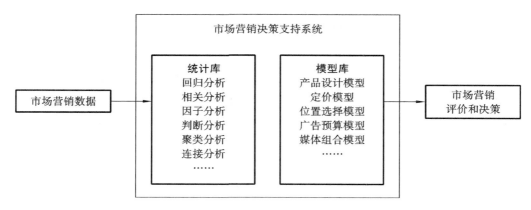

图 6.2　市场营销决策支持系统

三、市场营销信息系统应具备的条件

企业的市场营销信息系统应该是市场营销管理人员想要的信息、实际需要的信息和可以经济地获得的信息三者的交集。一个理想的市场营销信息系统一般应具备如下条件：

(1) 它能够向各级管理人员提供从事其工作所必需的一切信息。

(2) 它能够对信息进行选择，以便使各级管理人员获得与他能够且必须采取的行为有关的信息。

(3) 它提供信息的时间限于管理人员能够且应当采取行动的时间。

(4) 它能够提供所要求的任何形式的分析、数据与信息。

(5) 它所提供的信息一定是最新的，并且所提供的信息的形式都是有关管理人员最易了解和消化的。

电子售点技术的发展已经革命性地改变了零售经营的信息流，提供了快速、可靠的关于新兴趋势的信息。运用激光条形码扫描仪，或输入六位数代码，零售商可以掌握最新的商品流向及其对库存水平的直接影响。零售经理们可以在单个商店或所有分店的信息基础上，监控不同产品线当天的动向，并调增库存、订货，甚至店内促销。特易购可以通过其会员卡忠诚计划，在牢固的内部信息基础上，跟踪和记录数百万名顾客的采购习惯，量身打造地方性或全国性营销产品。

(资料来源：弗朗西丝·布拉辛顿，斯蒂芬·佩蒂特.营销学最重要的 14 堂课[M].李骁，李俊，译.北京：中国市场出版社，2008.)

第二节　市场营销调研

一、市场营销调研的概念与内容

所谓市场营销调研，是指运用科学的方法，系统地收集、整理、分析并报告与企业有关的市场信息资料及研究结果。

市场营销活动涉及的面相当广泛,因而市场调研的内容和范围也极为广泛而复杂。归纳起来,主要包括以下几个方面:

(一)营销环境调研

这里指市场营销宏观环境调研,主要目标是收集、整理、分析并提供影响企业经营活动的政治、经济、社会文化、技术、法律、自然、人口等外部环境因素的信息,这些因素是企业不可控的,企业必须随时掌握其变化趋势。关于宏观环境因素要研究的内容因在第二章已经介绍,在此不再赘述。

(二)消费者需求调研

企业营销活动的对象是消费者,消费者需求的变化直接影响着企业营销活动的调整,所以市场调研首先是消费者需求调研。它包括消费者购买行为特点、购买者数量、购买心理因素、广告影响度、价格敏感度、消费者的构成特性等。

(三)市场竞争状态调研

市场是一个竞争环境,要想在竞争中取得优势、掌握主动权,就必须做到知己知彼,因此必须通过市场调研确切地掌握企业的竞争能力和地位、竞争对手的现状和动向。市场竞争状态调研包括:市场竞争格局和特点,企业的竞争地位,竞争对手的数量、实力、营销策略等。

(四)市场销售状况调研

企业开展营销活动时,必须对市场及企业自身的销售状况做到心中有数,从而为企业制订正确的营销战略和策略提供科学依据,因此销售状况调研成为市场调研的重要内容。它包括市场潜量、市场占有率、销售趋势、新产品接受力与潜量等。

(五)市场营销组合策略调研

市场营销组合策略调研,主要是对企业产品、价格、分销渠道和促销等策略的调研。

1. 产品调查

产品策略是企业其他营销策略的出发点和凝聚点,产品调查主要包括产品概念调查、产品实体调查、产品生命周期调查、产品实用价值调查、新产品开发测试调查等。

2. 价格调查

价格调查主要包括:目标市场上各阶层对产品的需求强度,消费者对产品的价格认知,提价或降价可能带来的市场反应,竞争对手的价格水平及其销量,替代品的价格水平,影响产品定价的因素,产品可能的最佳价格等。

3. 分销渠道调查

企业在进行分销渠道决策时,需要调查以下内容:现有分销渠道是否合理、通畅?对于本行业,有哪些分销渠道可以适用,各自有哪些优缺点和资源要求?不同竞争地位的竞争者采用何种分销渠道,效果如何?现有分销渠道成员力量对比如何,分布情况如何?影响渠道决策的因素有哪些?

4. 促销调查

促销调查中,最常见的是对广告这种促销方式的调查。广告调查包括广告主题、创意、媒体选择、广告效果等方面的内容。对人员推销和营业推广的调查,则主要集中在促销实施前后消费者反应、销售额和市场占有率变化的对比上。

二、市场营销调研的类型

根据市场调研的目的和任务的不同,大致可将调研分为以下几种类型:

1. 探索性调研

探索性调研,是当企业对所要调研问题涉及的范围不甚清楚和无法确定时所进行的调研,它是一种定性研究,常用来解释"为什么"出现某一营销现象的问题。如针对近期年轻人群体热衷于网络直播这一现象时,可以首先从网络直播的观赏性、娱乐性、社交性及平台价值等角度做一定的假设,然后从上述几个角度调查分析网络直播为什么能瞬间抓住年轻人的心。

2. 描述性调研

描述性调研,是指通过调研如实地记录并描述诸如某种产品的市场潜量、顾客态度和偏好等方面的数据资料。这种调研仅仅说明调研内容"是什么"或"怎么样",而不要求研究其原因与结果的关系。例如,开展调查有多少人愿意一天花 9.9 元,租用共享一部新的 iPhone7。

3. 因果关系调研

这类调研着眼于弄清楚问题的原因与结果之间的有关变数关系,即要回答"采取某种措施,带来了哪些结果"的问题,需要通过自变量和因变量的相互关系做出结论。如开展调查降价能否使销售额上升。

4. 预测性调研

这类调研的特点,是在搜集、整理数据、资料的基础上,运用科学的预测方法,来推断和预测市场未来变化。如利用回归分析预测某种新产品上市的市场销售趋势。

三、市场营销调研的程序

市场调研的全过程可划分为三个阶段,即调研准备阶段、调研实施阶段和调研结果处理阶段,每个阶段又可分为若干具体步骤。

(一)调研准备阶段

准备阶段主要解决调研目的、要求、范围及调研力量的组织问题,并在此基础上,制订一个切实可行的调研计划。这个阶段的工作步骤大体是:

1. 明确调研目标

在市场调研之初,首先要明确:为什么要进行这次调研,通过调研了解哪些情况,调研结果有什么具体用途,等等。

调研人员首先应搜集企业内部和外部的有关情报资料,进行初步情况分析,从中探索问题和认识问题,并发现因果关系。也可以通过非正式调查主动去访问专家、企业内部有关人员、精通本问题的人员(如销售负责人、推销人员、批发商等)和用户,了解他们对问题的看法和评价。

经过初步情况分析和非正式调查,调研人员就能明确问题点,有针对性地提出一个或几个调查课题。

2. 拟订调研项目,确定调研方法

在确定调研的主题以后,接下来就要决定搜集资料的来源和方法。

调研项目是指取得资料的项目,它表明调查应该搜集哪些方面的信息资料。搜集资料时,要注意保持资料的系统性、完整性与连贯性,还应注意及时搜集有关调查问题的发展动向和趋势的情报资料。

调研方法是指取得资料的方法,包括在什么时间、什么地点调研,调研对象如何选择,用什么方法调研,以及是一次性调研还是多次调研等。

3. 调查表和抽样设计

调查表或问卷是市场调研中最常采用的一种询问技术,它是被调查者回答问题的集合。设计调查表或问卷时,调研人员必须精心确定所提问题的内容、形式、措辞和次序,要符合简明、突出主题和便于统计分析的要求。

在市场调研的实践中,企业更多的是采用抽样调查而非市场普查,因此在调研准备阶段需要进行抽样设计,即确定恰当的样本数目和抽样方法,使得抽选出来的样本能够真正代表总体。抽样方法一般分为两大类:随机抽样与非随机抽样。随机抽样又可分为简单随机抽样、分层随机抽样、分群随机抽样等。非随机抽样又可分为任意抽样、判断抽样、配额抽样和等距抽样等。

4. 制订调研计划

调研计划是市场调研的行动纲领,它主要包括以下内容:调研活动分为哪几个步骤进行,调研人力的安排及如何组织分工,整个调研工作的时间和进度,调研费用预算等。

(二) 调研实施阶段

调研实施阶段的主要任务就是组织调研人员,按照调研计划的要求,系统地收集资料和数据,这个阶段大体可分为以下几个步骤:

1. 培训调研人员

培训工作内容主要包括两部分:一部分是本次调研的内容、计划、意义等,使调研人员避免由于理解不一致而产生的调研差错;另一部分是调研工作技能,包括如何面对调查对象、如何提问、解释、遇到一些情况如何处理等,这样可以使调研人员迅速胜任工作。

2. 开展实地调研

实地调研就是调研人员按计划规定的时间、地点、方法、内容开展具体的调研,收集有关资料。在实地调研中所收集的资料,既包括一手资料(原始资料),也包括二手资料(现成资料)。一手资料是指企业必须首次亲自搜集的资料,大多采用观察法、调查法、实验法取得;二手资料是指那些经过编排、加工处理的资料,往往采用案头调研法取得。

(三) 调研结果处理阶段

由于市场调研获得的资料大多是分散的、零星的,甚至某些资料是片面的、不准确的,因此要反映市场的特征和本质,必须对资料进行分析整理,使之系统化、条理化。这个阶段的工作大体可分为以下几个步骤:

1. 资料的整理与分析

主要是对调研所得的资料进行编校、分类、统计、分析。编校就是对资料进行核对、校正,以达到去伪存真、消除错误和含糊不清的目的;分类就是将资料分门别类地编号收存;统计与分析就是运用数理统计方法把分析结果表达出来,并制成相应的统计图表,以便于更直观地观察信息资料的特征。

2. 编写市场调研报告

凡是进行特定目的调研,都必须在结果处理阶段撰写调研报告,且必须遵循以下原则:报告的内容要紧扣主题,应该以客观的态度列举事实,文字简练,尽量使用图表来说明问题。

市场调研报告要全面系统地反映调研内容,一般包括:

(1) 封面:写明调研题目、调研日期和调研承办单位及其基本情况。

(2) 前言:调查背景、调查目的、方法及步骤介绍。

(3) 正文：所调研问题的事实材料、分析说明，相当部分内容应是数字、表格，以及对这些的解释、分析。

(4) 调研结论和建议：主要提出改善建议，因为市场调研的最终目的是采取改善措施，以增加企业盈利，所以这部分应写得详细具体一些。

(5) 附件：通常将调查问卷、抽样名单、地址表、地图、统计检验计算结果、表格、制图等作为附件内容。

3. 追踪与反馈

通过市场实践活动，检验报告所反映的问题是否解决，提出的建议是否可行、实用，效果如何？总结市场调研的经验教训，不断提高工作能力。

【延伸阅读】 荧屏热剧《我的前半生》：原来你是这样的市场调研公司（见右侧二维码）。

四、市场营销调研的技术与方法

市场营销调研是一个收集、整理、加工和处理信息的系统工程。调研技术和方法使用是否得当，直接影响调研结果的质量，是调研成功与否的关键。下面我们重点讨论市场营销调研技术中的抽样调查与调查问卷设计，同时针对调研方法中的原始资料和二手资料调研方法分别展开研究。

（一）抽样调查技术

抽样调查是一种非全面调查，它是从研究对象中抽取部分单位进行调查，并用调查结果来推断总体的一种调查方法。抽样调查技术大体可分为两大类：一是随机抽样，二是非随机抽样。

1. 随机抽样

它是按随机原则抽取样本，完全排除人们主观的、有意识的选择，在总体中每一个体被抽取的机会是均等的。它是一种客观的抽样方法，主要包括：

1) 简单随机抽样法

抽样者不做任何有目的的选择，用纯粹偶然的方法从全体中抽取若干个体为样本，使母体里的每个个体都有被抽到的可能性。

2) 分层随机抽样法

先将调查对象的总体按照与调查目的相关的主要特征进行分组，每一组为一层，然后在每一层中随机抽取部分个体。分层时，要尽量使各层之间具有显著不同的特性，而同一层内的个体则具有共性。

分层随机抽样可以避免简单随机抽样中样本可能集中于某地区、某种特征而遗漏掉某种特征的缺点。

3) 分群随机抽样法

先将调查对象的总体分成若干个群体，再从各个群体中随机抽取样本，它抽取的样本是一群，不是一个，然后对抽到的样本群中的每一个体逐一进行调查。分群随机抽样所划分的各群体中，包含不同特性的个体，群体与群体之间个性相近。

相比简单随机抽样和分层随机抽样，分群随机抽样抽出的样本更集中，调查费用更低。

2. 非随机抽样

它是按调查目的和要求，根据一定标准来选取样本，也就是对总体中的每一个体不给予被抽取的平等机会。其常见的抽样方法有：

1) 任意抽样法

任意抽样也称便利抽样,是纯粹以便利为基础的一种抽样方法。街头访问是这种抽样最普遍的应用。这种方法抽样偏差很大,结果极不可靠。一般用于准备性调查,在正式调查阶段很少采用。

2) 判断抽样法

根据专家意见或调查人员主观分析决定所选择的样本。用这种方法抽样,要求选定样本的人员对调查对象的全体特征有相当的了解,应避免挑选极端的类型,而选取"多数型"或"平均型"的样本作为调查对象。

判断抽样法只适合特殊需要,调查回收率高,但容易出现因主观判断有误而导致的抽样偏差。

3) 配额抽样法

配额抽样与分层随机抽样类似,要先把总体按特征分类,根据每一类的大小规定样本的配额,然后由调查人员在每一类中进行非随机的抽样。这种方法比较简单,又可以保证各类样本的比例,比任意抽样和判断抽样样本的代表性都强,因此实际上应用较多。

(二) 调查问卷设计

设计有效的调查问卷是进行高质量市场营销调查的基本功,在调查中如果因问卷措辞拙劣导致数据偏差,或者因问卷晦涩难懂难以完成导致很低的回应率,无论数据分析再怎么先进,抽样技术质量再怎么高,其价值都将是极为有限的。

1. 调查问卷设计程序

调查问卷设计程序如图 6.3 所示。

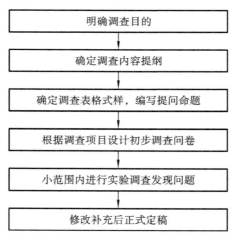

图 6.3 调查问卷设计程序

2. 调查问卷设计技巧

拟定一份完善的问卷需要有相当的技巧与学问,并特别注意所问问题的类型、措辞、形式及次序。

(1) 在问题的类型上易发生的错误,主要是问一些无法回答、不愿回答、不必回答的问题,而忽略了必须回答的问题。例如向一位基层工人询问"您觉得您所在企业今后几年的努力方向是什么?",显然难以得到有效的回应。

（2）当问题的类型确定后,问题形式的不同,也会导致不同的调查结果。问题的形式有开放式和封闭式两种。

开放式问题又可采用自由回答法和词语联想法两种形式。自由回答法要求被调查者根据问题要求用文字自由表述,即被调查者无任何引导、暗示或限制来回答问题。这种问题可以收集到调查者所不了解或忽视的信息资料。如：您认为佳洁士牙膏的主要优点是什么？您为什么选择伊卡璐洗发水？您认为小米手机在哪些方面应该加以改进？您为什么选择戴尔而不选择苹果电脑？等等。词语联想法则是给被调查者一个有许多意义的词或词表,让被调查者看到词后马上说出或者写出最先联想到的词,如下例：

洗发水品牌（刺激词）	反应词
（1）飘柔	（1）爽
（2）润妍	（2）亮丽
（3）潘婷	（3）去屑
（4）海飞丝	（4）护发
（5）风影	（5）乌发
	（6）便宜
	（7）营养
	（8）柔顺

封闭式问题是指事先确定了几乎所有可能的答案,答卷人从中选择一个或多个答案。常见的封闭式问卷问题的形式有：

一是单项选择题,即在一个问题后,提供两个以上的备选答案,由被调查者选择其中一个作为回答。

例："您在购买彩电时,最先考虑哪种因素？"

价格□　　　式　样□
色彩□　　　音响效果□
品牌□

二是多项选择题,即一个问题后,同样提供多个备选答案,但被调查者可以选择两个或两个以上的答案作为回答。

例："在过去的一年中,您用过哪些护肤品？"（可多选）

洁面型的□　　　增白型的□
嫩肤型的□　　　消斑型的□
去皱型的□　　　防晒型的□

三是是非题,即问题只提供正反两个答案,被调查者二选一。

例："您这个夏季是否打算买一个空调？"

是□　　　否□

答案清晰明了,但只适用于不需要反映态度程度的问题。

四是分等量表,即对事物的某些属性从优到劣分等排列,被调查者从中进行选择。

例："您喜不喜欢喝矿泉水？"

－2	－1	0	1	2
很不喜欢	不太喜欢	一般	比较喜欢	很喜欢

这种方法可以避免极端答案,对被调查者态度的把握比较客观。

开放式问题可以真实地了解被调查者的态度和情况,但被调查者不易控制,五花八门的答案也很难归类统计;封闭式问题虽然呆板,了解的信息有限,但便于归纳统计。一般在调查问卷设计中是将上述两种类型结合起来,以封闭式问题为主,适当辅之以开放式问题。

(3)问题的措辞。问卷设计人员对所提问题的措辞必须慎重处理,避免出现表6.1中的情况。

表6.1 问题措辞应避免的问题举例

应避免的问题	示　　例
问题的陈述应尽量简洁、清楚,避免模糊信息	错误:"对于目前市面上出现的各式各样的洗衣粉您更偏爱哪种品牌?" 正确:"您更喜欢哪种牌子的洗衣粉?"
避免提带有双重或多重含义的问题	错误:"您对中华牙膏的香型和洁牙效果满意吗?" 正确:"您对中华牙膏的香型满意吗?" "您对中华牙膏的洁牙效果满意吗?"
最好不用反义疑问句,避免使用否定句	错误:"您是否不赞成商店实行'打折'制度?" 正确:"您赞成商店实行'打折'制度吗?"
注意避免问题的从众效应和权威效应	"很多人都认为,吸烟等于慢性自杀,您认为呢?"(从众效应) "科学家认为,钙是人体生理不可缺少的元素。您认为您的孩子需要补钙吗?"(权威效应)
避免使用引导性语句	错误:"现在警匪片很流行,您也喜欢看吗?" 正确:"您喜欢看什么类型的影片?" 科幻片□　警匪片□　文艺片□　其他□
避免使用断定性语句	错误:"您喜欢喝什么酒?" 正确:"您喝酒吗?" 喝□　偶尔喝一点□　不喝□ (如果您选择"喝"或"偶尔喝一点",请接着回答下一题,否则请跳到第　题) "您通常喝什么牌子的酒?"
避免隐含选择性问题	错误:"短途旅行时你喜欢坐飞机吗?" 正确:"短途旅行时你喜欢坐飞机还是火车?"

(4)问题的次序。在问题的次序安排上要注意把困难问题或私人问题留在后面,以免回答者因产生厌烦情绪而中断回答;涉及品牌或支持者的问题也应留在后面;分类性的问题也应留在最后,因为这类问题很难引起人们的兴趣。

(三)原始资料的收集方法

原始资料的收集方法有三种,分别是观察法、访问法和实验法。

1. 观察法

1) 观察法的含义

所谓观察法,是指由调查者直接或利用仪器来观察、记录被调查对象的行为、活动、反应或现场事物,以获取资料的一种方法。

2) 观察法的优缺点

运用观察法收集资料,调查人员同被调查者不发生接触,而是由调查人员直接或借助仪器把被调查者的活动按实际情况记录下来。这种情况下,被调查者的活动可以不受外在因素的影响,处于自然的活动状态;被调查者不愿意用语言表达的情感或实际感觉,也可以通过观察其实际行为而获取,因而取得的资料会更加反映实际。

但是,作为现场观察来说,记录的往往是只限于表面的东西,难以捕捉到被观察者的内在信息,譬如他们的收入水平、教育程度、心理状态、购买动机及对产品的印象等。另外,对一些不常发生的行为或持续时间较长的事物进行观察时,花费时间较长,成本很高。

3) 观察法的分类

实践中,观察法又可分为直接观察法、亲身经历法、行为记录法、痕迹观察法等。

（1）直接观察法,即调查人员到现场直接观察被调查对象的活动、行为。如调研员在超级市场观察消费者如何选购商品并记录下来。

（2）亲身经历法,即调查人员以当事人的身份身临其境地体验和观察,以了解真实情况。如派出神秘顾客前往零售店去检查员工的态度、商店外观等服务问题。

肯德基与"神秘顾客"

肯德基是世界著名的快餐公司,它的连锁店几乎遍布世界各地。为了保证这些连锁店的服务质量,肯德基在世界快餐业首创使用"神秘顾客"。

这种"神秘顾客"一般是肯德基的特殊工作人员和特殊的消费者。他们的年龄一般为20～40岁,每月一次或两次到各连锁店秘密用餐。

他们对每个连锁店都看得很仔细,从店堂的招贴画到灯光的亮度,从食品的品质、口味到服务的快捷、周到等,都按公司对各连锁店的统一要求客观公正地进行打分,打分的内容繁杂精细,营业员或服务员如果疏忽了其中的一点,就要被扣分。

肯德基为了保证"神秘顾客"能随时地对连锁店进行全面评估,对"神秘顾客"的身份进行了严格的保密。在公司内部,除了总经理和品质控制人员以外,其他任何人无权知道或打听"神秘顾客"的身份,"神秘顾客"自己也不得对外宣传、泄露自己的身份。

（3）行为记录法,即利用各种仪器(照相机、摄像机、录音机等)对被调查者的行为进行测录,以从中获取市场信息资料。例如,有些企业在超级市场的天花板上安装摄像头,追踪顾客在店内的购物过程,据此来考虑重新陈列产品,以便顾客选购。

【延伸阅读】 眼动追踪让你分秒知晓车主的真正需求!(见右侧二维码)。

（4）痕迹观察法,即通过一定的途径,观察被调查者的活动痕迹,从而收集有关信息。例如,美国有教授提出"垃圾学"研究方法,针对居民废弃的垃圾展开研究,从而判断在其食品消费结构中,高蛋白、高脂肪食品或是方便食品所占的比重。

2. 访问法

访问法根据调查者同被调查者接触方式的不同,可分为面谈访问法、邮寄调查法、电话调查法、留置调查法、网上访问法。

1) 面谈访问法

面谈访问法是指调查人员通过与被调查者面对面询问和观察被调查者而获取市场信息的方法。面谈调查的交谈方式,可以采取个人访问,也可以采取集体座谈;可以安排一次面谈,也可以进行多次面谈。

(1) 个人访问。

个人访问即调查者通过面对面地询问和观察某个被调查者来收集信息。这是最通用和最灵活的访问调查方法。如调查员上门采访居民家庭收入和家用耐用消费品数目。

个人访问的优点是能够获得较准确的信息,但在没有监督的情况下,容易出现调查员欺瞒谎报行为,影响收集信息的质量。

(2) 集体座谈,也称小组访问。

集体座谈即邀请一定量被调查者(一般为 8~10 人)参加小组讨论,由调查者提出各种问题,围绕调查研究目标展开,以达到收集信息的目的。集体座谈调研者往往需要具有熟练的谈话技巧,善于启发引导谈话对象,善于归纳谈话记录,如果不具备这些条件,调研效果会受到一定影响。

2) 邮寄调查法

邮寄调查也称信函调查,是指将事先拟订好的调查问卷邮寄给被选中的调查对象,由被调查者根据要求填写后寄回的一种调查方法。

邮寄调查的主要特点是:①调查的空间范围大,可以邮寄到全国甚至国际市场进行调查,不受调查人员所在地区的限制;②按随机原则选定调查样本,样本数目可以很多,而费用开支少;③被调查者有充裕的时间来考虑回答问题,避免面谈中受调查者倾向性意见的影响,从而得到较为真实可靠的信息。

邮寄调查的不足之处是:①问卷回收率低,可能影响样本的代表性;②由于不直接接触被调查者,不能了解其回答问题的态度,也不能了解到问卷中未涉及的问题而有可能遗漏重要的市场信息;③由于被调查者误解问题而可能给出错误答案;④需要花费较长的时间才能取得调查的结果。

在邮寄调查中,为增加邮寄问卷的回收率,可采取随问卷附上某种有价值的物品,或是利用电话或信件提前通知被调查者,以增加问卷回收率和加快回收速度。

3) 电话调查法

电话调查,是指调查人员借助电话工具向被调查者询问,以了解有关信息资料的一种方法。在电话调查中,调查人员可以以电话簿为基础,也可以从服务机构、企事业单位、电话公司得到电话号码,进行随机抽样调查。

电话调查的优点是调查费用低、时间短,同时可以保持询问过程或对被调查者控制的统一性,并可通过缩小调查员的主观影响而减少调查结果可能产生的偏差。

但这种方法只适用于可电话联系上的被调查者,因而调研母体本身不完整,调研结果不一定能代表没有电话联系上的消费者的意见;此外,电话调研也不容易取得被调查者的合作,因此所提问题应尽量简洁。

4) 留置调查法

留置调查是指由调查人员将调查问卷当面交给被调查者,说明填写要求,并留下问卷,让被调查者自行填写,再由调查人员定期收回的一种市场调查方法。

留置调查法的优点是:调查问卷回收率高,被调查者可以当面了解填写问卷的要求,避免由于误解调查内容而产生的误差。而且采用留置调查法,被调查者的意见可以不受调查人员意见的影响,填写问卷的时间较充裕,便于思考回忆。其主要缺点是:调查地域范围有限,调查费用较高,也不利于对调查人员的活动进行有效的监督。

5) 网上访问法

网上访问方式很多,最普通的一种访问方式是由市场调查者将需要调查的问题系统制作成问卷,然后通过 E-mail 或网址传给被调查者,由被调查者自己填答好后发回。这种访问方式可以看作是邮寄访问的一种电子形式,但是却具有传统邮寄访问不可能具备的诸多优势,比如图解说明、图示、声音等,均可添加在"问卷"中,而这在传统的邮寄访问中是不可想象的。

3. 实验法

实验法是指从影响调研对象的若干因素中选出一个或几个因素作为实验因素,在其余诸因素均不发生变化的条件下,了解实验因素的变化对调研对象的影响程度。

实验法的优点是:首先,调研人员可以有控制地分析、观察某些市场现象之间是否存在因果关系,以及相互影响程度;其次,通过实验取得的数据比较客观,具有较高的可信度。

实验法的缺点是:实验所需的时间较长,费用也较高;影响市场变化的因素无法严格控制,一定程度上影响了实验结果的可靠性。

实验法应用范围较广,一般来讲,改变商品品质、变换商品包装、调整商品价格、推出新产品、变动广告内容或商品陈列等,都可采用实验法测试其效果。

常用的实验法主要有以下几种:

1) 事前事后对比实验

这是最简单的一种实验法,即只选择一组实验对象,确定实验时期,先对实验期前正常的情况进行记录,然后引入实验因素,再测试实验后的情况,通过事前事后对比,了解实验因素的影响效果。

2) 控制组同实验组对比实验

控制组同实验组对比实验即选择一组实验对象为实验组(引入实验因素),再选择另一组实验对象为控制组(不引入实验因素),在同一实验期内,观察、记录两组不同的情况,通过对比了解实验因素的影响效果。

3) 有控制组的事前事后对比实验

有控制组的事前事后对比实验即将控制组的事前事后实验结果同实验组的事前事后实验结果进行对比,以了解实验因素的影响效果。

(四) 案头调研法

案头调研法是指调研人员对现成的信息资料进行搜集、分析、研究和利用的行为活动。

这些现成的信息资料可能存在于企业内部信息系统中,可能存在于经销商、广告代理商、行业协会信息系统中,也可能出现于政府出版物或商业、贸易出版物上,还可能需要从提供市场营销信息的企业购进。随着信息技术的发展,网络上存有大量的有用信息,且已经成为一种重要的信息检索途径。在网络上检索信息,主要是通过搜索引擎(新浪、搜狐、百度、Google、Yahoo)、门户网站和专业数据库(中国期刊网、维普资讯网、国务院发展研究中心信息网、国家统计局网等)来收集。

案头调研法的特点是获取资料速度快、费用省,但针对性、准确性和客观性不高,因此必须对已存在的二手资料进行严格的审查与评估。审查与评估的标准有三个,即公正性、有效性和可靠性。所谓公正性,是指提供该项资料的人员或组织不怀有偏见或恶意。所谓有效性,是指研究人员是否利用了某一特定或一系列相关测量方法来搜集资料。所谓可靠性,是指从某一群体中抽出的样本是否能准确反映整个群体的实际情况。

【小贴士】 营销调研的十八大误区(见右侧二维码)。

第三节 市场需求测量与预测

企业不仅要对市场进行调研,而且还要基于产品、区域、顾客等分类进行定性或定量估计,即进行需求测量与预测。

一、市场需求测量的相关概念

企业从事需求测量,主要是进行市场需求和企业需求两个方面的测量和预测。市场需求和企业需求又都包括需求函数、预测和潜量等重要概念。

(一)市场需求、市场预测与市场潜量

1. 市场需求

在评价市场营销机会时,第一步是判断市场总需求,即某个产品在特定地理范围、特定时期、特定市场营销环境、特定市场营销计划下,特定的消费群体可能购买的总量。

市场需求对产品价格、产品改进、促销和分销等一般都表现出某种程度的弹性。我们可用营销力量来描述企业所有刺激市场需求的活动。其影响力可分为四个层次:①营销支出水平,即所有花费在营销上的支出;②营销组合,即在特定期间内企业所用营销工具的类型与数量;③营销配置,即企业营销力量在不同顾客群体及销售区域的配置;④营销效率,即企业运用营销资金的效率。

由此可见,市场需求不是一个固定的数字,而是给定条件下的函数,因此,也称之为市场需求函数。在图6.4中,横轴表示特定时期内行业市场营销费用的可能水平,纵轴表示由此产生的市场需求水平,曲线表示市场需求与行业市场营销费用的关系。

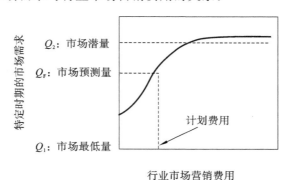

图6.4 市场需求与行业市场营销费用的关系(假定在特定的市场营销环境下)

即使没有任何需求刺激,不开展任何市场营销活动,市场对某种产品的需求仍会存在,我们把这种不需要任何刺激需求的费用也会有的基本销售量称为市场最低量。行业市场营销费用水平的增高,会引起市场需求水平的增高,开始是以加速度增高,随后变成以减速度增高。当市场营销费用超过一定水平后,就不会再刺激需求了,因此市场需求有一个上限,称之为市场潜量。

市场最低量与市场潜量之间的距离表示需求的市场营销灵敏度,即行业市场营销对市场需求的影响力。由此可将市场分为可扩张市场和非扩张市场。可扩张市场,其需求规模受市场营销费用水平的影响很大,这类市场如家电市场、服装市场等。非扩张市场,其需求规模受市场营销费用水平的影响不大,诸如食盐市场。需要指出的是,市场需求函数不能反映时间对市场需求的影响,市场需求曲线只表示当前可能的市场营销努力与当前可能的市场需求之间的关系。

2. 市场预测与市场潜量

市场预测是指与计划的市场营销费用相对应的市场需求,市场预测是估计的市场需求,而不是最大的市场需求。市场潜量就是指在特定的市场营销环境下,随着行业市场营销费用的逐渐增长,市场需求所能达到的极限值。

"特定的市场营销环境"在市场潜量的概念中是很重要的。比较某种产品在衰退期与繁荣期的市场潜量,可以发现繁荣期的市场潜量更高。也就是说,市场需求是具有收入弹性的。企业一般对市场需求曲线的位置无能为力,因为它是由市场营销环境决定的,但是企业在决定了市场营销费用后,能影响自己在需求曲线上的位置(见图 6.5)。

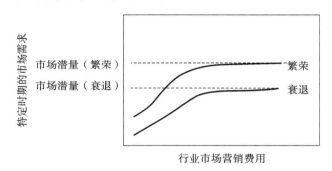

图 6.5 市场需求与行业市场营销费用的关系(假定在两个不同的市场营销环境下)

(二)企业需求、企业预测与企业潜量

1. 企业需求

企业需求就是在市场总需求中企业所占的需求份额。用公式表示就是:

$$Q_i = S_i Q$$

式中:Q_i 为企业 i 的需求;S_i 为企业 i 的市场占有率;Q 为市场总需求。

同市场需求一样,企业需求也是一个函数,称为企业需求函数或销售反应函数。根据上式可以看出,它不仅受市场需求决定因素的影响,还要受任何影响企业市场占有率因素的影响。一般来说,企业所在行业的竞争者数量、各个企业的经济实力、一个企业在有关市场上的营销历史及现实的市场营销努力,都对市场占有率的大小有影响。

(1)竞争者数量。只要在市场上多一个竞争者,它就要分割"一块蛋糕",从而使别的企业的市场占有率减少。

(2)相对经济实力。企业在资本规模、供应能力、分销地点、促销开支等方面的条件不一样,会导致彼此间市场占有率大小有别。

(3)营销历史。一个企业对特定地区的顾客群体有多长的服务时间,过去它们的表现是否给顾客群体留下心理上和感情上的特殊烙印,会影响它的市场占有率。在市场上,不少"名牌""老字号"的市场份额都较高,在很大程度上要归因于它们的"辉煌的历史"。

(4) 现实的市场营销努力。现代市场营销学理论认为,各个竞争者的市场占有率同它们的市场营销努力成正比。有些新企业也能够成功占有较大的市场份额,就是因为它们付出的市场营销努力也很大。

2. 企业预测

企业预测是指在既定的市场营销环境下,基于选定的市场营销计划所估计的企业销售水平。企业预测的图示与图 6.4 中市场预测的方式相似:将纵轴换成企业销售,横轴换成企业的市场营销努力。企业预测并不能作为决定市场营销费用的基础,恰恰相反,它是既定市场营销费用计划的结果。

企业预测还涉及以下两个相关概念:

(1) 销售定额,是指为产品线、企业部门或销售代表所制订的销售目标。一般情况下,管理部门是根据企业预测并基于激励员工完成定额的心理来设定销售定额的。销售定额一般应略高于预期的销售额,以激发销售人员努力工作。

(2) 销售预算,是指对预期销售量的保守估计,主要用于对目前采购、生产和现金流量的决策。销售预算既要考虑企业销售预测,又要避免风险过大,因此销售预算一般略低于销售预测。

3. 企业潜量

企业潜量是指当企业的市场营销力量相对于竞争者不断增长时,企业需求所达到的极限。很显然,企业需求的绝对极限是市场潜量,当企业的市场占有率为百分之百时,企业潜量就等于市场潜量。但在大多数情况下,企业潜量低于市场潜量,这是由于每个企业都有自己的忠诚购买者,他们一般不会转而购买其他企业的产品。

二、判断目前市场需求

(一) 总市场潜量

总市场潜量是指在特定的时期内,在既定的行业市场营销努力水平与既定的环境条件下,行业内的所有企业所能获得的最大销售量。判断总市场潜量常用的方法是:

$$Q = nqp$$

式中:Q 为总市场潜量;n 为在既定条件下,特定产品或市场中购买者的数量;q 为购买者的平均购买数量;p 为产品的平均单价。

例如,如果全国每年有 8 亿人买书,平均每人每年买 3 本,平均每本书的价格为 12 元,那么书籍的总市场潜量为:

$$Q = 8 \times 3 \times 12 \text{亿元} = 288 \text{亿元}$$

企业计算出总市场潜量后,还应把它同现有市场规模进行比较。现有市场规模是指目前实际购买的数量或金额。显然,它总是小于总市场潜量。比较现有市场规模与总市场潜量,对于制订正确的市场营销决策十分重要。

(二) 区域市场潜量

判断区域市场潜量的方法主要有两种:市场累加法和购买力指数法。前者主要为生产产业用品的企业所采用,后者主要为生产消费品的企业所采用。

1. 市场累加法

市场累加法是指先识别出每个市场上所有的潜在购买者,并判断出他们的潜在购买量,之后将其加总合计。

采用这种方法要求掌握全部潜在购买者的名单,并对每个购买者的可能购买量有可靠的判断。

2. 购买力指数法

购买力指数法是指借助与区域购买力有关的各种指数来估计其市场潜量的方法。

购买力指数主要依据三个方面的因素:该区域个人可支配收入占全国的百分比,该区域零售额占全国的百分比,该区域人口占全国的百分比。例如某地区的相对购买力指数可由下式求得:

$$B_i = 0.5Y_i + 0.3R_i + 0.2P_i$$

式中:B_i 为 i 区域的购买力占全国的百分比;Y_i 为 i 区域的个人可支配收入占全国的百分比;R_i 为 i 区域的零售额占全国的百分比;P_i 为 i 区域的人口占全国的百分比。三个系数 0.5、0.3、0.2 表示权数,代表三个因素对购买力指数的影响程度,但该权数不是一成不变的,产品不同、区域不同,权数也应有所调整。上述公式适用于许多消费品市场潜量的分析,但不适于低价的大路货和高价的奢侈品。

三、市场需求预测

市场需求预测是对未来市场需求的估计。在大多数情况下,企业的营销环境是在不断变化的,由于这种变化,总市场需求和企业需求都是变化的、不稳定的。这时准确地预测市场需求和企业需求就成为企业成功的关键,因为任何错误的预测都会导致诸如库存积压或存货不足,从而出现销售额下降以至中断等不良后果。

(一) 市场预测的步骤

市场预测涉及面较广,为了提高预测工作的效率和质量,必须按照一定的工作程序来进行。市场预测过程大致包括以下几个步骤:

1. 明确预测目标,制订预测计划

有了明确具体的预测目标,才能为进一步收集资料、选择预测方法指明方向。预测目标确定以后,就应根据目标的难易程度制订预测计划,包括调配预测人员、编制费用预算、安排工作日程等内容,使预测工作有计划、有步骤地开展。

2. 收集整理资料并加以分析

通过调查,占有充分的信息资料,这样才能对市场变动的规律性和预测对象的发展趋向进行具体分析,同时为预测模型提供必要的数据。市场预测的资料包括历史资料和现实资料两大类,收集资料一定要以预测目的和要求为转移,力求做到资料具有广泛性和适用性。

3. 选定预测方法及模型,做出预测

选择适当的预测方法、模型进行预测,是取得预测成果的关键一步。在选择预测方法及模型时,应综合考虑预测目标和要求、所收集到的资料情况、预测人员的专业技术水平等,因为每一种方法、模型都有其适用条件及范围。在许多预测中,通常是几种方法交叉使用,互相补充。

4. 分析预测结果,修正预测模型

预测误差是指预测值与实际值之间的差额。市场预测具有近似性的特点,因此预测结果不可能与实际值完全一致,预测误差是必然存在的。如果误差过大,则说明预测模型可能有问题,必须进行修正或选用其他模型。

5. 提出预测报告

预测者在对预测结果进行必要的评价、检验和修正后,要确定最终预测值,形成书面形式的预测报告,递交有关部门,供其决策时参考。

（二）市场预测的方法

市场预测的方法很多，据美国斯坦福研究所统计，不下两百种，其中常用的方法有二三十种，大体可分为两类：经验预测法和定量预测法。

1. 经验预测法

经验预测法也称判断分析法，是指由预测者根据已有的历史资料和现实资料，依靠个人的经验和知识，凭借个人的主观判断来预测市场未来的变化发展趋势。

此法一般在缺少可利用的历史统计资料的情况下采用，侧重于对市场的性质进行分析。其优点是比较灵活，成本低、费时少。其缺点是受预测者的主观因素影响较大，较难提供精确的预测数值。常用的经验预测法主要包括以下几种：

1）集合意见法

集合意见法是由预测人员召集企业的管理者、业务人员，根据已收集的信息资料和个人的经验，对未来市场做出判断预测，并根据实际工作中的情况进行修正，最终到得预测结果的方法。这类方法适合于做近、短期的市场预测。它又可分为：

（1）厂长、经理评判法。

厂长、经理评判法是由最高决策人把与市场经营有关或熟悉市场情况的各职能部门负责人和业务骨干召集起来，共同研讨，做出判断，最后通过汇总、整理、分析与综合，形成预测结果。

气象信息的效益

有一年春天刚结束时，某罐头材料厂与往年一样，加足马力，大量生产做易拉罐的特制铝皮。这一年雨季特别长，已经是7月初了，天不但没有晴的意向，反而连续不断地下起了暴雨。这时，厂长果断下令，将特制铝皮的生产量减少2/3。原来，厂长召集相关职能部门负责人员开展专题讨论，根据气象信息做出大胆预测，这年夏天热的时间短，气温不会太高，易拉罐销量可能大大减少，特制铝皮可能要大降价。后来特制铝皮果不出所料出现大幅降价，该厂因为及时减产而减少了损失。第二年初夏，雨季仍然很长，但针对有关报道中气象专家对这年夏季气候预测知道天异常热，于是厂长下令大量生产特制铝皮。果然，这一年7月中旬到8月中旬持续高温，清凉饮料销量猛增，易拉罐特制铝皮成了紧俏货，价格上涨了2倍，该厂获得了可观的效益。

（资料来源：百度文库）

（2）销售人员综合意见法。

企业也可以通过听取销售人员的意见来估计市场需求。其主要优点是：首先，销售人员经常接近购买者，对购买者意向有较全面深刻的了解，比其他人有更充分的知识和更敏锐的洞察力，尤其是对受技术发展变化影响较大的产品；其次，由于销售人员参与企业预测，因而他们对上级下达的销售配额有较大的信心完成；最后，通过这种方法，也可以获得按产品、区域、顾客或销售人员划分的各种销售预测。

需要注意的是，对销售人员所做的需求预测必须经过进一步的修正才能使用，其原因是：销售人员受其最近销售成败的影响，其判断可能会过于乐观或过于悲观而导致出现某些偏差；销售人员可能对经济发展形势预测没有足够的知识、能力或兴趣；销售人员为使其下一年度的销售大大超过配额指标，以获得升迁或奖励的机会，可能会故意压低其预测数字。

2) 专家意见法

专家意见法是以专家作为索取信息的对象,依靠专家的知识、经验和分析判断能力,对历史信息资料进行综合分析,从而对市场未来的发展做出判断预测。

专家意见法,一般在缺乏历史资料或历史资料不全面,并且既要有质的分析,又要有量化分析时采用。它特别适用于对新产品及更新换代产品的预测。专家意见法有两种基本方法:专家会议法和德尔菲法。

(1) 专家会议法。

专家会议法就是邀请有关方面的专家,通过会议的形式,对某个产品的未来发展前景做出评价,并在专家们分析判断的基础上,综合专家们的意见,对该产品的市场需求及其发展趋势做出量的预测。

专家会议法的优点是:通过集思广益既可以扩大信息量,又可以从更广阔的角度研究预测项目,从而提高预测的准确性。缺点是:由于专家人数有限,所以会影响代表性;同时专家容易受个人心理因素的影响或其他专家的意见的影响,不愿意发表意见或修正别人已发表的意见,为此要注意专家的选择和会议操作技巧。

(2) 德尔菲法。

德尔菲法就是以匿名的方式,通过信函轮番征询专家意见,最后由主持者进行综合分析,确定市场预测值的方法。

其预测过程是:主持者选定与预测课题有关的专家,通过信函向专家提出预测课题,并提供各种有关资料,要求专家背靠背地提出各自的预测意见,由主持者加以汇集、整理后,再匿名反馈给各位专家,再次征求意见。经过三至五轮征询以后,专家的意见大致趋向一致,最后经过统计处理得到预测值。

德尔菲法较好地弥补了专家会议法中易受个人心理情绪影响、受权威专家意见左右的不足,使各个专家独立思考,充分发表意见。同时,运用这种方法进行预测速度快,节约资金。

【延伸阅读】 电子商务有多大的市场(见右侧二维码)。

3) 定性类推法

定性类推法是通过把预测的经济现象或经济指标同其他相类似的现象或指标加以对比分析来推断未来发展变化趋势的一种方法。其基本思路是将不同时间或不同空间的同类经济现象的相关情况进行对比类推,找出某种规律,从而推断出预测对象的发展变化趋势。例如,家用洗衣机的市场需求量变化与电冰箱的市场需求量变化具有一定的相似性,因为这些商店的购买者群体大体相同,平均购买量很接近。

2. 定量预测法

定量预测法也叫统计预测法,是指根据已掌握的比较完整的历史统计资料,运用统计方法和数学模型近似地揭示预测对象的数量变化程度及其结构关系,并用来预测未来市场发展变化情况的方法。

此法一般是在所掌握的历史统计资料较为全面系统、准确可靠的情况下采用。其优点是受主观因素影响较少,偏重于数量方面的分析,重视市场变化的程度。其缺点是涉及统计计算,较为烦琐,不易灵活掌握,难以预测市场质的变化。本书主要介绍定量预测法中常用的两种方法:

1) 时间序列预测法

时间序列预测法是将历史资料和数据,按时间顺序排成一系列,根据时间序列所反映的经济现象的发展过程、方向和趋势,通过统计分析或数学模型,将时间序列向外延伸,以预测市场未来可能达到的水平。

时间序列分析法常用的有平均法、趋势延伸法。其中,平均法又可分为简单平均法、移动平均法、指数平滑法和季节指数法;趋势延伸法又可分为直线趋势延伸法、二次曲线趋势延伸法、指数曲线趋势延伸法、戈珀兹曲线趋势延伸法和逻辑曲线趋势延伸法。

2) 因果预测法

因果预测法是根据市场变量之间所存在的相关关系,通过数理统计分析方法建立数学模型进行预测的一种方法。因果预测法把与预测对象相关的变量的变化看作市场现象发生的"因",把预测对象本身的变化看作市场现象发生的"果",用数学模型来描述"因""果"之间的关系,并依此进行预测。因果预测法中常见的是回归预测法。根据自变量个数的多少,可将回归预测法分为一元线性回归预测法和多元线性回归预测法;根据原始数据的分布趋势,可将回归预测法分为线性回归预测法和非线性回归预测法。

上述定量预测方法,都可通过 Excel(2003 及以上版本)有关函数进行预测,限于篇幅,我们在这里不一一介绍。

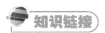

营销调研中统计软件的应用介绍

在营销调研中,最基本的分析工具是 SPSS 和 SAS,它们都是常用的统计工具。

SPSS(statistical product and service solutions)是"社会科学统计软件包"的简称,是一种集成化的计算机数据处理应用软件,是目前世界上流行的三大统计软件之一,除了适用于社会科学之外,还适用于自然科学各领域的统计分析。将其应用于市场调查统计分析的过程,能使研究者以客观的态度,通过对受众的系统提问,收集并分析有关研究数据,以描述或解释社会现象及其各相关因素之间的关系。在这些方面,SPSS 的应用为市场调查实证研究中的定量分析提供了支持与保障,特别是它的易用、易学、功能强大等特点是其他方法所无法替代的。

SAS(statistics analysis system)是用于决策支援的大型集成资讯系统,统计分析功能仍是它的重要模组和核心功能。在资料处理和统计分析领域,SAS 被誉为统计软件界的巨无霸。

(资料来源:袁连升,成颖.市场营销学理论、案例与实训[M].北京:北京大学出版社,2012.)

本章小结

本章首先介绍了市场营销信息系统的概念,并系统阐述了该系统的四个子系统——内部报告系统、市场营销情报系统、市场营销调研系统和市场营销决策支持系统各自的主要任务和工作规范。

企业必须借助营销调研,才能准确掌握顾客的真实需求,并对营销活动做出合理规划与控制。根据市场调研的目的和任务的不同,大致可将调研分为四大类型:探索性调研、描述性调研、预测性调研、因果关系调研。

市场营销调研是一个收集、整理、加工和处理信息的系统工程,全过程可划分为三个阶段:调研准备阶段、调研实施阶段和调研结果处理阶段。在调研过程中,调研技术和方法使用是否得当,直接影响调研结果的质量。本章重点讨论了市场营销调研技术中的抽样调查与调查问卷设计,调研方法中的原始资料和二手资料调研方法。

抽样技术大体可分为两大类:一是随机抽样,它又可分为简单随机抽样法、分层随机抽样法、分群随机抽样法;二是非随机抽样,它又可分为任意抽样法、判断抽样法、配额抽样法。拟订一份完善的问卷需要有相当的技巧与学问,并特别注意所问问题的类型、措辞、形式及次序。原始资料的收集方法有三种,即观察法、访问法和实验法;而案头调研法则主要是对现成的信息资料进行搜集、分析、研究和利用。

企业进行市场预测,通常需要经过明确预测目标,制定预测计划;收集整理资料并加以分析;选定预测方法及模型,做出预测;分析预测结果,修正预测模型;提出预测报告等环节。市场预测的方法有经验预测法和定量预测法之分。常用的经验预测法有集合意见法、专家意见法、定性类推法;定量预测法有时间序列预测法和因果预测法。

思考题

1. 加强营销调研工作对企业参与市场竞争有何重要意义?
2. 论述市场营销调研收集资料的方法与调研的步骤。
3. 论述市场需求预测对企业生存与发展的重要意义。
4. 我国企业应如何改进市场营销信息工作?

案例分析与实训

1. 案例分析

共享汽车,看起来很美

2017年8月,一批崭新的BMW1系轿车涌上沈阳街头,这些配备了诸如车载Wi-Fi、人脸识别、智能语音等科技的豪车是以共享汽车的身份出现的,每公里使用费仅为1.5元。除了宝马共享汽车外,另外一家共享汽车公司已将印有特殊标记的全新奥迪A3三厢车推上北京CBD(北京商务中心区,Beijing Central Business District)的街头。

近年来,在城市缓解交通拥堵、减少碳排放发展的诉求下,汽车共享行业发展越来越被业内看好,各大整车企业、互联网公司纷纷进行布局。汽车共享、分时租赁现象持续引发业内热议,有人认为中国汽车共享出行市场中用户的需求远大于市场的实际供给,市场发展潜力远大。2017年8月8日,交通运输部、住房城乡建设部联合发布《关于促进小微型客车租赁健康发展的指导意见》(简称《指导意见》),提出鼓励分时租赁,并鼓励企业采用信用模式代替押金管理,被认为是助推共享汽车发展直上青云的"好风"。而另一则"开上共享汽车,在高速上了个厕所,出来车子居然被开走了!"原本用来宣传共享汽车热度的广告语,也将其尴尬之处道出:共享汽车能否为用户出行带来真正的方便?

问题:你如何看待共享汽车这一新兴热点,它是未来所在还是昙花一现?它在给消费者带来便利的同时又给汽车产业链带来了哪些机会?共享汽车运营管理中如何克服类似共享单车领域出现的乱停乱放、占用车道等不道德行为?

2. 实训

实训目的:掌握市场调研的方法并熟悉调研报告撰写的格式。

实训内容:以小组为单位,选择任一感兴趣的领域,自定调研主题、调研范围,选择合适的调研手段及方法展开调研,并拟写调研报告。

第七章　目标市场营销战略

教学内容和教学目标

◆ 内容简介

（1）市场细分。
（2）目标市场选择。
（3）市场定位。

◆ 学习目标

（1）掌握市场细分的含义、原因与作用。
（2）掌握市场细分的标准，并能按照市场细分程序，运用市场细分方法对生活资料市场和生产资料市场进行细分。
（3）掌握目标市场选择和目标市场定位的方法技巧。

企业要想获得成功，首先要对市场进行细分，然后选择目标市场，最后进行市场定位，这是目标市场营销战略的三个组成部分。

第一节　市　场　细　分

市场由购买者组成，而购买者在许多方面各不相同。市场细分是企业选择目标市场的基础和前提，在现代企业营销活动中占有十分重要的地位。

一、市场细分概述

1. 市场细分战略的发展

1）大量营销阶段

19世纪末20世纪初，即资本主义工业革命阶段，整个社会经济发展的重心和特点是强调速度和规模，市场是以卖方为主导的。在卖方市场条件下，企业市场营销的基本方式是大量营销，即大批量生产品种规格单一的产品，并且通过广泛、普遍的分销渠道销售产品。在这样的市场环境下，大量营销的方式使企业降低了产品的成本和价格，获得了较丰厚的利润。因此，企业自然没有必要研究市场需求，市场细分战略也不可能产生。

2）产品差异化营销阶段

20世纪30年代，发生了世界性的资本主义经济危机，西方企业面临产品严重过剩的情况，市场迫使企业转变经营观念，营销方式开始从大量营销向产品差异化营销转变，即向市场推出许多与竞争者产品不同的，具有不同质量、外观、性能的，品种各异的产品。产品差异化营销与大量营销相比是一种进步，但是，由于企业仅仅考虑自己现有的设计、技术能力，而忽视对顾客需求的研究,缺乏明确的目标市场,因此产品试销的成功率依然很低。由此可见,在产品差异化营销阶段,企业仍然没有重视研究市场需求,市场细分也就仍无产生的基础和条件。

3) 目标营销阶段

20世纪50年代以后,在科学技术革命的推动下,生产力水平大幅度提高,产品日新月异,生产与消费的矛盾日益尖锐,以产品差异化为中心的营销方式远远不能解决企业所面临的市场问题。于是,市场迫使企业再次转变经营观念和经营方式,由产品差异化营销转向以市场需求为导向的目标营销,即企业在研究市场和细分市场的基础上,结合自身的资源与优势,选择其中最有吸引力和能最有效地为之提供产品和服务的细分市场作为目标市场,设计与目标市场需求特点相互匹配的营销组合。于是,市场细分战略应运而生。市场细分理论的产生使传统营销观念发生了根本性的变革,在理论和实践中都产生了极大影响,被西方理论家称为"市场营销革命"。

2. 市场细分的概念

市场细分的概念是美国市场学家温德尔·史密斯(Wendell R. Smith)于1956年提出来的。它是第二次世界大战结束后,美国众多产品市场由卖方市场转化为买方市场这一新的市场形势下企业营销思想和营销战略的新发展,更是企业贯彻以消费者为中心的现代市场营销观念的必然产物。

市场细分是指根据消费者需求的差异性,把某类产品的整体市场划分成若干消费者群体,使每个具有类似需求的群体形成一个子市场。市场细分实际上是一种求大同、存小异的市场分类方法,它不是对商品进行分类,而是对需求各异的消费者进行分类,是识别具有不同需求和欲望的购买者或用户群体的活动过程。

企业可根据本身的条件,如资源、经营能力等,选择适当的细分市场为目标,拟订本企业最优的营销方案和战略。因此,市场细分为企业在市场营销活动中分析市场、研究市场、选择目标市场提供了依据。它对提高企业的经济效益,避免人力、财力、物力的浪费,更好地满足消费者需求,都具有重要意义。

3. 市场细分的原因

(1) 消费者需求的差异性。由于消费者需求存在差异性,企业无法同时满足所有消费者的差异化需求。

(2) 企业资源的有限性。由于企业资源的有限性,企业无法同时生产满足消费者多种多样需求的产品。

(3) 市场竞争的迫切性。由于市场瞬息万变,企业要想在激烈的市场竞争中存活下去,必须建立自己的竞争优势,选择小的目标市场建立优势无疑是一种捷径。

(4) 企业应最大限度地发挥资源优势,降低经营风险,使经营目标建立在比较可靠的基础上。

(5) 充分了解市场。只有在完全了解环境和准确的市场细分的基础上才能进行其他营销活动。通过市场细分,企业可以深入了解每一个子市场中消费者的需求和特点,便于企业策略选择。

4. 市场细分的作用

1) 有利于发现市场机会

通过市场细分,营销者可以对不同细分市场上消费者的购买能力、需求、偏好等方面都有一个较为深入的了解,从而发现哪个细分市场上尚存在着需求空白。企业可结合自身的资源能力及企业目标,选择某一细分市场作为目标市场,并以此细分市场上的需求为出发点,设计相应的营销策略,抢占该市场,扩大市场份额,提高利润。

2) 有利于掌握目标市场特点

市场细分后的子市场比较具体,企业可以较为清楚地鉴别各个细分市场的特点,比较容易了解消费者的需求。一旦目标市场中的消费者需求发生变化,企业也可迅速改变策略,采取相应的对策。

3) 有利于制订营销组合策略

通过市场细分,营销者能够确定该类产品所要服务的主要目标群体,而这一细分市场的消费者具有相似的个性特征、偏好、教育背景等,这使得目标市场的购买行为具有一定的相似性。企业可以根据自己的经营思想、方针及生产技术和营销力量来制订有针对性的营销策略,做到有的放矢。然后,通过一定的营销组合对消费者的需求加以刺激诱导,从而促成购买。

例如联想的产品细分策略,正是基于产品的明确区分,联想打破了传统的"一揽子"促销方案,围绕"锋行""天骄""家悦"三个品牌面向的不同用户群需求,推出不同的"细分"促销方案。选择"天骄"的用户,可优惠购买让数据随身移动的魔盘、可精彩打印数码照片的 3110 打印机、SOHO 好伴侣的 M700 多功能机及让人尽享数码音乐的 MP3;选择"锋行"的用户,可以优惠购买"数据特区"双启动魔盘、性格鲜明的打印机及"新歌任我选"MP3 播放器;钟情于"家悦"的用户,则可以优惠购买"电子小书包"魔盘、完成学习打印的打印机、名师导学的网校卡,以及成就电脑高手的 XP 电脑教程。

4) 有利于提高企业竞争力

通过市场细分,可以让企业确定目标市场,形成在目标市场上的战略优势和经营上的规模优势。同时,企业可以深入了解每个细分市场上的潜在需求,提供符合市场需求的产品,从而提升产品销售量,加快资金周转率,赢得更多的市场份额,满足潜在消费者的需求,从而提升企业的整体竞争力。

5. 市场细分的基础

市场细分的理论基础是消费者需求偏好的差异性,但不同的消费者对同类产品的不同属性赋予不同的重视程度。根据对同类产品不同属性的重视程度,可以把消费者的需求偏好分成三种类型:

(1) 同质偏好,指所有顾客对产品的各种属性表现出大致相同的偏好。

(2) 分散偏好,指不同的顾客对产品的不同属性表现出不同的偏好。先期进入的公司可能定位于偏好分布的中央,来满足大部分消费者的喜好,但后进入市场的公司定位会逐步远离偏好分布的中央,趋向边缘,以求满足特殊消费者的喜好。

(3) 集群偏好,指某些顾客对产品的某些属性表现出相同的偏好,其他顾客对其他属性表现出相同的偏好,形成若干个偏好群组,也叫自然细分市场。

以某茶叶为例,消费者对茶汤的需求偏好存在如下三种(见图 7.1)。

6. 市场细分的类型

根据市场细分程度的不同,可将市场细分分为四种类型。

1) 完全无细分

完全无细分是指市场中的每一位消费者的需求都是完全相同的,或者是企业有意忽略消费者彼此之间需求的差异性,而不对市场进行细分,市场是统一的。例如电力、煤炭、自来水等市场。

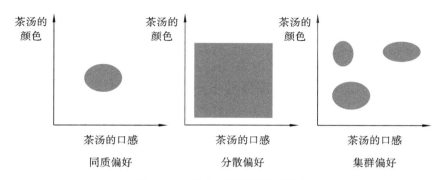

图 7.1 消费者对茶汤的需求偏好

2）完全细分

所谓完全细分，就是市场中的每一位消费者都单独构成一个独立的子市场，企业根据每位消费者的不同需求为其生产不同的产品。理论上说，只有一些小规模的、消费者数量极少的市场才能进行完全细分，这种做法对企业而言是不经济的。尽管如此，完全细分在某些行业，如飞机制造业、家居装修、时装定做、高端产品等行业还是大有市场的。近几年开始流行的"定制营销"就是企业对市场进行完全细分的结果。

3）按一个影响需求因素细分

按一个影响需求因素细分是指按照单一影响因素对市场进行细分，例如儿童书籍市场、儿童感冒药细分市场，都是从年龄这个影响因素角度出发对市场进行的细分。

4）按两个以上影响需求因素细分

通常，影响市场细分的因素是非常多的，例如人口特征、心理因素、地理因素、行为因素等。因此，大部分市场都按照此方法进行细分。

二、市场细分的方法

1. 单一变量法

所谓单一变量法，是指根据市场营销调研结果，把选择影响消费者或用户需求最主要的因素作为细分变量，从而达到市场细分的目的。这种细分是以公司的经营实践、行业经验和对组织客户的了解为基础，在宏观变量或微观变量间，找到一种能有效区分客户并使公司的营销组合产生有效对应的变量而进行的细分。这种细分方法的形成过程以描述为主。虽然与科学的严密性相距甚远，但它的有效性和实用性已越来越受到实际工作者的瞩目。例如服装市场按照性别可分为男装市场和女装市场，按照年龄因素可分为童装市场、青少年服装市场、青年服装市场、中老年服装市场等。

由于影响消费者或用户需求的因素是多种多样的，一些因素又相互交织在一起，共同对某种需求产生影响，如性别与年龄、职业与收入、规模与对产品的要求等交织在一起，影响需求的增减变化，因此单一变量法来细分市场，只能是一种概括性的细分，也就是所谓的"求大同，存小异"。

2. 主导因素排列法

主导因素排列法是指一个细分市场的选择存在多因素时，可以从消费者的特征中寻找和确定主导因素来进行细分。这种方法简便易行，但难以反映复杂多变的顾客需求。如按性别细分化妆品市场，按年龄细分服装市场等。在女青年服装市场上，年龄与收入是影响服装选择的主导因素，职业、婚姻、气候等因素则居于从属地位。无论是主导因素还是从属因素中任何一项因素的变动,都可以形成新的细分市场。

中国移动用户细分

中国移动通信集团公司(简称中国移动)于2000年4月20日成立,是一家基于GSM、TD-SCDMA和TD-LTE制式网络的移动通信运营商。

中国移动主要以年龄和职业两个因素为主导对用户进行细分:"全球通"的用户以中高端商务人士、中年人士为主要群体,他们是追求高服务价值的目标人群;"动感地带"的目标人群定位于喜欢追求新鲜事物、追求时尚、崇尚个性的年轻一族,年龄在15~25岁的学生、白领,容易相互影响、尝试新事物,有成长性,是未来高端客户的生力军;"神州行"的客户群体无论是职业还是年龄跨度都较大,以语音和短信业务为主,注重实惠、大众化的资费和自由、便携的服务方式,多为话费不多的普通市民。

当中国移动推出"大众卡"时,由于以上三大品牌已经占领了市场中高、中、低的客户群体,新推出的大众卡很难再划分出一块跟以上三大品牌有明显差别的客户群,为了不抢夺自身其他品牌的客户,大众卡的目标市场最终被定为收入较低、社会地位较低的草根阶层。

中国移动就是通过深入分析影响消费者需求的各方面特征,确定主要因素,细分市场,从而占领大部分市场份额的。

3. 综合因素细分法

综合因素细分法即用影响消费需求的两种或两种以上的因素为标准,进行综合细分。因此,综合因素细分法又叫多变量因素组合法,它的核心是并列多因素分析,所涉及的各项因素无先后顺序和重要与否的区别。

综合因素细分法适用于市场对某一产品需求的差异性是由多个因素综合影响所致的情况。例如:在消费者市场中,用生活方式、收入水平、年龄三个因素对女性服装市场进行细分;在生产者市场中,可根据企业规模的大小、用户的地理位置、产品的最终用途及潜在市场规模四个因素对锅炉生产企业进行市场细分。

4. 系列因素细分法

当细分市场所涉及的因素是多项的,并且各因素是按一定的顺序逐步进行时,可由粗到细、由浅入深,逐步进行细分,这种方法称为系列因素细分法。实行这种方法,目标市场将会变得越来越具体。

系列因素细分法适用于影响市场需求的因素较多,企业需要逐层逐级辨析来寻找适宜目标市场的情况。这种方法可使目标市场更加明确、具体,有利于企业更好地制订相应的市场营销策略。如自行车市场,可按地理位置、性别、年龄、收入、职业、购买动机等因素来细分市场。

虎飞自行车公司的市场细分

虎飞(Huffy)自行车公司成立于1928年,是美国较大的自行车制造商。虎飞自行车公司运用系列因素细分法将地理、产品用途、消费水平等因素作为细分市场的变量,然后将其市场细分为中国香港市场、东南亚及发展中国家市场、北美市场、欧洲市场等(见图 7.2)。

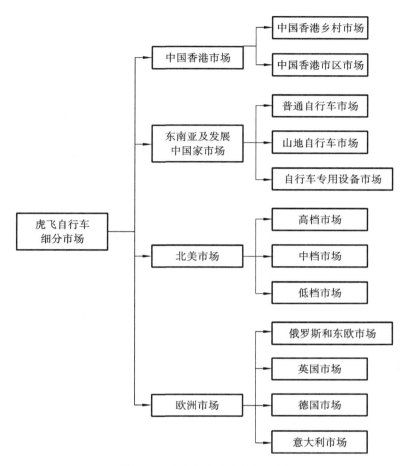

图 7.2　虎飞自行车市场细分图

三、市场细分的五个层次

市场细分是增加公司营销目的精确性的一种方式,可以分为大众化营销、细分营销、补缺营销、本地化营销和个别化营销五个层次。

1. 大众化营销

在大众化营销中,卖方面对所有的买方,大量生产、大量分配和大量促销单一产品。传统的大众化营销观点认为,它能创造最大的潜在市场,因为它的成本最低,这又转化为较低的售价和较高的毛利。

但是,随着消费需求的多样化,以及广告媒体和分销渠道的多元化,大众化营销越来越困难。

2. 细分营销

细分市场由在市场上大量可识别的各种群体构成,是介于大众化营销与个别营销之间的中间层群体。

细分营销相对于大众化营销而言,优点在于公司可以创造出针对目标受众的产品、服务和价格,选择分销渠道和传播渠道更方便,公司面临的竞争对手更少。

3. 补缺营销

细分营销一般能辨别出较大的群体,而补缺营销是更窄地确定某些群体。一般来说,这是一个小市场并且它的需要没有被满足。营销者通常确定补缺市场的方法是把细分市场再细分,或确定一组有区别的、为特定的利益组合在一起的少数人。

细分营销所针对的市场相当大,并且能够吸引较多竞争者参与;而补缺营销所针对的市场相当小,只能吸引一个或少数竞争者参与,且一般只有小竞争者才感兴趣。补缺营销要求高度了解补缺者的需求,以至于他们的顾客愿意付出高价获得产品或服务。

一个有吸引力的补缺市场具有如下特征:①补缺市场中的顾客具有明确、复杂的一组需要;②补缺市场中的顾客愿意为最满意的解决方案支付溢价;③补缺营销者应具有所需要的技术以满足补缺市场中的需要;④补缺营销者要实行专门化经营;⑤补缺市场应有足够的规模、利润和成长空间。

4. 本地化营销

本地化营销是指采用本土化营销方法把营销方案裁剪成符合本地顾客群所需要的模式的过程。这种营销方式由于减少了规模经济而相应地增加了制造成本和营销成本,市场的后勤和服务体系也随之增加。

5. 个别化营销

市场细分的最后一个层次就是采用"定制营销"或"一对一营销"的方式细分到个人。个别化营销就是将每一位顾客都视为一个单独的细分市场,根据个人的特定需求来组织市场营销组合,以满足每位顾客的特定需求的一种营销方式,如耐克的定制运动鞋营销。

四、市场细分的原则及标准

1. 市场细分原则

企业可以根据单一因素,也可以根据多个因素对市场进行细分。不同的标准划分出来的结果会有所不同,所选取的细分标准越多,那么所划分出来的子市场就越多。但是并不是所有的市场细分方式都是可取的。一般而言,有效的市场细分应遵循下面的基础原则。

1)可衡量性

可衡量性指的是市场细分之后,细分市场的范围明确,可以根据所选择的划分标准将消费者进行分类,而且对细分市场的大小也要有一个大致的了解。例如按照年龄、性别等一些硬性指标来进行市场细分得到的子市场具有可衡量性,但是按照顾客对产品的熟悉程度对市场进行划分在实际中是很难测量的。如果细分特征很难衡量,就无法界定市场。

2)可进入性

细分市场的可进入性指所选定的细分市场必须与企业自身状况相匹配,企业有优势占领这一市场。企业现有的人力资源、财力资源等是可以进入到这个目标市场的,并在这个市场上具有一定的竞争优势,否则就没有现实意义。可进入性具体表现为信息进入、产品进入和竞争进入。考虑市场的可进入性,实际上是研究其营销活动的可行性。

3)可盈利性

可盈利性指企业新选定的细分市场容量足以使企业获利。企业在选定细分之前要确定选定的细分市场规模能达到可以使企业获得盈利的程度。如果细分市场的规模过小,或者市场经常性发生变化,都不值得企业进入。

4）可发展性

可发展性指的是目标细分市场应该具有一定的发展潜力，而不是一个处于衰退期的市场。经过企业的开发后，目标市场的规模能够不断扩大。决不能仅因为眼前的利益而冒险进入一个细分市场，目标市场要和企业的经营战略方案匹配，这样才能使企业获得长足的发展。

2. 消费者市场细分标准

消费者市场细分标准非常多，凡是能够造成消费者市场差异的因素都可以作为其划分细分市场的标准。从总体来看，消费者市场细分标准可以分为地理细分、人口细分、心理细分及行为细分四大类（见表7.1）。

表7.1 消费者市场细分的种类

标　准	因　素
地理细分	地区、气候、人口密度等
人口细分	年龄、性别、收入、家庭状况、职业、教育背景、宗教信仰、民族等
心理细分	社会阶层、生活方式、个性、自我形象等
行为细分	时机与场合、追求的利益、品牌忠诚度、使用率等

1）地理细分

地理细分即按照消费者所处的地理位置、自然环境来细分市场。例如根据国家、地区、城市规模、气候、人口密度、地形地貌等方面的差异将整体市场分为不同的子市场。地理环境因素之所以可作为市场细分的依据，是因为处在不同地理环境下的消费者对同一类产品往往有不同的需求与偏好，他们对企业采取的营销策略与措施会有不同的反应。例如：化妆品，广东等南方人因为天气的原因，一般喜欢化淡妆，但是辽宁、吉林等北方地区的消费者喜欢浓妆；在农村，大鱼大肉是很丰盛的大餐，但是在城里，最贵的可能是一些野菜。营销者应该根据不同的地理环境因素对市场进行细分，然后确定目标市场。典型的地理环境因素细分标准如表7.2所示。

表7.2 典型的地理环境因素细分标准

标　准	典　型　细　分
地理区域	东北、华北、西北、华南等
气候特征	亚热带、热带、寒带等
城市密度	都市、郊区、乡村、边远山区等
城市规模（人口）	特大城市、大型城市、中型城市、小型城市等

2）人口细分

人口细分市场即按人口统计变量，如年龄、性别、家庭人口、家庭生命周期、家庭收入、职业、受教育程度、宗教、民族、国籍等细分市场。典型的人口统计因素细分标准如表7.3所示。

表7.3 典型的人口统计因素细分标准

标　准	典　型　细　分
年龄	婴儿、学龄前儿童、学龄儿童、少年、青年、中年、老年
性别	男、女
民族	汉族、满族、维吾尔族、回族、蒙古族、藏族、土家族等

续表

标　准	典　型　细　分
职业	职员、工人、教师、科研人员、文艺工作者、企业管理人员、家庭主妇、离退休人员、待业人员等
家庭收入	1000元以下、1000～10 000元、10 000～20 000元、20 000～30 000元等
家庭人口	3口以下、5口以下、5口以上等
家庭生命周期	年轻单身，年轻已婚、无孩子，年轻已婚、孩子6岁以下，年轻已婚、孩子18岁以下，中年夫妇，老年夫妇，老年单身等
受教育程度	小学以下、小学毕业、初中程度、高中程度、大学程度、研究生及以上
宗教	佛教、道教、基督教、天主教、伊斯兰教等
国籍	中国、美国、英国、新加坡等

年龄：不同年龄的消费者有不同的需求特点，例如青年人对服饰的需求与老年人对服饰的需求就有差异，青年人需要鲜艳、时髦的服饰，老年人则需要端庄、素雅的服饰。

性别：由于生理上的差别，男性与女性在产品需求与偏好上有很大不同，例如在服饰、发型、生活必需品等方面均有差别。

家庭收入：低收入消费者和高收入消费者在产品选择、休闲时间的安排、社会交际与交往等方面都会有所不同。

职业与受教育程度：消费者职业的不同、受教育程度的不同也会导致所需产品的不同。例如，农民购买自行车偏好载重自行车，而学生、教师则喜欢轻型、样式美观的自行车。

家庭生命周期：一个家庭，按年龄、婚姻和子女状况，可分为单身、新婚、满巢、空巢和鳏寡五个阶段。在不同阶段，家庭购买力、家庭成员对商品的兴趣与偏好也会有很大的差别。

3）心理细分

心理细分是指根据消费者的不同心理状态将市场划分为不同的细分市场，社会阶层、生活方式、个性是经常使用的心理细分标准。典型的消费心理因素细分标准如表7.4所示。

表7.4　典型的消费心理因素细分标准

标　准	典　型　细　分
社会阶层	下等下层、上等下层、下等中层、上等中层、下等上层、上等上层等
生活方式	平淡型、时髦型、知识型等
个性	外向型与内向型、理智型与冲动型、积极型与保守型、独立型与依赖型等

社会阶层：指在某一社会中具有相对同质性和持久性的群体。处于同一阶层的成员具有相似的价值观、兴趣爱好和行为方式，而不同阶层的成员对所需的产品往往各不相同。识别不同社会阶层消费者所具有的不同特点，能为很多产品的市场细分提供重要依据。

生活方式：人们追求的生活方式的不同也会影响他们对产品的选择。例如，有的追求新潮时髦，有的追求恬静、简朴，有的追求刺激、冒险，有的追求稳定、安逸。例如，烟草公司依据生活方式的不同将吸烟者分为"挑战型吸烟者""随和型吸烟者"及"谨慎型吸烟者"，并针对不同的烟民市场推出不同类型的香烟。

个性:指一个人比较稳定的心理倾向与心理特征,它会导致一个人对其所处环境做出相对一致和持续不断的反应。一般地,个性会通过自信、自主、支配、顺从、保守、适应等性格特征表现出来。因此,个性可以按这些性格特征进行分类,从而为企业细分市场提供依据。

4) 行为细分

行为细分即根据购买者对产品的了解程度、态度、使用情况及反应等将他们划分成不同的群体。很多人认为,行为变量能更直接地反映消费者的需求差异,因而成为市场细分的最佳起点。行为细分标准包括购买时间、使用频率、追求的利益、品牌忠诚度等。典型的行为因素细分标准如表7.5所示。

表7.5 典型的行为因素细分标准

标　　准	典　型　细　分
购买时间与使用频率	日常购买、特别购买、节日购买、规则购买、不规则购买等
追求的利益	时髦、实惠、刺激、安全、健康、新奇、豪华等
品牌忠诚度	完全忠诚者、适度忠诚者、无品牌忠诚者
使用者情况	从未使用、曾经使用、初次使用、经常使用等
态度	无所谓、不喜欢、喜欢、狂热等

购买时间:根据消费者购买时间的先后,可以将市场划分为不同的群体。例如,有的消费者喜欢跟随潮流,喜欢在产品刚上市的时候就采取购买行动,有的消费者喜欢选择在产品的成长阶段购买,有的消费者则喜欢选择在产品的成熟期购买。

使用频率:根据消费者对产品的使用频率的不同,可以将消费者市场划分为经常使用者、中度使用者、少量使用者。使用频率不同的消费者对产品的要求会有所不同。

追求的利益:追求的利益指的是消费者希望从产品的使用中获得的利益,例如荣誉、健康、快捷、省钱等,按照追求利益的不同也可以将市场划分为不同的细分市场。消费者对这种利益的不同看法会导致不同的购买行为。就洗发水而言,有的消费者是为了去屑,有的是为了清爽,而有的是为了护发。

品牌忠诚度:品牌的忠诚度指的是消费者在购买决策过程中,表现出来的对某个品牌的偏向性行为。按照品牌忠诚度的不同可以对市场进行细分。对于品牌忠诚度较高的消费者,他们转换品牌的可能性很低;而对于品牌忠诚度较低的消费者,他们会经常性地转换使用的品牌,对品牌并没有忠诚度可言。

地理细分、人口细分、心理细分及行为细分都是企业对消费者进行市场细分的可选标准,但并不对所有企业都适合。针对不同的市场要具体情况具体分析。

3. 组织市场细分标准

很多用来细分消费者市场的标准同样也可用于细分组织市场。不过,由于组织市场的购买者主要是组织,他们的购买决策过程相对比较复杂,会涉及较多的参与者,购买决策相对比较理性,生产者与消费者在购买动机与行为上存在差别,所以组织市场的细分标准除了消费者市场的细分标准之外,还存在一些新的细分标准。

(1) 用户规模。在组织市场中,有的用户购买量很大,而另外一些用户的购买量则很小。企业应当根据用户规模大小来细分市场,并根据用户或客户的规模不同,制订不同的营销组合方案。

(2) 产品的最终用途。产品的最终用途不同也是组织市场细分的标准之一。如工业品用户购买产品,一般都是供再加工之用,对所购产品通常都有特定的要求。例如,橡胶轮胎公司可根据用户对产品的最终用途要求将市场细分为一般工业市场、特殊工业市场、商用买主市场三类。一般工业市场如普通汽车、自行车、拖拉机制造业买主,要求适当的价格、较好的产品质量和服务;特殊工业市场如飞机、高档豪华汽车制造业买主,要求绝对安全和更好的质量,价格不是主要考虑因素;商用买主市场则更多要求价格合理和服务及时。

（3）组织购买者的购买状况。可根据组织购买者的购买方式来细分市场。不同的购买方式的采购程度、决策过程等不同,因而可将整体市场细分为不同的小市场群。

美国米勒公司营销案

20世纪60年代末,米勒公司在美国啤酒业排名第八,市场份额仅为8%,与百威、蓝带等知名品牌相距甚远。为了改变这种现状,米勒公司决定采取积极进攻的市场战略。

米勒公司首先进行了市场调查。通过调查发现,若按使用率对啤酒市场进行细分,啤酒饮用者可细分为轻度饮用者和重度饮用者,前者人数虽多,但饮用量仅为后者的1/8。

米勒公司还发现重度饮用者有以下特征:多为蓝领阶层,每天看电视3小时以上,爱好体育运动。米勒公司决定把目标市场定在重度饮用者上,并果断决定对"海雷夫"牌啤酒进行重新定位。

重新定位从广告开始。米勒公司首先在电视台特约了一个《米勒天地》的栏目,广告主题变成"你有多少时间,我们就有多少啤酒",以吸引那些"啤酒坛子"。广告画面中出现的尽是些激动人心的场面:船员们神情专注地在迷雾中驾驶轮船,年轻人骑着摩托车冲下陡坡,钻井工人奋力止住井喷等。

结果,"海雷夫"牌啤酒的重新定位战略取得了很大的成功。到了1978年,这个牌子的啤酒年销售达2000万箱,仅次于百威啤酒,在全美排名第二。

第二节 目标市场选择

一、目标市场的内涵与选择标准

1. 目标市场的内涵

目标市场选择是指对每个细分市场的吸引力程度进行预估和评价,并选择进入一个或多个细分市场。企业根据市场需求的多样性和购买行为的差异性,把整体市场划分为若干个具有某种相似特征的顾客群(称之为细分市场或子市场),以便选择确定自己的目标市场。企业所选定的目标市场可以是某个细分市场、若干个细分市场集合,也可以是整个市场。

目标市场的内涵包含两个方面:一方面是指目标地域,例如将目标市场定位为某个地域范围内的消费者;另一方面是指目标消费群体,即具有同一特殊偏好的用户群体。

2. 目标市场的选择标准

每个企业服务的只是市场上的部分顾客。善于寻找最有吸引力的特定顾客群,并能为之提供最有效服务的企业,往往能够事半功倍。一般而言,具有以下四个条件的可以称为理想的目标市场。

(1) 市场需求量足够大。企业进入某一市场是期望能够有利可图,如果市场规模狭小或者趋于萎缩状态,企业进入后便难以获得发展。因此,目标市场要有一定的规模和发展潜力,一个有相对规模和发展空间的市场,才能吸引企业进入。

(2) 市场存在未满足的需求,且有足够购买力。市场存在未满足的需求,说明对于企业而言还具有市场机会。但是存在未满足的需求不等于一定就有购买力和销售额。如果没有购买力或购买力很低,就不可能构成现实的市场,因此,选择目标市场必须对目标市场的人口、购买力、购买欲望进行分析和评价。

(3) 企业有满足目标市场的能力。某些细分市场虽然有较大的吸引力,但不能推动企业实现发展目标,甚至会分散企业的精力,使之无法完成其主要目标,这样的市场应考虑放弃。同时,企业还应考虑企业的资源条件是否适合在某一细分市场经营。只有选择那些企业有条件进入、能充分发挥其资源优势的市场作为目标市场,企业才会立于不败之地。

(4) 在目标市场上企业具有竞争优势。企业在目标市场上的竞争优势主要表现为:该市场上没有竞争者或竞争者很少;竞争不激烈,本企业有足够的能力击败对手;本企业可望取得较大的市场占有率。

二、目标市场选择模式

根据企业可以选择进入的市场和企业可以选择提供的产品的不同,我们可以将目标市场选择模式分为以下五种(见图7.3)。

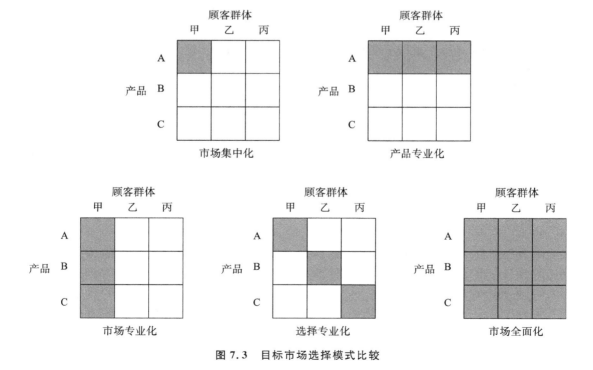

图 7.3 目标市场选择模式比较

1. 市场集中化模式

市场集中化指企业只选取一个细分市场,只生产一类产品,供应某一单一顾客群体。刚成立的企业经常采用这种模式,只生产一类产品,企业可以通过大规模生产降低生产成本;同时选择面对单一细分市场,企业的促销策略、广告策略都会相对简单,营销成本相对较低,比较容易建立企业品牌。但是由于其市场结构和产品结构都相对简单,假如消费者的偏好发生变化或者环境发生深刻的变化,将会导致企业面临较大的威胁。

2. 产品专业化模式

产品专业化指的是企业用单一种类的产品来满足几个目标市场的需求。例如华龙企业生产了几个品牌的方便面来满足不同地区消费者的需求,但是并没有生产饮料等其他方面的产品来满足需求。

企业专一于某一类型的产品容易使企业塑造专业的品牌形象,而且在推销、广告等方面的成本也会相对较低,企业也可以利用大规模的生产获得规模经济。但是当该领域的技术有了进步,该产品被其他的产品所替代的时候,企业的产品销量将会大大降低,企业将会面临极大的威胁。

3. 市场专业化模式

市场专业化是指企业专门经营满足某一顾客群体需要的各种产品。例如一个汽车配件厂专门生产丰田汽车的某些材质的零部件,包括螺丝等。企业容易在这个市场里建立起良好的声誉,但是假如这个市场内的消费者的消费偏好发生了比较大的变化,那么企业也会面临较大的威胁。

4. 选择专业化模式

企业选取若干具有良好盈利能力和结构吸引力,且符合企业的目标和资源条件的细分市场作为目标市场,其中每个细分市场与其他细分市场之间都较少联系,企业通过提供不同类型的产品来满足不同目标市场上消费者的需求。由于企业是针对不同目标市场的消费者需求,用不同的产品来满足他们的需求,在一定的程度上,这个模式能够更好地满足消费者的需求,同时有利于企业分散风险,而且每个市场可都能发展成为企业的盈利点。但是由于不同的市场需要运用不同的营销策略,企业的营销成本会很高。

5. 市场全面化模式

企业生产多种产品去满足多种顾客群体的需要。只有实力雄厚的大公司才能采取这种全面市场覆盖的模式。

这五种模式都是企业可以选择的目标市场选择模式。企业必须根据所处行业的不同、消费者需求的不同,以及企业的资源能力的不同,选择适合自身条件和要求的目标市场选择模式,这就要求企业在做出选择之前认真衡量自身的资源能力。

三、目标市场营销战略

企业要根据自身的目标和资源能力,选择合适的目标市场营销战略。可供企业选择的战略有无差异性目标市场营销战略、差异性目标市场营销战略及集中性目标市场营销战略。

1. 无差异性目标市场营销战略

无差异性目标市场营销战略是指企业将某一产品的全部市场视为单一的目标市场,用一个策略来拓展市场。简而言之,就是用一个产品、一个策略来争取最多的消费者。采取这种战略的企业大多只考虑消费者的共同点,而不是差异化。

选择无差异性目标市场营销战略的基础是成本的经济性。生产单个产品,可以大大减少生产及仓储、运输成本;开拓市场的过程中,也大大减少了广告和推广的费用。一般而言,需求广泛、可简单大规模生产且同质化程度高的产品比较适合这种战略。

选择此种战略的弊端在于：第一，满足消费者的差异化需求，已经是发展的大趋势，单一产品长期被消费者接受，已经不太现实；第二，如果大多数企业都同时采用此种战略，会使得单一目标市场竞争非常激烈，往往会带来惨烈的价格战，不利于市场的发展；第三，采用此种战略的企业，会发现当其他竞争者提供更有特色的产品和服务时，自己无法提供有效的反击，从而失去自己应有的市场份额。正因如此，现代企业中较少采用无差异性目标市场营销战略。

2. 差异性目标市场营销战略

差异性目标市场营销战略是指将市场整体划分为不同的细分市场，针对细分市场制订具有针对性的独立的营销方案。例如，运动品牌根据运动项目的不同，设计不同的针对性产品开展营销。

差异性目标市场营销战略的优点是种类多，规模小，生产灵活机动，细分市场针对性强，能更好地满足消费者的个性要求，帮助企业拓展市场。同时，在不同细分市场上的经营，也可以分担企业的经营风险。在若干细分市场上的成功，会在特定用户中建立很高的企业形象，提高企业市场占有率。

差异性目标市场营销战略的不足在于：①不同的细分市场，都需要特定的营销策略，就无形中增加了企业的营销成本；②产品种类的繁多，也增加了企业在生产和仓储物流方面的成本；③策略的过度差异性会让企业在资源配置的时候，顾此失彼，不能有效集中资源来进行拳头产品的整合。

3. 集中性目标市场营销战略

集中性目标市场营销战略是指集中企业现有资源进入一个或者少数几个细分市场，实行针对性、专业化的生产和销售。实行集中性目标市场营销战略要求企业专心于特定细分市场，而无差异性和差异性目标市场营销战略的营销目标均是以整体市场为目标，试图满足所有消费者的需求。

集中性目标市场营销战略的核心理念是在市场竞争中寻求一点突破，而不是平均用力，四面出击。这一战略的应用者大多是中小型企业，或者专注于某一特定细分市场的企业。同样对于中小企业而言，把全部资源投入到某一细分市场，可以在这一细分市场取得对于大型企业的相对优势，从而获得更多的市场占有率。

生产企业选择适合自己的营销战略，必须从企业内部因素和外界因素两个方面进行充分考虑。就内部因素而言，就是指企业应当充分考虑自身的技术能力、设备优劣和产品特性，做到扬长避短，突出自身特色。外界因素一般指企业要通过充分的市场调研，预测自身原材料供应、产品市场运输，以及市场竞争对手情况等。

四、影响目标市场营销战略的因素

1. 企业资源或实力

企业实力指的是企业在人力资源、资金、技术研发、营销及经营管理等方面的能力，这是企业进行经营的基本条件。假如企业实力雄厚，不管是在技术研发还是在市场营销等方面能力都很强，那么企业可以选择无差异性目标市场营销战略或者差异性目标市场营销战略。假如企业实力薄弱，营销能力、管理能力、技术研发能力等都有限，就应该以集中性目标市场营销战略为主。

2. 产品同质化

产品同质化是指消费者对产品性能、特点等方面感觉相似的程度，不同的产品具有不同的特征。对于不同目标市场的消费者而言,产品的相似度也会有所不同。对于同质程度较高的产品,企业应该采用无差异性目标市场营销战略,如自来水;但是对于一些在颜色、款式、型号、价格等方面存在着极大差异的产品而言,企业应该采用差异性目标市场营销战略,如洗发水、沐浴露等。

3. 市场差异性

市场差异性是指各个细分市场之间的差别程度。如果市场差异性不大,说明处于不同目标市场的消费者的需求、购买行为及对营销刺激的反应具有相似性,那么企业应该选择无差异性目标市场营销战略;如果市场差异性较大,消费者的购买习惯和购买行为也存在着较大的差异,那么企业应该选择差异性目标市场营销战略。

4. 产品所处的生命周期阶段

尽管是同一个产品,当它处于产品生命周期的不同阶段时,消费者对该产品的需求特征、态度和看法也会不一样。因此,企业要根据产品所处生命周期阶段的不同采取不同的目标市场营销战略。例如:当产品处于导入期时,产品款式比较少,企业可以采用无差异性目标市场营销战略开拓市场;而当产品处于成熟期时,市场竞争激烈,用户需求呈现高度差异化,企业应该采用差异性目标市场营销战略以满足用户的个性化需求。

5. 竞争者的目标市场营销战略

企业和竞争者之间是一种敌对关系,因此企业必须注意竞争对手的市场战略,并且针对竞争对手的目标市场营销战略选择调整自己的战略。假如竞争对手采用的是无差异性目标市场营销战略,那么企业就应该采用差异性目标市场营销战略。企业经营者必须保持清醒的头脑,综合分析各种市场因素,采用适宜的灵活策略。

第三节　市场定位

一、市场定位的概念

市场定位是由美国营销学家艾·里斯和杰克·特劳特在1972年提出的,他们认为市场定位"就是确定产品或品牌最终要在消费者心目中建立的位置,显示出与竞争对手不同的特性",认为"在这个传播过度的丛林里,获得最大成功的唯一希望是要有选择性,缩小目标,分门别类。简言之,就是要定位"。

市场定位,也称营销定位,是指企业根据竞争者现有产品在市场上所处的位置,针对顾客对该类产品某些特征或属性的重视程度,为本企业产品塑造与众不同的、给人鲜明印象的形象,并将这种形象生动地传递给顾客,从而为该产品在市场上确定适当的位置。简言之,市场定位就是在目标客户心目中树立产品独特的形象。

市场定位的前提在于产品同质化现象越来越严重,企业需要通过明确的市场定位来影响消费者。

市场定位的实质是差异化营销,即使本企业与其他企业严格区分开来,使顾客明显感觉和认识到这种差别,从而在顾客心目中占有特殊的位置。市场定位体现在以下几个方面:第一,定位是一种营销战略;第二,定位是营销的灵魂,它贯穿营销全过程,并因此影响和改变消费者的心理和行为;第三,定位就是确立优势,旨在挖掘优势,突出发挥优势;第四,定位就是形成区隔,企业只有提出自己独特的销售主张,才能构成竞争优势。

二、市场定位的步骤

市场定位的关键是企业要设法在自己的产品上找出比竞争者更具有竞争优势的特性。竞争优势一般有两种基本类型。一是价格竞争优势,就是在同样的条件下比竞争者定出更低的价格。这就要求企业尽一切努力来降低单位成本。二是偏好竞争优势,即能提供确定的特色来满足顾客的特定偏好。这就要求企业尽一切努力在产品特色上下功夫。因此,企业市场定位的全过程可以通过以下三大步骤来完成。

1. 识别潜在竞争优势

识别潜在竞争优势是市场定位的基础。通常,企业的竞争优势表现在两个方面:成本优势和产品差别化优势。成本优势使企业能够以比竞争者低廉的价格销售相同质量的产品,或以相同的价格水平销售更高质量水平的产品。产品差别化优势是指产品独具特色的功能和利益与顾客需求相适应的优势,即企业能向市场提供的在质量、功能、品种、规格、外观等方面比竞争者更好的产品。为获得竞争优势,企业首先必须进行规范的市场研究,切实了解目标市场需求特点及这些需求被满足的程度。一个企业能否比竞争者更深入、更全面地了解顾客,是能否取得竞争优势、实现产品差别化的关键。

2. 企业核心竞争优势定位

竞争优势表明了企业能够胜过竞争对手的能力。这种能力既可以是现有的,也可以是潜在的。选择竞争优势实际上就是一个企业与竞争者各方面实力相比较的过程。比较的指标应是一个完整的体系,只有这样,才能准确地选择相对竞争优势。通常的方法是分析、比较企业与竞争者在经营管理、技术开发、采购、生产、市场营销、财务和产品等方面的强项和弱项,从而选出最适合本企业的优势项目,以初步确定企业在目标市场上所处的位置。

3. 战略制订

企业必须制订明确的市场战略来充分表现其优势和竞争力。譬如,通过广告传导核心优势战略定位,使企业核心优势逐渐形成一种鲜明的市场概念,并使这种概念与顾客的需求和追求的利益相吻合。

这一步骤的主要任务是企业要通过一系列的宣传促销活动,将其独特的竞争优势准确传播给潜在顾客,并在顾客心目中留下深刻印象。

三、市场定位的依据

在营销实践中,企业可以从多种角度来进行市场定位,以形成自己的竞争优势。市场定位的依据主要有以下几个方面:

1. 根据产品的属性定位

构成产品特色的许多因素,诸如产品的品质、价格、成分、材料等,都可以作为定位的依据。例如,七喜汽水的定位是"非可乐",强调它与可乐类饮料的不同,不含咖啡因。

2. 根据产品的用途定位

根据产品的某项用途定位。如王老吉的定位为消暑降火的功能饮料,其广告词"怕上火,喝王老吉"就充分突出了王老吉的这一功能;再譬如飘柔洗发水定位于去头皮屑。

3. 根据提供给顾客的利益定位

根据产品带给消费者的某项特殊利益定位。如一些连锁超市强调"天天平价",吸引了很多精于计算的顾客;再譬如美国一家啤酒公司推出了一种低热量的啤酒,将其定位为喝了不会发胖的啤酒,以迎合那些喜欢饮用啤酒但又担心发胖的消费者的需要。

4. 根据使用者定位

将产品指向某一类特定的使用者,根据这些顾客的看法塑造恰当的形象。例如,有的企业将性质温和的婴儿洗发液推荐给留长发且天天洗头的年轻人。

5. 根据竞争状况定位

以竞争产品定位为参照,突出强调人无我有,人有我优。例如,海尔电器在服务竞争中强调的是"真诚服务到永远"。

以上分别从不同方面介绍了市场定位的依据,但事实上,企业进行市场定位时往往多个依据同时使用。例如,一家计算机制造商在其推出一种新型喷墨打印机的广告宣传中,从产品属性方面,突出强调其采用了新型打印墨水,即使使用普通纸也能获得很好的打印效果;在质量方面,强调由于使用了新的技术,提高了打印的分辨率;在价格方面,强调其价格便宜;在使用者类型方面,强调其适用于中小型办公室或家庭使用,等等。

【延伸阅读】 打败红牛,答案就在这里(见右侧二维码)。

四、市场定位的方法

1. 初次定位

初次定位是指新成立的企业初入市场,企业新产品投入市场,或产品进入新市场时,企业必须从零开始,运用所有的市场营销组合,使产品特色符合所选择的目标市场。但是,当企业要进入目标市场时,往往竞争者的产品已在市场露面或形成了一定的市场格局。这时企业就需要认真研究竞争对手的同一种产品在目标市场上的位置,从而确定本企业产品的有利位置。

2. 重新定位

重新定位是指企业对销路少、市场反应差的产品进行二次定位。初次定位后,如果由于顾客的需求偏好发生变化,市场对本企业产品的需求减少,或者由于新的竞争者进入市场,选择与本企业相近的市场位置,这时企业就需要对其产品进行重新定位。一般来说,重新定位是企业摆脱经营困境、寻求新的活力的有效途径。此外,企业如果发现了新的产品市场范围,也可以进行重新定位。

3. 避强定位

避强定位是指企业避免与强有力的竞争对手发生直接竞争,而将自己的产品定位于另一市场的区域内,使自己的产品在某些特征或属性方面与强势对手有明显的区别。这种策略可使自己迅速在市场上站稳脚跟,并在消费者心中树立起一定形象。由于这种做法风险较小、成功率较高,常为多数企业所采用。

4. 迎头定位

迎头定位是指企业根据自身的实力,为占据较佳的市场位置,不惜与市场上占支配地位、实力最强或较强的竞争对手发生正面竞争,从而使自己的产品进入与对手相同的市场位置。由于竞争对手强大,这一竞争过程往往相当引人注目,企业及其产品能较快地被消费者了解,达到树立市场形象的目的。这种策略可能引发激烈的市场竞争,具有较大的风险。因此,企业必须知己知彼,了解市场容量,正确判定凭自己的资源和能力是不是能比竞争者做得更好,或者能不能平分秋色。

五、市场定位战略

1. 产品差别化战略

产品差别化战略即从产品质量、功能和款式等方面实现差别。寻求产品的独特性是产品差别化战略经常使用的手段。

2. 服务差别化战略

服务差别化战略即向目标市场顾客提供与竞争者不同的优质服务。企业的竞争力越好地体现在对顾客的服务上，市场差别化就越容易实现。

3. 人员差别化战略

人员差别化战略即通过聘用和培训比竞争者更为优秀的员工以获取差别竞争优势。高素质的员工能够按照公司的要求给顾客提供标准化、规范化的服务，并能够创造性地开展工作。

4. 形象差别化战略

形象差别化战略是指在产品的核心部分与竞争者类同的情况下，塑造不同的产品形象以获得差别优势。形象就是公众对产品和企业的看法和感受，塑造形象的工具有名称、颜色、标识、标语、环境、活动等。

本章小结

目标市场营销战略是指企业根据顾客消费需求的差异性，把整个市场划分为若干个分市场，然后结合自身的资源与优势，选择其中一个或几个分市场作为目标市场并制订相应的市场营销组合战略。

市场细分是指根据消费者需求的差异性，把某类产品的整体市场划分成若干消费者群体，使每个具有类似需求的群体形成一个子市场。消费者市场细分标准有地理细分、人口细分、心理细分和行为细分四种。组织市场细分的标准主要有用户规模、产品的最终用途、组织购买者的购买状况。为了保证市场的有效性，市场细分要符合以下原则：可衡量性、可进入性、可营利性、可区分性。

目标市场选择是指对每个细分市场的吸引力程度进行预估和评价，并选择进入一个或多个细分市场。正确选择目标市场，是目标市场营销战略成功的关键步骤。目标市场选择模式有市场集中化、产品专业化、市场专业化、选择专业化和市场全面化五种形式。目标市场营销战略分无差异性目标市场营销战略、差异性目标市场营销战略和集中性目标市场营销战略三种类型。影响目标市场营销战略选择的因素有企业资源或实力、产品同质化、市场差异性、产品所处的生命周期阶段和竞争对手的目标市场营销战略。

市场定位是指企业根据竞争者现有产品在市场上所处的位置，针对顾客对该类产品某些特征或属性的重视程度，为本企业产品塑造与众不同的、给人鲜明印象的形象，并将这种形象生动地传递给顾客，从而为该产品在市场上确定适当的位置。市场定位的实质是差异化营销，市场定位的目的在于使企业的产品和形象在目标顾客的心理上占据一个独特、有价值的位置。市场定位的方法有：初次定位、重新定位、避强定位、迎头定位。

思考题

1. 简述市场细分的概念。

2. 进行消费者市场细分应该考虑哪些因素?
3. 选择目标市场应考虑几个步骤?
4. 简述市场定位的概念及其步骤。

案例分析与实训

1. 案例分析

"上帝"的服务细分营销

美联航(美国联合航空)兼并美国大陆航空公司后,将两家公司的日常旅客服务合二为一,服务的客户大增,服务内容细化到 Premier 会员分为四个等级,一级 Premier 银卡,二级 Premier 金卡,三级 Premier 白金卡,以及 Premier10 万英里(1 英里≈1.609 千米)以上最高级别会员卡。每一级别细分八大项服务,每个大项又细分小项服务。据统计,一个级别所有大项里面的小项服务总计 34 个,而四个级别会员服务所有的项目加起来高达 118 项。

它的服务游戏规则有几个特点:服务细化加大了不同级别会员的权益,服务细化在付费和非付费内容方面加大了会员的待遇差距,服务细化在时间优先权方面分化了会员福利,服务细化明确了乘机等级制度,服务细化加大了一些特权享受等。比如,Premier 银卡和 Premier 金卡会员可以携带一名同伴享受 Premier Plus 加宽的高级经济舱座位,而 Premier 白金卡会员和 Premier10 万英里以上最高级别会员卡会员可以携带八名同伴。携带八名同伴同时享受升舱待遇何尝不是一件令人尊崇的特权,可它不如说是空头支票一张,因为有多少人旅行时会让自己的随从前呼后拥呢?又比如,会员申请升舱服务,Premier 银卡会员只能当天升舱,Premier 金卡会员可以提前两天申请,Premier 白金会员可以提前三天申请,Premier10 万英里以上最高级别会员卡会员可以提前六天申请。单申请升舱这一项服务就细分为几个小项服务:免费申请升舱权益、申请人的伴侣升舱权益、申请升舱时间优先权益、全价票即刻升舱权益和国际 Premier 会员升舱权益。值得思考的是,仅仅这一项升舱服务,特别是时间优先权益的四级区分,美联航为什么不嫌麻烦而如此折腾呢?而中国航空公司为何不愿意折腾呢?

这就是客户关系管理中的"三教九流"服务营销。客户大多是"准上帝",永远不会是"上帝",但可以做"上帝"梦。只有少数客户才是真正的"上帝",而且是自封为"帝",靠的是自己为企业做出的贡献,而不是企业赏赐的。

"三教九流"把客户划分为不同的阶层,分层设计服务内容,让客户享有不同的服务权益。设计的原则是拉大阶层权益,让客户攀比、争高低,告诉客户退出规则,不紧跟就降级。设计这样的流程化服务体系:一是为客户提供多元化服务;二是为了争取客户的长期忠诚度;三是把回报贡献巨大的少数客户树为标杆;四是抓住客户的攀比心理,刺激他们改变自己的会员等级。服务细分营销就是让客户明白自己的身份和权益,明白自己上一个台阶将享受什么待遇,最终黏住客户。如果一家企业不细分客户和服务,就不可能创造层层叠加的服务需求。不创造层层叠加的服务需求,就不可能针对客户未来的需求提供更多的增值服务。

芝麻开花节节高,服务细分层层营销。当人们的生活有了量和质的提升后,尤其是中国庞大的中产阶级在快速膨胀,细分、细腻、细致和细心的服务营销将给企业带来无限商机和财富,因为服务创造的价值往往超过了产品本身创造的价值。

(资料来源:冯晞."上帝"的服务细分营销[J].企业家信息,2012(8).)

问题:
(1) 美联航是按什么标准对航空服务业务市场进行细分的?
(2) 美联航选择的是哪一种目标市场营销战略?为什么?

2. 实训

实训目的:掌握市场细分与市场定位的方法与策略。

实训内容:针对我国目前汽车市场的需求及发展状况,提出对汽车市场的细分方案。

第八章　产品策略

教学内容和教学目标

◆ **内容简介**

（1）产品整体概念及产品分类。
（2）产品组合概念、分析评价及决策。
（3）产品生命周期各阶段特征与营销策略。
（4）新产品概念、类型及开发程序。
（5）品牌设计、命名与策略。
（6）包装的作用、设计与策略。

◆ **学习目标**

（1）掌握市场营销产品整体概念的三个层次。
（2）掌握产品组合评价模型及其应用分析。
（3）掌握产品生命周期的概念、特征及相应策略，了解产品生命周期的特殊模式。
（4）掌握新产品的含义及其种类。
（5）了解并掌握品牌策略及包装策略。

本章教学旨在帮助大家建立产品整体概念，既能从宏观上去规划企业的产品组合，完善企业的产品体系，同时又能从微观局部上采取正确的品牌、包装策略以赢得市场偏好。

第一节　产品整体概念

一、产品整体概念

所谓产品，是指能提供给市场，用于满足人们某种欲望和需要的任何事物，包括实物、服务、组织、观念或它们的组合。它可以是电视机、空调等实物，也可以是健身、美容等服务，甚至可以是广告创意等一种观念或主意。由此可见，从营销观点出发所说的产品是指产品整体概念，其内涵已被大大扩展，它由三个基本层次组成：

（一）核心产品

核心产品是产品整体概念中最基本和最实质的层次，是指产品给顾客提供的基本效用和利益，是顾客需求的中心内容。比如顾客购买化妆品，并不是为了获得它的某些化学成分，而是要获得"美"。

（二）形式产品

形式产品则是核心产品借以实现的形式或目标市场对某一需求的特定满足形式。它包含五个要素:包装、品牌、质量、款式、特色。例如购买电冰箱,不仅会考虑其制冷功能,还会考虑其制冷功能得以实现的载体,即它的厂家、品牌,是海尔、美菱,还是伊莱克斯;它的质量等级,是否荣获国家金奖;它的款式,是三开门还是对开门;它的颜色,是鲜艳的酒红色还是淡雅的绿色;它的独特卖点,是原生态保鲜还是智能变温,等等。由此可见,形式产品是呈现在市场上可以为顾客所识别的,是顾客选购商品的直观依据。

(三)延伸产品

延伸产品是指顾客因购买产品所得到的全部附加服务与利益,包括保证、咨询、送货、安装、维修等,它是产品的延伸或附加,能够给顾客带来更多的利益和更大的满足。如计算机生产者,不仅出售计算机,而且还提供工作指令、软件程序、规划系统、人员培训、安装维护、产品保证等一系列服务项目。随着科学技术的日新月异及企业生产和管理水平的提高,不同企业提供的同类产品在核心和形式产品层次上越来越接近,而延伸产品逐步成为决定企业竞争能力高低的关键因素。

 小贴士

唐诗餐馆诗意浓

有一位退休的语文老师与他人合办了一家特色酒店——唐诗酒店,专卖"诗菜"。它的菜是一组一组的,每一组含一首诗。比如,有一组名为杜甫"绝句菜",共四盘:第一盘是小米韭菜,外加两个熟蛋黄;第二盘是切成长条的熟蛋白;第三盘是堆起的貌似雪山的炒豆腐;第四盘是一碗浮着豆角的菜汤。诗谱是:"两个黄鹂鸣翠柳,一行白鹭上青天。窗含西岭千秋雪,门泊东吴万里船。"据称,由于菜肴有特色,吃起来有滋味,吟起来有韵味,商家待客有品位,消费者觉得一餐饭不是寻常饭,而是"吃文化""吃氛围""吃意趣",别有情调,因而该店回头客多,生意颇好。

产品整体概念的上述几个层次,十分清晰地体现了以顾客为中心的现代营销观念,它对企业的营销活动具有多方面的意义。首先,它向企业昭示,明确顾客所追求的核心利益十分重要。其次,企业必须特别重视产品的无形方面,包括产品形象、服务等。随着社会经济的发展和人民收入水平的提高,顾客对产品的非功能性利益越来越重视,在很多情况下甚至超越了对功能性利益的关注。再次,企业在产品上的竞争可以在多个层次上展开,产品整体概念的提出,给企业带来了新的竞争思路,那就是可以通过在款式、包装、品牌、售后服务等各个方面创造差异来确立市场地位和赢得竞争优势。

二、产品分类

在现代市场营销观念下,每一个产品类型都有与之相适应的市场营销组合策略,所以要制订科学的市场营销策略,就必须对产品进行科学的分类。根据不同特征,可以将产品划分为不同类别,如图 8.1 所示。

(一)按产品的耐用性和有形性划分

按产品的耐用性和有形性可将产品划分为耐用品、非耐用品和服务。

耐用品,是指在正常情况下能够多次使用的物品,如住房、汽车、电视、冰箱等。经营耐用品要求企业资金雄厚,提供售后服务保证,当然经营耐用品的毛利也较高。

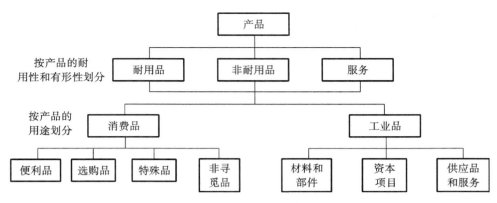

图 8.1 产品分类关系图

非耐用品,是指在正常情况下一次或几次使用即被消费掉的有形物品,如牙膏、牙刷、糖果、烟酒、洗衣粉、肥皂等,又称快速消费品。经营非耐用品要求企业渠道网点接近居民区,薄利多销,注重宣传。

服务,是非物质实体产品,是为出售而提供的活动或利益,如修理、理发、教育等。

（二）按产品的用途划分

按产品的用途可将产品分为消费品和工业品两大类。

对消费品,按消费者的购买习惯又可分为下列四种：

便利品,是指消费者通常频繁购买或需要随时购买,并且只花较少精力和较少时间去比较品牌、价格的消费品。例如,肥皂、报纸等。

选购品,是指消费者为了物色适当的物品,在购买前往往要去许多家零售商店了解和比较商品的花色、式样、质量、价格等的消费品。例如,儿童衣料、女装、家具等。

特殊品,是指消费者能识别的独特产品或名牌产品,而且习惯上愿意多花时间和精力去购买的消费品。例如,特殊品牌和造型的奢侈品、名牌男装、供收藏的特殊邮票和钱币等。

非寻觅品,是指顾客不知道的物品,或者虽然知道却没有兴趣购买的物品。例如,刚上市的新产品、墓地、人寿保险等。

对工业品,可以根据它们如何进入生产过程和相对昂贵与否分成三类：

材料和部件,是指完全要转化为制造商所生产的成品的那类产品。它们可分成两类：原材料、半成品和部件。原材料如农产品和天然产品,半成品和部件如铁、棉纱或马达、车胎等。

资本项目,是指部分进入产成品中的商品,包括装备和附属设备。如厂房、电梯或手用工具、办公设备等。

供应品和服务,是指根本不会形成最终产品的那类物品。如润滑油、油漆、钉子等操作维修用品或修理打字机、法律咨询、广告设计等服务。

第二节　产品组合决策

一、产品组合及其相关概念

产品组合是指企业生产或经营的全部产品的有机构成方式,或者说是企业生产经营的全部产品的结构。产品组合一般是由若干条产品线组成的,每条产品线又是由若干个产品项目构成的。

产品线又叫产品大类,是指密切相关的、满足同类需求的一组产品。

产品项目是指产品线中不同品种、规格、质量和价格的特定产品。

例如,顶新国际集团旗下有方便面、糕饼、饮料、快餐等多条产品线,其中方便面是一条产品线或一个产品大类,在这条产品线中,红烧牛肉面便是产品项目。

企业产品组合的特点一般通过其宽度、长度、深度和关联度来表现,以下结合宝洁公司的产品组合(见表8.1)来进行分析。

表8.1 宝洁公司的产品组合

	产品组合的宽度				
产品线长度	洗涤剂	牙膏	香皂	方便尿布	纸巾
	象牙雪 1930	格里 1952	象牙 1879	帮宝适 1961	查敏 1928
	洁拂 1933	佳洁士 1955	柯柯 1885	露肤 1976	白云 1958
	汰渍 1946	登魁 1980	拉瓦 1893		普夫 1960
	奥克多 1952		佳美 1926		旗帜 1982
	达士 1954		爵士 1952		
	大胆 1965		舒肤佳 1963		
	吉恩 1966		海岸 1974		
	黎明 1972				
	独立 1979				

1. 产品组合的宽度

产品组合的宽度是指一个企业的产品组合中所拥有的产品线的数目。如宝洁公司的产品组合中有洗涤剂、牙膏、香皂、方便尿布、纸巾5条产品线,则其产品组合的宽度为5(实际上,该公司还有许多另外的产品线,如护发产品、保健产品、饮料、食品等)。

2. 产品组合的长度

产品组合的长度是指一个企业的产品组合中产品项目的总数,以产品项目总数除以产品线数目即可得到产品线的平均长度。在表8.1中,产品项目总数是25个,也就是说产品组合的长度是25。该公司产品组合的平均长度就是总长度(25)除以产品线数(5),结果为5。

一般,产品组合的长度太短,也就是说产品的花色、品种、规格太少,就不能满足不同类型消费者对产品的个性化需求;而如果产品组合的长度太长,也就是说产品的品种、规格太多,则会增加生产和销售成本,甚至引起消费者的厌烦和营销上的混乱。

3. 产品组合的深度

产品组合的深度是指一个企业产品线中的每一产品项目有多少个花色、品种和规格。例如,宝洁公司的佳洁士牙膏有3种规格(90 g、120 g、140 g)和3种配方(盐白、抗过敏、氟泰配方),则它的深度为9(3×3=9)。

4. 产品组合的关联度

产品组合的关联度是指各产品线的产品在最终用途、生产条件、销售渠道或其他方面相互联系的紧密程度。如以上宝洁公司的产品最终用途都是消费品,又通过同一销售渠道进入市场,其关联度较大。

分析产品组合的宽度、长度、深度和关联度，有助于企业更好地制订产品组合策略。在一般情况下，拓展产品组合的宽度，有利于扩展企业的经营领域，实行多角化经营，可以更好地发挥企业潜在的技术、资源优势，提高经济效益，并可以分散企业的投资风险；扩大产品组合的长度，可以使产品线丰满充裕，让企业成为有更完全产品线的公司；加强产品组合的深度，可以占领同类产品的更多细分市场，满足更广泛的市场需求；提高产品组合的关联度，则可以使企业在某一特定的市场领域内提高竞争力和赢得良好的声誉。

二、产品组合的分析评价

产品组合的状况直接关系到企业效益的好坏，故企业必须不断优化产品组合结构，使每一产品线、每一产品线下的产品项目都取得良好效益。为此，企业必须借助一定的分析方法。分析和评价产品组合的方法很多，有产品线销售额和利润分析法、产品项目市场定位分析法和波士顿矩阵分析法，以下重点介绍如何应用波士顿矩阵分析法来对企业产品组合进行分析与决策。

波士顿矩阵是由美国大型商业咨询公司——波士顿咨询集团（Boston Consulting Group）首创的一种规划企业产品组合的方法。这种分析方法的关键在于依据销售增长率及相对市场占有率两个因素对产品组合进行分析，销售增长率以 10% 为界分为高、低两档，相对市场占有率以 1 为界分为高、低两档，这里相对市场占有率是指本企业某一产品的市场占有率与同行业中最大竞争者产品的市场占有率之比。

如图 8.2 所示，可将企业产品组合中的每个产品项目对号入座，图中圆圈的位置代表产品的销售增长率和相对市场份额大小，圆圈的面积代表该产品销售额的大小。由此，可将一个企业的产品按其实际发展状况分为四种类型：

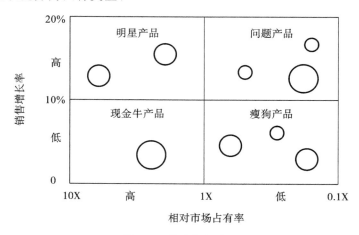

图 8.2　波士顿矩阵图

（1）明星产品。它是指处于高销售增长率、高相对市场占有率象限内的产品群，这类产品可能发展成为企业的现金牛产品，需要加大投资以支持其迅速发展。

（2）现金牛产品，又称厚利产品。它是指处于低销售增长率、高相对市场占有率象限内的产品群，已进入成熟期。其财务特点是销售量大、利润率高、负债比率低，可以为企业提供资金，而且由于增长率低，也无须增大投资。因而现金牛产品成为企业回收资金，支持其他产品，尤其是明星产品投资的后盾。

（3）问题产品。它是处于高销售增长率、低相对市场占有率象限内的产品群,如因种种原因未能开拓市场局面的新产品即属问题产品。对问题产品应采取选择性投资战略,即对那些经过改进可能会成为明星产品的产品进行重点投资,提高其市场占有率,促成其由问题产品向明星产品转变。

（4）瘦狗产品,也称衰退类产品。它是处在低销售增长率、低相对市场占有率象限内的产品群。其财务特点是利润率低、处于保本或亏损状态、负债比率高,无法为企业带来收益。对这类产品应采用撤退战略,即减少批量,逐渐撤退;对那些销售增长率和市场占有率均极低的产品应立即淘汰,将剩余资源向其他产品转移。

企业若要取得成功,就必须拥有销售增长率和相对市场占有率各不相同的产品组合,组合的构成取决于现金流量的平衡。一般而言,明星产品与现金牛产品多且销售额大的产品组合比较健康,而一个失衡的产品组合往往有太多的瘦狗产品或问题产品。

利用波士顿矩阵分析法分析了一个企业的产品组合后,相应可以考虑的营销策略有：

发展——该策略目的是扩大业务市场份额,甚至不惜放弃近期收入来实现,适用于可成明星产品的问题产品和明星产品。

维持——该策略目的是保持业务市场份额,适用于强大的现金牛产品。

收割——该策略通过不断减少研发、广告、促销费用,以增加业务短期现金收入,而不考虑长期影响,甚至包括最终放弃该业务,适用于瘦牛产品（处境不佳的现金牛产品）、当前还可利用的问题产品和瘦狗产品。

放弃——该策略目的在于出售或清算业务,以便把资源转移至更有利的领域,适用于要放弃的问题产品、瘦狗产品。

三、产品组合策略

这里所说的产品组合策略也就是企业根据市场需求和自身实力,对产品组合的宽度、长度、深度和关联度进行选择和调整。可依据不同情况采取以下策略：

（一）扩大产品组合策略

当企业预测到现有产品组合的销售额和盈利率在未来可能下降时,就需考虑扩大产品组合策略。该策略可从拓展产品组合的宽度和加强产品组合的深度两方面入手。前者指在现有产品组合中增加新的产品线,扩大经营范围;后者指在原有产品线内增加新的产品项目。

1. 增加产品线

增加产品线可以发挥企业在设备、技术和劳动力方面的优势,提高企业效益;还可以分散经营风险,提高企业的竞争力和应变力。这种新增加的产品线可以与原产品线高度相关,也可以与原产品线低度相关。如美国吉列公司为了在竞争中保持优势,瞄准了男性剃须美容市场的新动向,策划开发了一系列高度相关的产品线,即以剃须刀具、刀片和剃须膏产品线为基础,开发了须后冷霜、香水,以及烫发机、电吹风等美容美发品,这些新的产品线给吉列公司带来了丰厚的利润和很高的知名度。

2. 增加产品项目

企业增加产品项目的目的是开拓新的市场,增加消费者,或为了适应消费者需求的变化,配备更多的花色、品种。增加产品项目可以采取产品线延伸和产品线填补两大策略。

产品线延伸是产品档次的延伸,是一种战略性决策,具体有向上、向下和双向延伸出新的产品项目的方式。

1) 向上延伸

向上延伸指原先定位于低档产品市场的企业,在产品线内增加高档项目,使企业进入高档产品市场。如率先打入美国市场的丰田摩托车就将其产品线从低于125cc延伸到1000cc,雅马哈摩托车紧随其后,陆续推出了500cc、600cc、700cc的摩托车,还推出了一种三缸、四冲程、轴驱动摩托车,从而在大型越野摩托车市场展开了强有力的竞争。

2) 向下延伸

它是把企业原来定位于高档市场的产品线向下延伸,在高档产品线中加入中、低档产品项目。采取此方案可给企业带来三点好处:第一,可使企业获得更大的市场占有率;第二,企业从高档产品市场进入中、低档产品市场的成本较低;第三,在短期内,可获得较明显的经济利益。如丝宝旗下的舒蕾品牌凭借终端拦截模式,成功晋升洗发水类前三名;此后它又将产品线向下延伸,推出定位低端的低价位洗发水品牌顺爽,实现了对高、低档消费群体的全面覆盖。

3) 双向延伸

经营中档产品的企业在取得竞争优势后,在原有的产品线中,同时增加高档和低档产品。这种策略在一定条件下有助于加强企业的市场地位,特别适合新兴行业中的企业采用。丰田汽车公司就曾采用此策略,在其中档产品卡罗拉牌的基础上,为高档市场增加了佳美牌,为低档市场增加了小明星牌,另外还为豪华汽车市场推出了凌志牌。

产品线填补是在现有产品线的范围内增加一些新的产品项目,以强化产品线的策略,是一种战术性决策。如随着本土洗发品牌的崛起,宝洁面临来自重庆奥妮等竞争对手发起的"植物""黑发"等中国概念的进攻,为了改变被动的局面,宝洁于1997年调整了其产品策略,在其洗发水产品线中引入了一个全新的专门针对中国市场的黑发和植物概念品牌——润妍洗发水。

(二) 缩减产品组合策略

在市场繁荣时期,较长、较宽的产品组合会为企业带来更多的盈利机会。但是在市场不景气或原料、能源供应紧张时期,缩减产品组合,尤其是剔除那些获利甚小甚至亏损的产品线或产品项目,反而能使企业的总利润上升。具体来说,缩减产品组合策略可采取以下两种方式:

1. 缩减产品线

缩减产品线的优点是通过剔除获利甚微甚至亏损的产品线,提高了企业的生产效率和产品质量,降低了营销运作的成本,从而可以保证获得稳固的利润。例如日本尼西奇公司原来是生产雨衣、游泳装、尿垫等橡胶制品的小型企业,后来公司经营者策划缩减表现不佳的雨衣和游泳装生产线,专注于婴儿尿垫这一条产品线,结果在激烈的市场竞争中脱颖而出,成为此行业的"尿布大王"。

2. 缩减产品项目

企业推出的众多产品项目,不可能个个成功,总可能会出现某个产品项目市场表现没有达到预期,再就是某个产品项目进入成熟衰退期,这时候有必要将上述产品项目从原产品线中剔除出来,将资源投入到更有成长力的产品项目上去。如宝洁推出润妍两年后,虽获得了一些消费者认知,但其最高市场占有率从未超过3%——这个数字,不过是飘柔市场份额的1/10,没有达到宝洁一贯要求的进入市场前三名的目标,于是,宝洁果断调整策略,将该品牌停产退市。

【延伸阅读】 中粮为什么拯救不了五谷道场?(见右侧二维码)。

第三节 产品生命周期

一、产品生命周期的概念

产品生命周期理论是美国哈佛大学教授费农 1966 年在其《产品周期中的国际投资与国际贸易》一文中首次提出的。产品生命周期是指产品从投入市场开始到被淘汰退出市场的全部运动过程。

产品生命周期不是指产品的使用寿命、自然寿命。产品的使用寿命、自然寿命是指产品的耐用程度,是产品从开始使用到损坏报废的时间间隔;产品生命周期是指产品的市场生命、经济寿命,是一种产品从进入市场到被迫退出市场的时间间隔。

市场上的每一种产品都要经历从产生到发展直至消亡的过程,但实际上不同产品种类、品类和具体品牌之间,其生命周期大不相同。产品种类的生命周期最长,甚至在一段相当长的时间内显示不出其变化;产品品类的生命周期次之;生命周期最短的是具体某一品牌的产品。例如,卷烟是一个产品种类,过滤嘴香烟是其中的一个品类,而"万宝路""中华""黄鹤楼""红河"等香烟则是具体牌号的产品。三者比较,自然卷烟的生命周期最长,而具体品牌如"红河"香烟的生命周期最短。在实际经营中,企业运用产品生命周期理论分析产品种类的情况较少,而更多的是分析产品品类或具体品牌的生命周期。

二、产品生命周期曲线

理想的产品生命周期过程可以用一条曲线来表示,我们称之为产品生命周期曲线(见图8.3)。根据该曲线的特点,我们可以将产品生命周期分为四个阶段,即导入期、成长期、成熟期和衰退期。

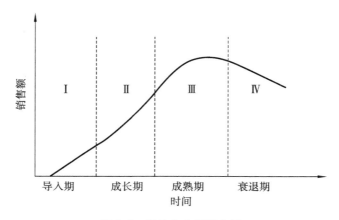

图 8.3 产品生命周期曲线

把产品生命周期划分成不同阶段,一方面反映了产品在不同时期中存在着不同的特点,另一方面说明了不同阶段应该采用不同的营销策略,这是研究产品生命周期的意义所在。

某一产品在不同市场中所处的生命周期阶段往往不同,它在 A 市场可能由于推广、进入早,市场成熟度比较高,处于成熟期,而在 B 市场可能正处于导入期。

值得注意的是,上图中的产品生命周期仅是一条理论的最具代表性的曲线,实际产品的生命周期曲线则往往会有一些变化。研究学者、专家们提出至少还有 6～17 种特殊的生命周期曲线，以下简要介绍三种（见图 8.4）。

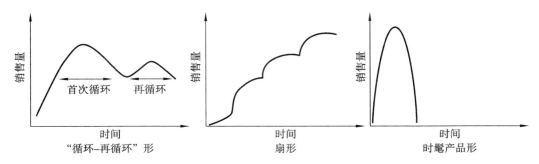

图 8.4　几种特殊的生命周期曲线

1. "循环-再循环"形

常常用来描绘新药的销售，制药公司积极推广新药，于是出现第一周期，之后销量下降，公司对新药发起第二次促销推广，产生第二个周期，通常第二个循环周期的规模和持续期都低于第一个。

2. 扇形

尼龙这个产品大家都很熟悉，它是由美国杜邦公司研发出来的，最初用于第二次世界大战时期制作降落伞、绳索等军备物资，但随后相继发现了尼龙新的用途，如制作丝袜、衬衫、地毯等，因而其生命周期呈扇形波动，产品进入成熟期后并未顺次进入衰退期，而是又进入第二个成长期。

3. 时髦产品形

一些时髦产品或季节性产品一投放市场便立即掀起销售高潮，很快进入成熟期，并很快退出市场，如喇叭裤、踩脚健美裤、松糕鞋、掉渣儿烧饼等。

三、产品生命周期各阶段特征与营销策略

（一）导入期

1. 导入期的特点

导入期，又称引入期、试销期，指新产品刚刚投入市场的最初销售阶段。这一阶段的主要特点是：

（1）产品设计尚未定型，生产批量小，单位产品生产成本高；

（2）消费者对产品不熟悉，销售量小，销售增长缓慢；

（3）销售网络还没有全面有效地建立起来，销售渠道不畅；

（4）由于销售量小，成本高，企业利润较少，甚至亏损；

（5）市场竞争比较小。

2. 导入期的营销策略

对位于导入期的产品，企业应该尽可能快地进入和占领市场，尽可能在短时间内实现由导入期向成长期的转轨，企业营销策划的重点应该在促销与价格方面。

（1）快速掠取策略。特点是以高价格和高促销费用推出新产品。高价格是为了在每一单位销售额中获取最大利润，高促销费用是为了引起目标市场的注意，尽快地占领市场，以尽快收回开发时的投资。使用本策略须具备的条件：①市场上有较大的需求潜力；②目标顾客求新心理

强;③企业面临潜在竞争者的威胁,需要及早树立品牌。

(2) 缓慢掠取策略。特点是以高价格和低促销费用将新产品推入市场,可以使企业获得更多利润。使用本策略须具备的条件:①产品的市场规模较小,竞争威胁不大;②市场上大多数用户对该项产品没有过多疑虑;③适当的高价能为市场所接受。

(3) 快速渗透策略。特点是以低价格和高促销费用推出新产品,目的在于先发制人,以最快的速度打入市场。使用本策略须具备的条件:①该产品市场容量相当大;②潜在消费者对产品不了解,且对价格十分敏感;③潜在竞争比较激烈;④产品的单位制造成本可随生产规模和销售量的扩大迅速下降。

(4) 缓慢渗透策略。特点是以低价格和低促销费用推出新产品。低价格是为了促使市场迅速地接受新产品,低促销费用可以实现更多的净利。使用本策略须具备的条件:①市场容量较大;②潜在顾客易于或已经了解该项新产品且对价格十分敏感;③有相当的潜在竞争者准备加入竞争行列。

 小案例

VCD 的导入期

VCD 机(简称 VCD)的诞生,源于一家小企业的市场敏感。1993 年,姜万勐与孙燕生共同创立了万燕公司,专门开发 VCD。同年 10 月份,万燕公司在新建的厂房里开始组装第一批 2000 台播放机,一上市便被抢购一空。从 1993 年底开始,万燕公司开始在《人民日报》、《北京青年报》、中央人民广播电台等媒体上大做广告。1994 年,万燕公司的广告投入费高达 2000 万人民币。当时的广告主要是告诉人们什么是 VCD。由于当时生产 VCD 的企业只有万燕公司一家,一台 VCD 的价格市面上卖 5300 元。当时的年销量还不足 2 万台。显然,万燕公司采取的是快速掠取策略。

(资料来源:百度文库)

(二) 成长期

1. 成长期的特点

成长期是指产品在市场上迅速为顾客所接受、销售量和利润迅速增长的时期。这一阶段的主要特点是:

(1) 消费者对产品已经熟悉,销售量迅速增长;

(2) 由于产品基本定型,开始了大批量生产,产品成本随之下降;

(3) 企业开始赢利且利润逐步上升;

(4) 竞争者加入,市场竞争开始加剧。

2. 成长期的营销策略

成长期企业营销的目标是扩大市场占有率,掌握市场竞争的主动权。营销策略应突出一个"好"字,企业可采用以下几种策略。

(1) 产品策略。狠抓产品质量,并赋予产品新的特性,同时改进产品的包装、款式和服务;竞争者介入迫使企业寻求差异化;增加新样式和侧翼产品,避免单一品种孤军作战。

(2) 价格策略。此阶段一般保持原价或适当调整价格。有些大众化产品为了吸引更低层次的、对价格敏感的顾客,可采取招徕定价策略;如果企业的产品有垄断性,也可以采用高价策略。

(3) 渠道策略。进入新的细分市场以扩大市场面,谋求更大的发展;增设新的分销网络,多渠道进入市场,争取最大销售量。

(4) 促销策略。改变广告内容,要从提高产品知名度转变为说服人们购买其产品。市场由产品拓展转变为品牌竞争,宣传自己的品牌,树立企业形象,强化消费者的购买信心。

VCD 的成长期

1995 年,"爱多"公司投下重金在央视打出广告,随后又以 420 万元的价格请影视巨星成龙做品牌宣传,当年 VCD 的销量就冲破了 20 万台。

从 1996 年开始,中国的 VCD 市场每年以数倍的速度增长,销量从 1995 年的 60 万台猛增到 600 多万台。1997 年,"爱多"以 2.1 亿元夺得央视广告标王,一时声名鹊起,销量达到 1000 万台。同时国内外品牌竞争激烈,大打价格战,整个 VCD 市场一片火热,价格已经跌破了 1000 元。

此时的 VCD 市场处在成长期,各路大军蜂拥而至,催生出了爱多、步步高、新科等国内知名品牌。全国的销售网点也不断扩大,并且价格不断下降,产品的质量不断提高,品种也不断增多。

(资料来源:百度文库)

(三) 成熟期

1. 成熟期的特点

成熟期是指产品经过成长期的一段时间以后,市场需求趋向饱和,销售量进入从缓慢增长到缓慢下降的时期。这一阶段的主要特点是:

(1) 销售额增长缓慢,并且在达到峰值后开始缓慢下降;

(2) 生产批量大,生产成本达到最低点;

(3) 利润达到最高点,但到后期,由于产品售价降低,促销费用增加,企业利润开始下降;

(4) 各种品牌的产品进入市场,市场竞争日益激烈。

2. 成熟期的营销策略

成熟期企业营销的主要目标是维持甚至扩大原有的市场份额,尽量延长产品的市场寿命,因此其营销策略要突出一个"改"字,即对原有的产品和市场进行改进。主要策略有以下几种。

(1) 改进市场。主要途径有:进入新的细分市场,寻求新用户;刺激现有顾客增加使用频率;重新定位产品,寻求新的买主。

(2) 改进产品。主要途径有:提高质量,目的是提高产品的使用性能;改进特性,目的是增加产品新的特性,扩大产品多方面的适用性,提高安全性,使之使用方便;改进款式,目的是提高产品的美观要求。

(3) 改进市场营销组合。改进市场营销组合是提高销售额的重要途径。具体可以:通过降价优惠提高销售额;通过提高现有渠道的分销能力和开拓新的分销渠道提高销售额;通过增加广告开支或重新设计广告策略以增强广告效果、增加新的销售促进措施、增加服务项目和提高服务质量等提高销售额。

VCD 的成熟期

1997 年是 VCD 行业竞争的一个激烈时期,同时也是新产品的一个开发期,随着竞争的加剧，DVD开始导入。1998年，国内VCD的销量达到1400万台，但是利润不断地下降。1999年，VCD的发展到达顶峰，国内VCD厂家大增，并且出现了"花都机"现象，大量翻版机出现，给VCD品牌机带来了严重的冲击，同时加速了DVD的导入。

此时，VCD市场不断地进行整理改进，召开了"中国VCD企业圆桌会议"，并且在VCD的功能上不断地改进创新，以拉长产品的生命周期。

（资料来源：百度文库）

(四) 衰退期

1. 衰退期的特点

衰退期是指产品销量急剧下降，产品开始逐渐被市场淘汰的时期。这一阶段的主要特点是：

(1) 产品销售量迅速下降，消费者的兴趣已转移到新产品上面；

(2) 价格已下降到最低水平；

(3) 多数企业无利可图，被迫退出市场。

2. 衰退期的营销策略

这一阶段在策略上应重点抓住一个"转"字，即转向研制开发新产品或转入新市场，如由国内市场转向国际市场，由城市市场转向农村市场。但由于会有很多企业退出该市场，留下来的企业也会有利可图。所以，对待进入衰退期的产品，淘汰并非唯一策略。衰退期的主要策略有以下几种。

1) 维持策略

维持策略是企业继续沿用过去的策略，仍按照原来的细分市场，使用相同的销售渠道、定价及促销方式，直到这种产品完全退出市场为止。

2) 集中策略

集中策略是企业把能力和资源集中在最有利的细分市场、最有效的销售渠道和最易销售的品种上，这样有利于缩短产品退出市场的时间，同时又能为企业创造更多的利润。

3) 收缩策略

收缩策略是企业大幅度降低促销水平，尽量减少销售和推销费用，以增加目前的利润。这样可能导致产品在市场上的衰退加速，但又能从忠于这种产品的顾客中得到利润。

4) 放弃策略

放弃策略是企业对衰退比较迅速的产品，应该当机立断，放弃经营。企业可以采取完全放弃的形式，将产品完全转移出去或立即停止生产；也可采取逐步放弃的方式，使其所占用的资源逐步转向其他产品。

 小案例

VCD 的衰退期

随着竞争的不断加剧，VCD的价格不断下降，企业利润严重下滑，到1998年，国内已经开始小批量地生产DVD的整机，VCD面临着DVD的挑战和威胁，此时政府也多次向VCD市场的无序发展亮出了黄牌。1998年6月，长虹、爱多、万利达等国内5家大型VCD生产企业率先联手推出了DVD标准，同时，新科等一批国内VCD生产企业也将其原有的VCD生产线加以改装，开始批量生产DVD。2000年，VCD的市场开始萎缩，预示着DVD将代替VCD。

到2002年,DVD已经取代了VCD的主导地位,成了播放机市场的主流。2003年,央视广告中食品、饮料及手机行业最为抢眼,而VCD已经完全退出了电视广告宣传。此时处于产品衰退期的VCD生产企业只有根据市场的发展,放弃VCD产品的生产,力图开辟新的适应市场需求的DVD来扭转企业局面。

(资料来源:百度文库)

四、产品生命周期阶段的判定

对于企业来说,对自己的产品目前处在生命周期的什么阶段有一个准确的判断,并不是一件容易的事情,一般来说,企业要同时运用多种方法进行综合判断。

1. 类比判定法

这是把要判定的产品与某种比较类似的产品的发展情况进行对比,并得出结论的一种判定方法。采用这种方法简单易行,常为咨询人员所用。注意事项:判定人员一定要熟悉所涉及的产品,所选择的类比产品要与被判定的产品有相似的背景,以增加两个产品之间的可比性。

2. 特征判定法

这是将目前人们已经掌握的产品上市后,在不同阶段中所表现出的一般特征,同企业某一产品的当前状况进行对比,并得出结论的一种判定方法。这种方法易于掌握,也常为咨询人员所用。注意事项:采用此方法对判定人员的判断能力与经验有较高的要求。

3. 产品普及率判定法

这是根据目前人口或家庭的平均普及率,对某一产品的生命周期进行判断的一种判定方法。此方法主要适用于高档耐用消费品。根据经验数据,产品普及率小于5%时为投入期,产品普及率在5%~50%时为成长期,产品普及率在50%~90%时为成熟期,产品普及率在90%以上时为衰退期。注意事项:采用此方法,需要掌握大量的统计资料,并且要注意排除各种假象。

4. 销售增长率判定法

这是一种根据销售增长率进行判断的方法。根据经验数据,销售增长率低于10%且不稳定时为投入期,销售增长率超过10%时为成长期,销售增长率在0~10%时为成熟期,销售增长率下降到0以下时为衰退期。注意事项:要结合被判定产品的其他特征和因素进行分析;此方法并非适合所有的产品。

第四节 新产品开发策略

随着科学技术、世界经济的快速发展及世界经济一体化进程的加快,大多数产品的生命周期有逐渐缩短的趋势。这一形势迫使企业必须十分重视新产品开发。

一、新产品的概念和类型

营销学的新产品是从产品整体性概念的角度来定义的。凡是产品整体性概念中任何一部分的创新、改进,能给消费者带来某种新的感受、满足和利益的相对新的或绝对新的产品,都叫新产品。新产品可划分为以下几类:

1. 全新产品

全新产品是指采用新原理、新技术、新材料制造出的前所未有的产品。如世界上出现的第一辆汽车、第一架飞机……这类产品具有划时代意义,常常代表科学技术发展的一个新的突破。这类产品一旦在市场上打开局面,将会表现出强大的生命力,能够为企业带来长期的利润。此类产品一般研制时间长,要求技术条件高,企业成本投入比较多。

2. 换代新产品

换代新产品指采用新材料、新技术对原有产品进行改造,使原有产品的性能有飞跃性提高的产品。如计算机的更新换代,VCD 到 DVD、光学相机到数码相机、小灵通到智能手机的更新换代等。开发换代新产品的难度要比创造全新产品的难度小很多,企业也能较快地获得收益。

3. 改进新产品

改进新产品是指在原有产品的基础上,在材料、结构、性能、款式乃至包装等方面进行改进而制造出的新产品。如普通牙膏改为药物牙膏,普通洗发精改为护发养发洗发精,冰箱设计由单门到双开门再到对开门等。改进后的新产品,其结构更加合理,功能更加齐全,品质更加优质,能更多地满足消费者不断变化的需要。

在改进新产品中,尤其要重视对产品外观、造型或产品的零件部分做少许改良而制成的新产品,比如原来是袋装包装现在改为听装,独立包装改为组合包装,礼盒包装换个盒形或是修改图案设计等,虽然产品功能性质没有太大改进,但往往可能产生意想不到的市场效果,而且企业相应的开发成本及承担的风险都会显著降低。

4. 仿制新产品

仿制新产品是指对国际或国内市场上已经出现的产品进行引进或模仿、研制生产出的产品。开发此类产品,对企业的技术要求不高,但在掌握需求潜量、市场竞争能力等方面有较高要求。

二、新产品开发的必要性

1. 产品生命周期的现实要求企业不断开发新产品

如果企业不开发新产品,则当产品走向衰落时,企业也同样走到了终点。相反,企业如能不断开发新产品,就可以在原有产品退出市场时利用新产品占领市场。一般而言,当一种产品投放市场时,企业就应当着手设计新产品,使企业在任何时期都有不同的产品处在周期的各个阶段,从而保证企业利润的稳定增长。

2. 消费需求的变化需要不断开发新产品

随着生产的发展和人们生活水平的提高,消费需求也发生了很大变化,方便、健康、轻巧、快捷的产品越来越受到消费者的欢迎。这一方面给企业带来了威胁,使企业不得不淘汰难以适应消费者需求的老产品,另一方面也给企业提供了开发新产品适应市场变化的机会。

3. 科学技术的进步推动企业不断开发新产品

科学技术的迅速发展导致了许多高科技新型产品的出现,并加快了产品更新换代的速度。科技的进步有利于企业淘汰旧有的产品,生产性能更优越的产品,并把新产品推向市场。企业只有不断运用新的科学技术改造自己的产品,开发新产品,才不至于被排挤出市场。

4. 市场竞争的加剧迫使企业不断开发新产品

现代市场上企业间的竞争日趋激烈,企业只有不断创新,开发新产品,才能在市场上占据领先地位。在市场竞争中,永无疲软的市场,只有疲软的产品,没有任何一种产品能保证企业有永久优势,企业定期推出新产品,可以提高企业在市场上的信誉和地位,提高企业的竞争力,并扩大企业的市场份额。

5．不断开发新产品是企业充分利用资源、增强活力的条件

企业在生产主体产品时，往往会有许多资源得不到充分利用，若从资源利用角度开发新产品，必然能降低成本；而不断开发的新产品，也给企业带来了生机和活力，创新是企业发展的最重要的核心竞争力。

松下精工的新产品开发

松下精工素有"风的精工"之称，20世纪70年代之后，松下精工的风扇受到中国台湾、韩国等相关产品强有力的挑战。面对严峻的挑战，西田决定改变"专精一门"（成本高）的产品策略，开发新产品。为此，西田向松下请示，松下的答复是："只做风一样就好。"众所周知，松下是反对多元化经营的，他特别推崇美国的专业化经营。然而，西田的理解是：你是说只做风一样，没说只做风扇一样，那么与风有关的东西不是都能做吗？西田是个办事果断、说干就干的人。松下后来回忆："之后的四五年，我再次造访工厂，发现正在生产暖气机，我立即问道：'这是电风扇吗？'西田答道：'不是，但它是风。电风扇是凉风，它是暖风，你说只做风就行，所以我们正在生产风。'当时，我实在佩服他。"此后在松下精工，凡是与风和空气有关的产品，如风力发电机、瓦斯报警器、隧道通风系统、矿井排气换气系统、温室空气对流系统、厨房排气设备、污水处理装置、冷却塔降温系统等无不着手开发，从而最大限度地利用了资源，降低了成本，给企业带来了生机和活力。

（资料来源：蔡大东．松下幸之助传[M]．长春：时代文艺出版社，2013.）

三、新产品开发的原则和趋势

1．新产品开发的原则

（1）必须以满足消费者的需要为出发点。如此才能使设计与开发的新产品适销对路，具有强大的生命力，否则就会使开发的新产品停留在展品阶段，从而给企业造成巨大的经济损失。实现这一要求的根本途径是搞好市场调查和预测，了解消费者的需求，请顾客参与新产品的设计与开发。

（2）必须符合国家的技术经济政策。为了提高技术水平、合理使用资源和保护人民的身体健康，国家在不同时期，都要颁布各种技术政策和规范。如能源政策，标准化、系统化规范，环境保护和产品的安全卫生标准等，这些都是企业在开发新产品时必须遵循的。

（3）必须便于使用和制造。在使用方面，新产品要有具备良好的性能、安全可靠、美观大方、操作简单和维修方便等特点。在制造方面，新产品的结构要合理，形状和精度要便于加工制造，以利于提高劳动生产率；新产品的标准件和通用件的比例要大，以利于降低生产成本；新产品的制造工艺要尽可能与本企业的生产条件相结合，以利于使用原有设备，减少生产准备工作。

2．新产品开发的趋势

（1）多功能化。扩大产品的使用范围，增加产品的功能，由单功能、少功能发展为多功能的一物多用、一机多能。如智能手机就整合了通信、拍照、上网、支付等多种功能。

（2）小型化和微型化。就是尽量缩小产品的体积，减轻产品的重量，但功能不降低或功能增加。产品向小型化和微型化发展的出发点是使之更便于携带、运输、储存、安装、操作等，如微型电视机和掌上电脑等。

（3）多样化。就是发展多品种、多门类的产品，满足市场上的多种需要。

（4）智能、傻瓜化。就是把一般人需要长期学习才能掌握的知识和技术转化到产品中去，使产品功能"傻瓜化"。这可使许多专业性产品发展成大众产品，从而大大扩大这些产品的市场。

（5）节能环保化。就是使产品省电、省煤、省油、省水、节约蒸汽和煤气等，这是新产品设计与开发的一个重要方向。

四、新产品开发的程序

开发新产品的程序大致包括七个阶段，即新产品构思、构思的筛选、概念形成与测试、初拟营销规划、新产品的研制、市场试销、正式上市。

1. 新产品构思

所谓构思，也称创意、设想，俗称点子，就是提出新产品的设想方案。虽然并不是所有的构思都可变成产品，但寻求尽可能多的构思可为开发新产品提供较多的机会。新产品构思的主要来源有顾客、科学家、竞争对手、企业推销人员和经销商、企业高层管理人员、市场研究公司、广告代理商等。此外，企业还可从大学、咨询公司、同行业的团体协会、有关报刊媒体那里寻求有用的新产品构思。

2. 构思的筛选

筛选是指对所有的构思方案"去粗取精"的过程。企业所取得的构思方案既不可能全部实施，也不可能完全符合企业目标，因此必须通过筛选，大量地淘汰那些不可行或可行性低的构思方案。一般要考虑两个因素：一是该构思是否与企业的战略相适应，表现在利润目标、销售目标、销售增长目标、形象目标等几个方面；二是企业有无足够的能力开发这种构思，这些能力表现为资金能力、技术能力、人力资源、销售能力等。

3. 概念形成与测试

概念形成与测试即企业从消费者的角度对新产品构思所做的详尽的描述。如针对新产品构思"开发一种粉状牛奶制品"进一步形成新产品概念："它是一种粉状牛奶饮品，提供成人即食早餐所需要的营养，且口味好、使用方便。该产品打算制成三种口味（巧克力、香草、草莓），产品使用盒装，一盒装十包，卖八元钱。"一般新产品概念的形成至少需对新产品供谁（目标消费者）使用、什么时候使用、致力于满足消费者的何种利益加以明确说明。

新产品概念测试，往往采用提问或调查表形式，来进一步测试消费者是否了解该新产品的整体概念、优点及差异点，是否比之于竞品更乐意购买该新产品，该新产品是否符合消费者需求、需求程度多大，该新产品定价是否合理，并进一步征集对新产品的改良建议等。借助上述概念测试，企业可以更好地修正新产品概念，大大降低新产品开发失败所带来的风险。

4. 初拟营销规划

新产品构思确定之后，需要拟定一个把这种产品引入市场的初步市场营销规划，并在未来的发展过程中不断完善。初拟的营销规划由三个部分组成。

（1）可行性论证：描述目标市场的规模、结构、行为，新产品在目标市场上的定位，竞品分析等，对新产品开发的可行性进行充分的论证。

（2）商业分析：更侧重盈利分析，通过简述新产品的计划价格、分销战略及第一年的市场营销预算、头几年的销售额、市场占有率、利润目标等，大胆预测产品的开发的投资收益率、利润率水平等。

（3）营销规划：阐述计划长期销售额和目标利润并拟定具体的市场营销组合策略以达成上

述目标。

5. 新产品的研制

这一阶段,以文字、图表及模型等描述的产品设计才能变为实体产品。这一阶段应当搞清楚的问题是产品构思能否变为技术上和商业上可行的产品。如果不能,除在全过程中取得一些有用的副产品即信息情报外,所耗费的资金则全部付诸东流。

6. 市场试销

如果企业的高层管理者对某种新产品开发试验结果感到满意,就可以着手用品牌名称、包装和初步市场营销方案把这种新产品装扮起来,推上真正的消费者舞台进行试验了。

市场试销的规模取决于两个方面:一是投资费用和风险大小;二是市场试验费用和时间。投资费用和风险越高的新产品,试验规模应大一些;反之,投资费用和风险较低的新产品,试验规模就可小一些。市场试销还要注意试销地点、网点和试销持续时间的选择。

7. 正式上市

经市场试销成功的新产品,即可正式上市。在正式上市之前,企业还要做出四项决策。

(1) 推出时机。新产品上市要选择最佳时机,最好是应季上市,以便立即引起消费者的兴趣,同时要考虑新老产品的交替。新产品上市过早,会加速原有产品的老化;新产品上市太迟,会因新老产品都不盈利,给企业造成损失。一般来说,当老产品由成熟期进入衰退期时,宜将新产品大量投放市场。

(2) 推出地点。一般来说,对于新产品开始上市的地点,小企业可选好一个中心城市推出新产品,迅速占领市场,站住脚后再逐步扩展到其他地区;大企业可先在一个地区推出,然后再逐步扩展,如有把握,也可在全国各地同时上市,迅速占领全国市场。

(3) 目标顾客。企业推出新产品时,应针对最佳顾客群制订营销方案。新产品的目标顾客有以下几类:早期试用者中的经常使用者、用户中有影响力者、潜在消费者等。对此,企业要做到心中有数,针对不同类型的消费者采取相应的策略。

(4) 营销策略。营销策略指针对产品特点和不同的消费者做出相应的营销组合,如产品定价、确定分销渠道、广告和用户调查等。

五、新产品市场扩散

从某种意义上说,新产品扩散比新产品开发更难。所谓新产品扩散,是指新产品上市后随着时间的推移不断地被越来越多的消费者采用的过程。新产品的市场扩散强调的是产品生命周期中的导入期和成长期。企业的策略要点是根据不同产品及不同目标市场消费者在这两个阶段的市场特性,以及消费者接受新产品的规律,有效地运用市场营销组合,采取有力的对策,加快新产品的市场扩散。

1. 新产品采用者的类型

在新产品的市场扩散过程中,由于个人性格、文化背景、受教育程度和社会地位等因素的影响,不同的消费者对新产品接受的快慢程度不同。罗杰斯根据这种接受程度快慢的差异,把采用者划分为五种类型,即创新采用者、早期采用者、早期大众、晚期大众和落后采用者。尽管这种划分并不精确,但它对于研究扩散过程有重要意义。

1) 创新采用者

创新采用者也称为"消费先驱"。通常他们富有个性,受过高等教育,勇于革新冒险,性格非常活跃,如何消费很少听取他人意见,经济宽裕,社会地位较高。广告等促销手段对他们有很大的影响力。这类消费者是企业投放新产品时的极好目标。此类消费者占全部潜在采用者的2.5%。

企业市场营销人员在向市场推出新产品时,应把促销手段和传播工具集中在创新采用者身上。如果他们采用的效果较好,就会大力宣传,影响到后面的使用者。

2)早期采用者

早期采用者一般也接受过较高的教育,年轻,敢于探索,对新事物、新环境比较敏感,并且有较高的适应性,经济状况良好。他们对在早期采用新产品具有一种自豪感,对周围的人具有"舆论领袖"的作用。这类消费者对广告及其他渠道传播的新产品信息很少有成见,促销媒体对他们有较大的影响力。但与创新采用者比较,他们一般持较为谨慎的态度。这类顾客是企业推广新产品极好的目标。此类消费者占全部潜在采用者的13.5%。

3)早期大众

这部分消费者一般较少保守思想,受过一定教育,有较好的工作环境和固定的收入;对社会中有影响力的人物,特别是自己所崇拜的"舆论领袖"的消费行为具有较强的模仿心理;他们不甘落后于潮流,但受特定的经济地位所限,在购买高档产品时,一般持非常谨慎的态度,经常是在征询了早期采用者的意见之后才采纳新产品。但早期大众和晚期大众构成了产品的大部分市场,因此研究他们的心理状态、消费习惯,对提高产品的市场份额具有很大的意义。此类消费者占全部潜在采用者的34%。

4)晚期大众

这部分消费者的采用时间较平均采用时间稍晚,其基本特征是多疑。他们的信息多来自周围的同事或朋友,很少借助宣传媒体收集所需要的信息,其受教育程度和收入状况相对较差,所以他们从不主动采用或接受新产品,直到多数人都采用且反映良好时才行动。显然,对这类采用者进行市场扩散是极为困难的。此类消费者占全部潜在采用者的34%。

5)落后采用者

这部分消费者是采用创新的落伍者,他们思想保守,拘泥于传统的消费行为模式。他们与其他的落后采用者关系密切,极少借助宣传媒体,其社会地位和收入水平较低。因此,他们在产品进入成熟期后乃至进入衰退期时才会采用。此类消费者占全部潜在采用者的16%。

2. 新产品扩散过程管理

新产品扩散过程管理,是指在新产品上市后,企业通过采取措施使新产品扩散达到既定市场营销目标的一系列活动。企业在新产品扩散过程中不仅会受到外部不可控因素(如竞争者行为、消费者行为、社会环境等)的影响,还会受到企业市场营销活动的制约,因此企业必须对新产品的扩散过程进行管理。企业新产品扩散管理体制的目标主要有:在导入期尽快打开局面,在成长期实现销售额快速增长,在成熟期产品全面占领市场,尽可能长时间维持一定水平的销售额。

然而,从产品生命周期曲线上可以看出,新产品扩散的实际过程却不是这样的。典型的产品扩散过程通常是导入期销售额增长缓慢,成长期的增长率也较低,而且产品进入成熟期不长一段时间后,销售额就开始下降。为了使产品扩散过程达到其管理目标,要求企业市场营销管理部门采取一些措施和战略。

(1)在导入期尽快打开局面,应派出大量销售队伍,积极展开推销活动,开展强大的广告攻势,使目标市场尽快了解新产品,积极开展促销活动,鼓励消费者试用新产品。

(2)在成长期实现销售额快速增长,应保证产品质量,加强与消费者的沟通;继续加强广告攻势,推动后期采用者加入购买行列;推销人员向中间商提供各种支持,运用各种各样的促销手段使消费者重复购买。

(3) 在成熟期产品全面占领市场,应继续采用快速增长的各种战略,更新产品设计和广告战略,以适应后期采用者的需要。

(4) 要想长时间维持一定水平的销售额,应使处于衰退期的产品继续满足市场需要,扩展分销渠道,加强广告推销。

【延伸阅读】 颜值与口感并存,燕京新品茶小生俘获年轻一代(见右侧二维码)。

第五节 品 牌 管 理

一、品牌概念

1. 品牌的含义

任何商品都有其各自的名称,如汽车、巧克力、电视机等。这些是商品的品名,亦即商品的一般通用名称。品牌则是商品的商业名称,是由企业独创的,用以识别卖主的产品或服务的某一名词、术语、标记、符号、设计或它们的组合,其基本功能是把不同企业之间的同类产品区别开来,使竞争者之间的产品不致发生混淆。完整的品牌包括品牌名称、品牌标识和品牌角色三部分。

品牌名称是指品牌中可以用语言称谓表达的部分,例如"可口可乐""奥迪""凤凰"等。

品牌标识是指品牌中不能用语言称谓,只能用视觉或触觉加以辨识的部分,如独特的符号、图案、色彩或字体造型等。

品牌角色是用人或拟人化角色来标识品牌,如腾讯公司的企鹅、海尔集团的海尔兄弟、旺旺食品公司的旺仔形象等。

需要注意的是,不是所有的品牌都有自己的品牌角色,但一般会有品牌名称和品牌标识这两部分。

2. 商标

商品的品牌经过政府有关部门的审核,获准登记注册则成为商标。商标实行法律管理,企业因此拥有该品牌的专用权,该名称标记均受法律保护,其他任何企业不得仿效使用。因此,商标是一种法律术语,也就是享有法律保护的某个品牌。企业的商标可在多个国家注册并受到各国法律的保护。

3. 品牌与商标的联系与区别

其联系表现在:品牌包含商标,二者的对象都是商品,功能都在于区别,设计都是由名称、文字、图形、符号构成,价值都反映企业的产品实力,是企业的无形资产。

但两者又有细微的差别:品牌侧重名称宣传,提高企业知名度,所以更多与企业联系,而商标侧重商标注册,防止他人侵权,更多与具体商品联系;品牌由来已久,商标近代才出现;所有商标都是品牌,但品牌不一定都是商标。

二、品牌的设计与命名

(一) 品牌设计与命名的原则

从市场营销学的角度,一个富于传播力的品牌有赖于品牌名称与标识的精心设计。正如美国著名营销专家所言:"好名字是长期成功的最好保障。"因此,营销人员要极其重视品牌的命名与设计。一个优秀的品牌设计应符合如下原则:

1. 个性显著、新颖别致、寓意深刻

品牌的首要作用在于区别同类产品、企业或劳务,因此品牌的个性、特色是品牌的生命,雷同、平庸的品牌设计往往不能引人注目。中国电信的天翼品牌设计是这一原则贯彻使用的一个成功典范。

天翼品牌设计

"天翼",英文名称"e surfing",是中国电信为满足广大客户的融合信息服务需求而推出的移动业务品牌。

"天翼"的中文名称和飞翔、翅膀、天空直观相关,体现了自由自在的移动体验和广阔的覆盖;"天翼"与"添翼"谐音,寓意用户使用中国电信的移动业务后如虎添翼,可以更畅快地体验移动信息服务,享受更高品质、更自由的信息新生活。

"天翼"的英文名称为"e surfing"。"e"是信息、互联网、信息时代的浓缩;"e surfing",信息冲浪,充分体现了移动互联网的定位。

"天翼"的 logo 是一朵由"e"变形而成的祥云。

整个 logo 以"e"为主,与"翼"谐音,充分体现与互联网及信息应用的相关性;变形的"e"字形似云彩,很好地诠释了"天翼"的寓意,代表"天翼"将人们带入自由自在的移动互联网新时代;图案既有传统特色,又富含未来感和科技感。

(资料来源:百度文库)

2. 简洁通俗、富有亲和力

品牌有告知、传播的功能,因而无论是名称还是图案,都宜简洁通俗,即品牌或商标图形线条简明、色彩单纯,易于理解、记忆,内容文字概括简练,且读音响亮,朗朗上口。如同是国际知名香皂品牌,舒肤佳通过强调"舒"和"佳"两大焦点,给人以使用后会全身舒爽的联想,因此其亲和力更强;而力士给人的感觉则要生硬、男性化一些。

3. 严肃性

品牌的设计还要适应国内外的商标法规,不得同国家名称、国旗、国徽、军旗、勋章相同或相似;不得同国际组织的旗帜、徽记、名称相同或相似;不得带有民族歧视性或带有欺骗性;不得有损于社会主义道德风尚。

以 2006 年"中央一套"被福建商人提出向国家商标局申请商标注册一例来看,就有违严肃性原则。虽然将"中央一套"和安全套联系在一起,确实是一个很贴切的互容概念,且可以让人们联想到一个传递很久的品牌电视传媒——中央电视台,无论是读起来还是听起来都朗朗上口,让人记忆深刻、回味无穷。但是由于"中央一套"四个字包含了"中央"一词,而"中央"除了表示方位外,同时还是中国共产党中央委员会、中央政府的简称,是我国最高领导机关的简称,不应注册为商标使用。其次,"中央一套"作为中央电视台第一频道的专用名词,其申请人不过是想将"中央一套"的极高知名度嫁接到自己的产品上,客观上对"中央一套"做了贬损性的解释。因此,将"中央一套"用作安全套商标对中央电视台必然会产生负面影响,损害国家电视台的应有形象。

（二）品牌命名的方法

品牌命名的方法很多,这里稍做归纳。

（1）产地命名:如西湖龙井茶、青岛啤酒、古井贡酒、鄂尔多斯羊绒衫等,该法多用于颇有名气的土特产品的命名。

（2）人物命名:如俞兆林内衣、王麻子剪刀、戴尔电脑、松下电视等,以历史人物、传奇人物或者产品设计者的姓名命名,可以引起消费者景仰,因人忆物,借以提高产品身价。

（3）制法命名:如二锅头白酒、泸州老窖特曲等,此法命名便于消费者了解产品制造技术,使消费者对商品质量产生信任感。

（4）效用命名:如降压灵、健力宝、感冒清、心痛定等,该法较多用在医药品之类商品命名上,能直接反映产品性能和效用,指导人们消费。

（5）外形命名:如来一桶、甲壳虫等,此法以商品外形命名,可突出商品优美或奇异的造型与特点,引起消费者的兴趣和注意。

（6）译音命名:如可口可乐、吉普、金利来、麦当劳、肯德基等,该法多在进口商品、西药等命名时使用。

（7）寓意命名:如野马牌摩托、曲美减肥茶、幸福牌床罩、红双喜香烟、旺旺大礼包等,以吉利的词语命名给人以美好的想象和祝福。

（8）夸张命名:如永固牌弹子锁、永久牌自行车、脑白金等,用艺术夸张的词语命名,以显示商品的独特功效。

（9）数字命名:如555牌电池、999胃泰、361°运动服等,此法有利于记忆或利用谐音促销。

（10）产品成分命名:如田七牙膏、两面针牙膏等,通过反映产品构成成分,告知消费者产品的价值,促使消费者购买。

（11）产品生产厂家命名:如海尔冰箱、索尼数码相机、飞利浦剃须刀等。

（12）动植物命名:如白鸭皮蛋、椰树牌椰汁、小天鹅洗衣机、熊猫彩电等。

（13）自然存在物、名胜古迹命名:如香格里拉酒店、亚马逊书店、黄鹤楼烟、扬子江奶粉等,借自然存在物的永恒或人们对名胜古迹的景仰,隐喻产品的美好、持久,也便于记忆。

【营销案例】 强生公司产品命名测试（见右侧二维码）。

三、品牌策略

企业围绕着品牌问题,要做出一系列的决策,如是否使用品牌,使用谁的品牌,怎么使用自己的品牌等。要解决这些问题,就必须进行品牌策略设计。以下对品牌化策略、品牌防御策略、品牌归属策略、品牌关联策略和品牌变更策略做一简要介绍。

（一）品牌化策略

品牌化策略即企业决策是否要给产品建立一个品牌。历史上,制造商或经销商最初是直接把产品从麻袋、箱子等容器中取出来销售,市场对同类产品没有任何辨认的凭证。欧洲中世纪的行会经过努力,要求手工业者在其产品上加印标记,以保护他们自己并使消费者不受劣质产品的侵害,这使最早的品牌标记得以产生,后逐渐发展到很少有产品不使用品牌的程度。品牌化策略包括两种:

1. 不使用品牌

一般认为,在下列几种情况下可以考虑不使用品牌:

(1) 大多数未经加工的原料产品,如棉花、大豆、矿砂等;

(2) 某些生产比较简单、选择性不大的小商品,消费者习惯上不辨认商标的产品,如玩具、白糖、早餐食品、中低档衣袜鞋帽等;

(3) 临时性或一次性生产的商品;

(4) 作为下游企业原材料或零配件的产品。

企业选择不使用品牌的目的是节省品牌设计、广告和包装费用,以降低成本和售价,提高竞争力,扩大销售。近年来,美国的一些日用消费品和药品又出现了"无品牌"回潮倾向,据估计,其超市中提供的无品牌商品的售价低于同类品牌产品的 30%～50%,很受低收入消费者的欢迎,但无品牌商品一般质量不高。

2. 使用品牌

随着市场经济的高度发展和经济全球化浪潮的冲击,品牌化的趋势迅猛异常,品牌化几乎统治了所有产品,甚至一些传统不用品牌的商品也出现了品牌化的倾向,如京山国宝桥米、洪山菜薹、云鹤牌精碘盐等。另外,许多生产中间产品(如电机、电脑芯片、纤维等)的制造商也进入了最终品牌产品行列。如英特尔对消费者的直接品牌宣传使许多个人电脑的顾客只购买内置"英特尔"品牌芯片的电脑,这又使得一些主要的个人电脑制造商(如 IBM、戴尔、康柏)不得不放弃其他低价的供应商而购买英特尔公司的芯片。

显然,创建一个品牌对企业来说是一项极具挑战性的决策,企业不仅需要付出高昂的成本和艰苦的努力,而且要承担该品牌得不到市场认可的风险。在这种情况下,多数企业仍然要使产品品牌化,是因为品牌能为它们带来一系列的优势:

(1) 品牌可使企业的产品特色得到法律保护,防止被竞争者仿制、假冒;

(2) 品牌有利于创建品牌忠诚,促进消费者重复购买;

(3) 品牌还有延伸作用,有助于推出新产品;

(4) 品牌有助于企业细分市场和控制市场,有利于产品组合的扩展;

(5) 强有力的品牌有利于树立企业形象,获得经销商和消费者的信任,从而更容易推广新产品;

(6) 保价功能;

(7) 无形资产、巨大财富。

总之,一个追求在市场上独领风骚、长期发展的企业不仅要不断向顾客提供令人满意的产品,更要拥有自己成功的品牌。此外,企业产品的品牌化对分销商和消费者也同样有利。分销商可把品牌作为方便产品经营、识别供应商、把握产品质量标准和增强购买者偏好的手段。消费者则可通过品牌来识别和判断同类产品的质量差别,以便进行高效率的选购。

(二) 品牌防御策略

品牌防御是防止他人的侵权行为及避免企业的声誉、利润受损,可采用以下策略:

1. 及时注册商标

品牌经注册成功后可得到法律保护,有效地防止竞争者抢注、仿制、使用、销售本企业的商标。出口商品应在目标国家及时注册商标。注册商标在有效期满后应及时申请续展注册。如蕲春的油姜本很出名,因没有品牌意识,结果被镇江抢注,还有海信品牌也在德国被抢注。

2. 在非同类商品中注册同一商标

从战略发展角度来看,在非同类商品中注册同一商标,可以为企业将来做大做强奠定基础,避免做大做强后的品牌被他人盗用。如娃哈哈集团将"娃哈哈"品牌一次性注册到服装、鞋帽、玩具、自行车等多个类别。

3. 在同一商品中注册多个商标

如"两面针"牙膏同时注册"两面针""针两面""面两针""两针面"等多个商标,从而堵住可能被仿冒的漏洞。而另一个治疗慢性咽炎的知名品牌"慢严舒柠"清喉利咽颗粒则因缺乏品牌防御意识,没有对该品牌进行包围注册,致使山寨版"慢咽舒宁""慢咽抒宁""慢咽舒柠""曼咽舒宁"鱼目混珠,以假乱真,让企业焦头烂额——除了靠品牌树立起来的市场遭受到严重冲击外,公司每年还要花费大量的精力用于打假,而打假收效甚微。

4. 使用防伪标识

如在日化产品中使用防伪悬浮纸条或使用防伪标签、防伪油墨、防伪包装、隐形条码等,都可以有效地保护商标的专用权。

5. 品牌并存

我国企业在与外国企业合资时,可以采用品牌并存的方法来防止自己的品牌被雪藏的风险,即在合资企业的不同产品上分别使用我国和外国的品牌,或者在同一产品上共同使用我国和外国的品牌。

【延伸阅读】 商标侵权行为太猖獗 大公司无奈抢注"山寨"商标(见右侧二维码)。

(三)品牌归属策略

制造商在品牌化决策之后,还要决定品牌归谁所有,由谁管理和负责。制造商的产品在品牌归属上有几种策略选择:

1. 制造商品牌

制造商品牌是制造商使用自己的品牌,也称生产者品牌。

2. 中间商品牌

制造商将其产品卖给中间商,再由中间商用自己的品牌为产品进行包装,并转卖出去,这种由中间商为产品设计的品牌,叫中间商品牌。如美国著名的零售连锁店西尔斯(Sears)销售的产品,90%以上都用自己的品牌,如"顽强"电池、"工匠"工具、"肯摩尔"燃具,这些品牌已博得了用户的品牌忠诚。近几年,我国的一些中间商也开始开发自有品牌,如超市发连锁有限公司的"超市发"品牌,武商集团旗下的武商量贩超市连锁推出的"武商量贩"牌自有品牌等。

在制造商品牌和中间商品牌的竞争对抗中,中间商具有诸多有利条件。譬如:由于零售店的货架空间有限,很多超市以收取货架费作为接受新品牌的条件,以分摊商品的陈列和储藏成本,中间商却可以把显著的陈列位置留给自己的品牌并保证有更充足的备货;中间商特别注意宣传自己的品牌以赢得顾客的信任,等等。

企业究竟是使用制造商品牌还是使用中间商品牌,必须全面地权衡利弊,以做出合理的决策。在制造商具有良好的市场声誉、拥有较大的市场份额的条件下,大多使用制造商品牌;相反,在制造商资金实力薄弱,或者制造商在市场上的商誉远远不及中间商的情况下,则适宜采用中间商品牌。

3. 混合品牌

混合品牌也称双重品牌,即部分产品用制造商品牌,部分产品用中间商或其他厂商的品牌。例如,武汉友芝友乳品公司与同为乳品生产企业的蒙牛公司合作后,一部分产品使用的是自己的商标"友芝友",另一部分产品则使用"蒙牛友芝友"的商标。

4. 虚拟品牌

（1）定牌（贴牌），一般是指出口企业按外国买主的要求在自己的产品上使用买主指定的牌名。国内一些联营企业也常采用这种策略，即由主导厂提供技术、严把质量关，协作厂的产品用主导厂的品牌出售。如广东东莞裕元制造厂就是定牌生产耐克、阿迪达斯高档系列的厂家。

（2）品牌特许，制造商通过许可证的形式，支付一定的费用，获得其他制造商的商标使用权。如著名品牌皮尔卡丹通过品牌特许形式，授权遍及全球120个国家和地区的工厂，生产五花八门的皮尔卡丹自行车、皮尔卡丹香烟、皮尔卡丹儿童玩具、皮尔卡丹床上用品、皮尔卡丹化妆品等，通过特许授权，皮尔卡丹每年赚取1亿美元的纯收入。

（四）品牌关联策略

这是企业内部品牌之间关联程度的决策，可分为如下三种品牌策略：

1. 同一品牌策略

同一品牌策略也称统一品牌或亲族品牌策略，是指企业对所生产的多种产品使用同一品牌，其实质是品牌延伸策略，即企业把自己成功的商标品牌延伸使用到其他产品上去。例如：康师傅方便面在市场上成功后，厂家把这一商标延伸使用到乌龙茶、八宝粥、饼干、果汁、纯净水、香米饼等产品上；本田公司则利用"本田"之名，推出了汽车、摩托车、扫雪机、汽艇、雪上摩托车、割草机等多种产品。

这种品牌策略的主要优点是：企业可以运用多种媒体来集中宣传一个品牌，借助品牌的知名度来显示企业实力，塑造企业形象；有助于新产品进入目标市场，不需要为建立新品牌的认识和偏好而花费大量的广告费。

但是，在运用统一商标策略或品牌延伸策略时，需要注意以下问题：

如果企业的某一种产品出了问题（如质量问题），其他产品也会受到牵连，因此必须对所有产品的质量进行严格控制。

另外，多种产品使用同一个商标，容易使消费者在产品的特点、档次、功效等方面发生混淆。

再次，品牌的延伸使用要符合消费者对该品牌形成的既定印象。如果佳洁士推出低档牙膏，派克推出廉价钢笔，就有可能破坏品牌在消费者心目中的印象，这样是得不偿失的。

2. 个别品牌策略

个别品牌策略是指企业对不同产品分别使用不同的品牌名称。如：宝洁公司在中国生产的洗发水分别用飘柔、海飞丝、潘婷、沙宣、伊卡璐等品牌；百胜餐饮旗下包括肯德基、必胜客、塔可钟、艾德熊（A&W）及 Long John Silver's（LJS）五个世界著名的餐饮品牌。

这种品牌策略的好处是：起"隔离"作用，用品牌把不同产品的特性、档次、目标顾客的差异隔离开来，而不必把高档优质产品的品牌引进较低质量的产品线；起"保险"作用，没有将企业的声誉系在某一产品品牌的成败之上，企业不会因某一品牌信誉下降而承担较大的风险；起"激励"作用，不断开发的新产品采用新的品牌，可给人以蒸蒸日上、进步发展的良好印象，且品牌之间的适度竞争有利于企业产品向多个细分市场渗透。

缺点：个别品牌成本费用大，包括商标设计及品牌命名费用、注册与续展费用、宣传推广费用等，使企业在竞争中处于不利地位。此外，品牌过多，不利于企业创立名牌。

3. 同一品牌和个别品牌并列

一个拥有多条产品线或者具有多种类型产品的企业可考虑采用此策略，一般是在每一种个别品牌前冠以公司的商号名称。例如美国通用汽车公司生产多种类型的汽车，所有产品都采用G、M两个字母所组成的总商标，而对各类产品又分别使用凯迪拉克（Cadillac）、别克（Buick）、奥斯莫比(Oldsmobile)、潘的(Potic)和雪佛兰(Chevrolet)等不同的品牌。每个个别品牌都表示一种具体特点的产品,如雪佛莱表示普及型轿车,凯迪拉克表示豪华型的高级轿车。

采用这种策略的出发点是企图兼收以上两种策略的优点,即既可以使新产品享受企业的声誉,节省广告费用,又可以使各品牌保持自己的特点和相对独立性。

(五)品牌变更策略

许多相关因素的变化要求企业做出变更品牌的决策,它包括以下两种策略:

1. 更换品牌策略

更换品牌策略是指企业完全废弃原有的牌名、商标,更换为新的牌名、商标。当品牌已不能反映企业现有的发展状况时,或由于产品出口的需要等,可以进行更新,目的是使品牌适应新的观念、新的时代、新的需求和新的环境,同时也可给人以创新的感受。

2. 推展品牌策略

推展品牌策略是指企业采用原有的品牌,但逐渐对原有的商标进行革新,使新旧商标之间造型接近、一脉相承、见新知旧。2016年,一批中国本土互联网、汽车、银行金融、酒店、食品、餐厅、化妆品、电视频道、节目媒体等品牌纷纷进行了推展更改,换上了新logo。

【延伸阅读】 回顾:2016年都有哪些企业换上了新logo(国内版)(见右侧二维码)。

第六节 包 装 管 理

包装是商品实体的重要组成部分,如果把商标比做商品的"脸面",那么包装可谓是商品的"外衣",它是作为商品的"第一印象"进入消费者眼帘的。著名的杜邦定律揭示:63%的消费者是根据商品的包装和装潢进行商品决策的;到超级市场购买的家庭主妇,由于精美的包装和装潢的吸引,所购物品通常超过她们出门时打算购买数量的45%。正是基于包装在营销中占有越来越重要的地位和作用,西方有些市场营销理论研究者主张把包装称为与市场营销4P(product、promotion、price、place)组合平行的第5个P,不过,多数营销人员还是将包装视为产品策略中的一个要素。

一、包装的概念

包装是为了在流通过程中保护产品、方便储运和促进销售,而按照一定的技术方法使用容器、材料及辅助物等,将物品包封并予以适当的装饰和标志工作的总和。简言之,包装就是包装物和包装操作的总和。

产品包装一般包括三个部分,即:

(1)首要包装,又称直接包装、内包装,是指最接近产品的容器或包装物,如酒瓶、牙膏管体、饮料瓶、润肤露瓶等。

(2)次要包装,又称间接包装、中包装,是指保护首要包装的包装容器,如酒瓶、牙膏管体、润肤露瓶之外套的长方形纸盒。这层包装除了增加对产品的保护功能外,还提供了企业发挥促销作用的承载手段,如载有充分的促销信息。

(3)运输包装,又称储运包装、外包装,是指为了储存和运输需要而形成的大包装,如装有6瓶酒的纸箱、装有24瓶润肤露的硬纸盒。

二、包装的作用

作为整体产品的组成部分,包装的意义已经远远超越了作为容器保护商品的作用,而逐步成为树立企业形象、促进扩大商品销售的重要因素之一。其作用主要体现在以下几个方面:

1. 保护产品

适当的包装可防止商品在流通过程中遭受各种可能的损害,起到保护商品的使用价值的作用。如:易腐败的食品采用真空袋包装;易碎的瓷器、玻璃制品、鸡蛋则可在包装内增加泡沫、托板、卡板等,起到固定、缓冲振荡的作用。

2. 提供便利

良好的包装既便于卖方对产品的运输、装卸、堆码和储存,也便于消费者对商品的识别、购买、携带和使用,便利了整个交易活动。如把两三瓶饮料借助塑料连接件牢固地连接起来,顾客购买的时候携带起来就很方便。

3. 易于识别

包装可以通过引人入胜的造型,以及印刷在包装上的图片和文字,突出商品的特色,引起消费者对商品的注意和喜爱,促成更多的购买行为发生。

4. 增加利润

除了通过促进销售增大企业的利润之外,包装不仅降低了产品在流通中的损耗率,而且其本身能够提高产品的附加值,顾客因此而愿意支付的价格远远高于包装的附加成本,从而大幅度提高了企业的利润水平。如苏州的檀香扇在香港市场上的售价原为 65 元,由于改用成本 5 元的锦盒包装,售价提高到 165 元。

包装对消费者心理的影响

1. 求美心理

商品的包装设计是装饰艺术的结晶。精美的包装能激起消费者高层次的社会性需求,深具艺术魅力的包装对购买者而言是一种美的享受,是促使潜在消费者变为显在消费者,变为长久型、习惯型消费者的驱动力量。大凡是世界名酒,其包装都十分考究。从瓶到盒都焕发着艺术的光彩——这是一种优雅且成功的包装促销。

2. 求趣心理

人们在紧张的生活中尤其需要轻松和幽默。美国的一家公司在所生产的饼干的罐盖上印上各种有趣的谜语,只有吃完饼干才能在罐底找到谜底,产品很受欢迎。我国儿童食品"奇多"粟米脆每包都附有一个小圈,一定数量的小圈可以拼成玩具,小圈越多,拼的玩具就越漂亮,结果迷住了大批的小顾客。人们的好奇心往往可以驱使他们重复购买。

3. 求异心理

特别是年轻人,喜欢与众不同,喜欢求异、求奇、求新,极力寻找机会表现自我。以这类消费者为目标市场的产品包装可以大胆采用禁忌用色,在造型上突破传统,在标识语中大力宣扬"新一代的选择",以求引导潮流,创造时尚。但是这类消费者的心理不稳定且难以捉摸,潮流变幻无常,因此对其包装促销是高风险、高回报的尝试。

(资料来源:百度文库)

三、包装的设计

在包装设计上要体现社会性市场营销观念,不但要考虑企业的利益,还要考虑社会的公共利益。具体设计要求如下:

(1) 从包装的材料选择到包装的结构造型,要求不仅要符合新颖、美观等艺术性要求,而且要适宜于商品运输、储存和陈列,以及消费者携带、使用和储存。

(2) 包装应与商品价值或质量水平相匹配,尽量体现商品的特点或独特风格。忌低值商品高级包装、欠量包装、过分包装甚至夸大功能的欺骗性包装。

(3) 包装装潢上所采用的图案、色彩等既要符合目标市场消费者的心理要求,又不能与其民族习惯、宗教信仰发生抵触。

(4) 包装上的文字说明必须完全与商品的性质相一致,且必须注明生产企业或经销企业的名称、地址、联系电话、传真、网址等。药品和营养品应注明每次服用的精确分量,食品应注明生产日期、保质期、成分及含量、食用方法、禁忌与注意事项等,以增强消费者的信任感并能指导消费。

(5) 包装材料的使用上要注意减少污染,避免资源浪费,保护生态环境,提倡使用轻量化、薄型化、无害化的包装材料,如有的企业已开始使用可降解的塑料作为包装材料,有的甚至提出"商品包装趋向于零"的口号。

四、包装策略

为了充分发挥包装在营销方面的作用,除了要对包装进行精心的设计外,还要正确决策和灵活运用以下包装策略。

1. 类似包装策略

类似包装策略也称统一包装策略,是指企业所生产的各种产品,在包装上都采用相同的图案、色彩,体现出共同的特色,使顾客很容易就能识别出是来自同一厂商的产品。类似包装具有和采用同一品牌策略相同的好处,即节省包装设计费用,树立企业统一形象,易推出新产品。但类似包装策略只适用于相同或相近质量水平的不同产品,一旦质量水平相差悬殊,则不仅会提高低档产品的销售成本,而且会对高档产品的形象造成不利影响。

2. 配套包装策略

配套包装策略也称组合包装策略,是指企业根据消费者的购买和消费习惯,将多种使用上相互关联的产品纳入同一包装容器内,如女士化妆盒、家用工具箱、餐具、儿童"六一"礼品袋等。这种包装不仅可以方便消费者购买和使用,而且有利于带动多种产品销售,特别有利于新产品的推销。但在实践中,需防止不顾市场需求的具体特点及消费者的购买力水平和产品本身关联程度大小任意组合搭配的错误做法,以免消费者产生抵触情绪。

3. 再使用包装策略

这种策略又称为双重用途包装策略,是指所使用的包装物在产品消费完毕之后并未作废,还能改作其他用途。如:糖果、饼干的包装盒可改作工具盒、针线盒;酒喝完后,酒瓶可作插花的花瓶使用。这种策略可刺激消费者的购买欲望,扩大产品销售,同时使带有企业标记的包装物在被使用过程中起到延期广告宣传的作用;但采用这种策略的产品,其包装容器的成本较高。

4. 等级包装策略

这是指企业为不同质量等级的产品分别设计和使用不同的包装。显然这种策略的实施成本较高,但它可以适应不同的购买力水平或不同顾客的购买心理,从而扩大产品销售。如在茶叶的销售中,一级茶叶用听装,三级茶叶用盒装,五级茶叶用袋装,碎茶散装。

5. 附赠品包装策略

这是指在包装容器内除目标产品外另附有赠品,以吸引消费者购买。该策略对儿童和青少年及低收入者较为有效,若赠品采用累积获奖方式,效果会更明显。如康师傅方便面在包装内附小虎队旋风卡,而且每包里面的人物都不同,孩子们爱不释手,味道各异的康师傅方便面就这样随着五彩缤纷的旋风卡走进千家万户。

6. 更新包装策略

这是指企业采用新的包装技术、包装材料、包装设计等,对原有产品包装加以改进,以改变产品的原有形象。例如把饮料的瓶式包装改为易拉罐式包装,粉剂药的袋式包装改为胶囊包装等。更新落后的包装材料、技术和形式,使产品更加便于顾客使用,对提高产品形象、扩大销售、提高经济效益有一定的促进作用。但名牌产品包装的改进要慎重,以免误给消费者以假冒名牌、质量下降等印象,以致失去"品牌忠诚者"。

【行业趋势】 食品饮料行业,包装的颜值已成为产品成功最重要的因素!(见右侧二维码)。

本章小结

产品策略是市场营销组合的首要因素。产品是一个整体概念,可分为核心产品、形式产品、延伸产品三个层次。在现代市场营销观念下,通常按产品的耐用性和有形性可将其分为耐用品、非耐用品和服务。按产品的用途可将其分为消费品和工业品两大类。

当企业拥有多种产品时,就必须解决产品之间的结构问题。产品组合方式由其宽度、长度、深度和关联度等变数决定。产品组合是动态的,企业可借助波士顿矩阵分析法来分析产品组合的合理性,并据此进行决策,使其达到最佳状态。企业可依据不同情况采取扩大或缩减产品组合的策略。扩大产品组合策略包括增加产品线和增加产品项目,其中增加产品项目可通过产品线分别向上、向下和双向延伸实现,也可以通过产品线填补实现。缩减产品组合包括缩减产品线和缩减产品项目。

产品生命周期是指产品从投入市场开始到被淘汰退出市场的全部运动过程。产品生命周期分为四个阶段,即导入期、成长期、成熟期和衰退期。处于不同阶段的产品有着不同的市场特征,相应地要采取不同的营销对策。

凡是产品整体性概念中任何一部分的创新、改进,能给消费者带来某种新的感受、满足和利益的相对新的或绝对新的产品,都叫新产品。新产品可划分为全新产品、换代新产品、改进新产品、仿制新产品等几类。

开发新产品必须以满足消费者的需要为出发点,其程序大致经过七个阶段,即新产品构思、构思的筛选、概念形成与测试、初拟营销规划、新产品的研制、市场试销、正式上市。

新产品扩散是指新产品上市后随着时间的推移不断地被越来越多的消费者采用的过程。

品牌是由企业独创的,用以识别卖主的产品或服务的某一名词、术语、标记、符号、设计或它们的组合,完整的品牌包括品牌名称、品牌标识和品牌角色三部分。品牌设计与命名应遵循个性显著、新颖别致、寓意深刻、简洁通俗、富有亲和力及严肃性等原则。品牌策略包括品牌化策略、品牌防御策略、品牌归属策略、品牌关联策略和品牌变更策略。品牌化策略包括不使用品牌和使用品牌;品牌防御可采取及时注册商标、在非同类商品中注册同一商标、在同一商品中注册多个商标、使用防伪标识、品牌并存等策略;品牌归属可做出制造商品牌、虚拟品牌、中间商品牌、混合品牌四种选择;在确定企业内部品牌之间关联程度时,可采取同一品牌策略、个别品牌策略、同一品牌和个别品牌并列;品牌变更策略包括更换品牌策略和推展品牌策略。

产品包装一般包括首要包装、次要包装、运输包装三个部分,其作用体现在保护产品、提供便利、易于识别、增加利润四个方面。除了要对包装进行精心设计外,还要正确决策和灵活运用类似包装策略、配套包装策略、再使用包装策略、等级包装策略、附赠品包装策略和更新包装策略。

思考题

1. 怎样正确理解产品整体概念?
2. 什么是扩大产品组合策略?
3. 什么是产品生命周期?产品生命周期各阶段有哪些市场特征?各阶段的营销策略是什么?
4. 什么是新产品?新产品开发的必要性是什么?
5. 简述新产品开发的程序。
6. 什么是品牌?品牌和商标的区别和联系是什么?
7. 企业宜采取制造商品牌还是中间商品牌?
8. 同一品牌策略与个别品牌策略各自有何优缺点?
9. 产品包装策略有哪几种?

案例分析与实训

1. 案例分析

多元化 VS 聚焦

什么是企业的多元化经营?最简单的理解,多元化就是用新的产品去开拓新的市场。有很多原因吸引公司采取多元化战略,可能是追求快速增长,可能是追求眼前的最大利益,也可能是希望把鸡蛋放到更多的篮子里分散风险,等等。就中国市场来说,多元化发展日益盛行,如联想开始涉足农业领域,小米开始涉足家电领域,华硕开始涉足手机领域,海信开始涉足房地产领域等。而其中又以海尔最为成功,继在主业电冰箱上获得成功之后,海尔开始进军白色家电,在此领域成绩斐然的情况下,再次进入黑色家电。如今,海尔已经成为一个令人尊敬的家电巨头,甚至跨入了物流、地产等领域。

多元化的反面是聚焦,聚焦的好处显而易见。里斯说,强大无比的太阳,光芒照耀万千世界,但是带上一顶小小的遮阳帽,就不会被阳光灼伤。而医院里聚集一束激光,只需要消耗几瓦的电力,就能切除人体的肿瘤。

减少产品种类,缩减企业业务,专注于单一市场,就能聚焦。企业因聚焦而成功的案例很多,如手机行业原本以产品数量多而著称,自从苹果开创了聚焦单一产品的策略后,其他的品牌纷纷跟进。饮料行业中,王老吉长期坚持一款产品甚至一个包装;红牛虽然有两个包装,但核心显然是金罐……

问题:企业是多元化经营还是聚焦单一产品,一直以来是一个颇有争论的话题,试结合所学,谈谈你的看法。

2. 实训

实训目的:掌握波士顿矩阵分析法,并能学以致用。

实训内容:选择一个企业(如蒙牛、可口可乐、宝洁、海尔等),收集整理该企业的产品组合,并尝试对该企业的产品组合进行分析评价,提出下一步产品组合优化的建议。

第九章 价格策略

 教学内容和教学目标

◆ 内容简介
(1) 影响定价的因素和定价的程序。
(2) 定价方法。
(3) 定价策略。
(4) 价格调整及价格变动反应。

◆ 学习目标
(1) 了解影响定价的主要因素。
(2) 重点掌握成本导向定价法,并能结合实践对新产品进行定价。
(3) 理解掌握折扣、地区、心理、差别、新产品及产品组合定价策略,并能灵活运用于具体实践中。

价格策略是一个比较近代的观念,源于十九世纪末大规模零售业的发展。在历史上,多数情况下,价格是买者做出选择的主要决定因素;不过在最近的十年里,在买者选择行为中非价格因素已经相对地变得更重要了。但是,价格仍是决定公司市场份额和盈利率的重要因素之一。"洋超市"早期在中国的成功皆归因于其善于抓住消费者的心理和成功的价格策略。

第一节 影响定价的因素和定价的程序

一、影响定价的主要因素

在第一次制定价格时,企业要考虑以下因素:定价目标、产品成本、市场需求、竞争因素、政策因素、法律因素及产品特征因素等。

1. 定价目标

企业的定价目标即企业的市场战略目标,是企业在拟定的价格水平下期望达到的市场效果,是影响定价的首要因素。企业的定价目标是以满足市场需要和实现企业盈利为基础的,它是实现企业经营总目标的保证和手段,同时也是企业定价策略和定价方法的依据。一般来说,企业的定价目标包含以下类型:维持生存、当期利润最大化、市场占有率最大化、产品质量最优化等。

2. 产品成本

产品成本是产品定价的基础。产品成本包括制造成本、销售成本和储运成本等。从长远看,如果企业想对一种产品定价,这种价格必须能够补偿企业的各项成本及费用,同时还要能为企业带来可观的收益,以保证再生产的实现。因此,产品的生产经营成本决定了产品价格的下限。

3. 市场需求

企业制定的每一种价格都会产生不同的需求水平。根据需求定理,在通常情况下产品的需求量与产品价格成反比(当然,对于某些高档名牌产品来说,其需求量与价格可能成正比)。因此,需求决定了产品价格的上限。

在实际生活中,由于不同商品的需求价格弹性不同,企业在制定产品价格时,必须对价格与需求的关系、需求的价格弹性等进行研究。商品的需求价格弹性是指需求量对价格变动的反应敏感程度。不同的产品,其需求随价格变动的比率是不一样的。需求的价格弹性计算公式为需求量变动百分比除以价格变动的百分比,如下所示:

$$E_d = -\frac{\frac{\Delta Q}{Q}}{\frac{\Delta P}{P}}$$

当 $E_d < 1$ 时,需求缺乏弹性。此类产品价格上升(下降)会引起需求量较小幅度的减少(增加)。企业在对其产品定价时,降低价格并不能引起需求量的大幅度增加,提高价格,需求量也不会大幅度下降。因此,企业为了增加收益,可以适当调高产品价格,如食盐、大米、燃料等。

当 $E_d > 1$ 时,需求富有弹性。此类产品价格上升(下降)会引起需求量较大幅度的减少(增加)。企业应该降低价格,刺激需求,通过薄利多销来增加利润。例如日常快速消费品、家用电器等。

4. 竞争因素

价格策略的本质是一种竞争策略,企业的定价行为是一种竞争行为。任何一次价格的制定和调整都会引起竞争者的关注,并有可能引起竞争者的某项行为。在由需求决定的最高价格与由成本决定的最低价格之间,企业能把价格定多高,则取决于竞争者同种产品的价格水平。

因此,了解竞争者的价格,有助于企业及时对本企业的产品价格做出相应调整,同竞争者的产品比质比价,以便准确地制定本企业产品的价格。

5. 政策、法律因素

企业价格策略受政策、法律因素影响主要体现在各种有关价格禁止的法规上,企业在制定价格时要考虑到这些政策、法令的规定及企业定价的权限。我国相关的政策、法律条例有《中华人民共和国价格法》《中华人民共和国反不正当竞争法》《制止牟取暴利的暂行规定》《价格违法行为行政处罚规定》《关于制止低价倾销行为的规定》等。

6. 产品特征因素

企业在定价的时候还需要考虑到产品自身的属性、特征等因素。具有不同特征的产品适用于不同的价格策略。产品特征因素主要包含以下几个方面:

第一,产品的种类。不同的产品种类对价格有不同的要求。企业应认真分析自己的产品是日用必需品、选购品、特殊品,还是威望与地位性产品,或是功能性产品。例如日用必需品的价格必然要顾及大众消费的水平,而特殊品的价格则侧重于特殊消费者。

第二,产品的标准化程度。产品的标准化程度直接影响产品的价格决策。标准化程度高的产品,其价格变动的可能性一般低于非标准化或标准化程度低的产品。标准化程度高的产品,其价格如果变动过大,很可能引发行业内的价格竞争。

第三,产品的易腐性、易毁性和季节性。一般情况下,保质期短、易腐易烂、不宜长期储存的产品,价格变动的可能性比较高。常年生产、季节性消费的产品与季节性生产、常年消费的产品相比,在利用价格促进持续平衡生产和提高效益方面有较大的主动性。

第四,产品所处的生命周期。一方面,处于不同生命周期的产品,其价格策略存在差异;另一方面,产品生命周期的长短也会影响企业的价格策略。生命周期短的产品,如时装等时尚产品,由于市场变化快,需求增长较快、消退也快,其需求量的高峰一般出现于生命周期的前期。所以,企业在高峰阶段要抓住时机、制定高价,便于企业尽快收回成本和利润,高峰阶段过后企业就要及时调整价格策略。

【延伸阅读】 受包装材料及原奶价格上涨影响,奶企迎来新一轮涨价潮(见右侧二维码)。

二、定价的程序

公司制定价格是一项很复杂的工作,要在全面考虑各方面因素的基础上,采取一系列步骤和措施。一般来说,要采取六个步骤:

(1) 选择定价目标;
(2) 测定需求的价格弹性;
(3) 估算成本;
(4) 分析竞争对手的产品与价格;
(5) 选择适当的定价方法;
(6) 确定最终价格。

第二节　定 价 方 法

在分析了影响定价的主要因素之后,企业就要选择恰当的方法来进行定价。企业产品价格的高低要受市场需求、成本费用和竞争情况等因素的影响和制约。企业在定价中要全面考虑这些因素。根据这三个因素在实际定价中的影响程度大小,定价的方法存在相应的三种导向,即成本导向、需求导向和竞争导向。

一、成本导向定价法

成本导向定价法,是一种最简单的定价方法,是指依据产品的成本决定其销售价格的定价方法,即在产品单位成本的基础上,加上预期利润作为产品的销售价格。售价与成本之间的差额就是利润。由于利润的多少是有一定比例的,这种比例就是人们俗称的"几成",因此这种方法就被称为成本导向定价法。

成本导向定价法的主要优点在于:能够涵盖所有成本,依据目标利润制定价格,易于理解和使用,而且也是一种广泛使用的理性定价方法。其缺点在于:成本导向定价法是基于提前预估成本所制定的,如果实际生产发生改变,则会直接导致成本发生改变,如果企业成本高于竞争者,使用此方法定价会造成企业竞争力不足;它忽略需求价格弹性;对于某些企业目标,如市场渗透、对抗竞争等行为帮助有限;此方法可能会使定价策略丧失灵活性。

采用这种定价方法,要注意:一方面要准确核算成本,另一方面要确定恰当的利润百分比(即加成率)。由于产品形态不同及成本基础上核算利润的方法不同,成本导向定价法可分为以下几种形式:

1. 成本加成定价法

成本加成定价法是按产品单位成本加上一定比例的利润制定产品价格的方法。成本加成定

价法是一种基础的定价方法,适用于非竞争性产品的定价。大多数企业是按成本利润率来确定所加利润的大小的,即:

产品单价＝单位成本＋单位成本×成本利润率＝单位成本×(1＋成本利润率)

成本加成定价法的关键是成本加成率的确定。企业一般根据某一行业或某种产品已经形成的传统习惯来确定加成率。不过,不同的商品、不同的行业、不同的市场在不同的时间、不同的地点,其加成率都是不同的,甚至同一行业中不同的企业也会有不同的加成率。一般而言,加成率与单位产品成本成反比,单位产品成本越低,加成率越高。此外,加成率与资金周转率成反比,与需求价格弹性成反比(需求价格弹性不变时加成率也应保持相对稳定),零售商使用自己品牌的加成率应高于使用制造商品牌的加成率。

成本加成定价法的主要优点在于:①由于成本的不确定性一般小于需求的不确定性,定价着眼于成本可以使定价工作大大简化,不必随时根据需求情况变化而频繁地调整,因而大大简化了企业的定价工作;②只要同行业企业都采用这种定价方法,那么在成本与加成率相似的情况下价格大致相同,可以使价格竞争减小至最低限度;③对买卖双方都较为公平,固定的加成率可以使卖方获得稳定的投资收益,卖方也不会利用买方需求量大增的机会趁机哄抬物价。鉴于以上原因,这种方法应用得较为广泛,尤其在商品零售、建筑施工、进出口和消费服务业中最为流行。

成本加成定价法也存在不足,主要是加成率一经确定就易于被固定化,从而导致企业忽视市场需求、竞争状况和供求数量关系等方面的变化。

2. 目标利润定价法

目标利润定价法,又称目标收益定价法、目标回报定价法,是根据企业预期的总销售量与总成本,确定一个目标利润率的定价方法。目标利润定价法是成本计划的编制方法之一。这是一种制造业企业应用比较普遍的方法。这一方法的操作过程是:预测产销量并估算总成本,按确定的成本利润率估算目标利润,估算总销售收入并计算单位产品的目标价格。

企业在应用目标利润定价法时,若完全以主观推测的产品销售量计算并制定产品的单位价格,可能会偏离市场所能接受或所愿接受的价格水平,从而导致所生产的产品出现供过于求或供不应求的问题。为了避免这种情况发生,企业在应用目标利润定价法时应借助需求函数、需求曲线等分析工具。

目标利润定价法与成本加成定价法是有区别的。差别在于成本加成定价法公式中的成本只是制造成本,不包括期间费用,而目标利润定价法公式中的成本包括制造成本和期间费用。相应地,两个公式中的成本利润率也有所不同。

目标利润定价法的优点:①能够保证企业目标利润的实现,回收投入资金;②对于大型工程、公共事业及一些服务性项目来说,是一种有效的定价方法。目标利润定价法的缺点:①可行性不大,因为从卖方的角度出发,没有结合市场需求与竞争情况;②如果预定的销售量没有实现,那投资的回收期限和目标利润都不可能达到。

3. 盈亏平衡定价法

盈亏平衡定价法也叫保本定价法或收支平衡定价法,是运用盈亏平衡分析原理来确定产品价格的方法,是指在销量既定的条件下,企业产品的价格必须达到一定的水平才能实现盈亏平衡、收支相抵,这种制定价格的方法就称为盈亏平衡定价法。科学地估计销量和固定成本、变动成本是盈亏平衡定价的前提。盈亏平衡定价法的关键是要找出盈亏平衡点,即企业收支相抵、利润为零时的状态。

采用盈亏平衡定价法进行定价,首先要预测商品销售量,已知固定成本及变动成本,在此基础上求解盈亏平衡点。公式如下：
$$P = F/Q + V$$
其中：Q——盈亏平衡点的销售量；F——固定成本；P——盈亏平衡点单位商品的价格（保本价格）；V——单位商品的变动成本（人工、材料）。

保本价格意味着企业以该价格出售产品时只能收回成本，不能盈利。若高于保本价格便可获利，获利水平取决于高于保本点的距离；如低于保本定价，企业必亏无疑。因此，也可以将盈亏平衡定价法理解为它规定了在产量一定的情况下，什么价格能够保证企业不亏本。

盈亏平衡定价法适用于产品的价格必须达到一定的水平才能做到盈亏平衡、收支相抵的企业，如旅游饭店等。因此，盈亏平衡定价法常用作对企业各种定价方案进行比较和选择的依据。

4. 边际贡献定价法

边际贡献是指企业每多出售一单位商品而使总收益增加的数量。边际贡献定价法也称为变动成本加成定价法，用此方法只计算变动成本，不计算固定成本，而以预期的边际贡献补偿固定成本，从而获得收益。公式如下：

$$产品单价 = 单位变动成本 + 单位产品边际贡献$$

边际贡献定价法适用于：①企业主要商品已分摊企业固定成本后的新增商品定价；②企业达到保本点后的商品定价；③企业开拓新地区市场的商品定价，即在现有市场的销售收入已能保本并有盈利的情况下，为拓展市场，可对新客户或新设网点的商品按变动成本定价；④企业经营淡季时的定价。

其最显著的特点在于：简便易行、用途广泛，既是企业经营管理的重要内容，又是企业经营决策的重要工具，对管理人员谨慎、科学地从事生产经营活动具有重要的指导意义。

二、需求导向定价法

需求导向定价法是指根据国内外市场需求强度和消费者对产品价值的理解来制定产品销售价格，市场需求高则制定高价，反之则制定低价。这种定价方法主要是考虑顾客可以接受的价格及在这一价格水平上的需求数量，而不是产品的成本。按照这种方法，同一产品只要需求大小不一样，就制定不同的价格。

需求导向定价法的优点在于灵活，可依据市场情况制定价格。缺点在于：如果一个市场的流通量低于另一个市场的，有可能导致灰色市场的形成；对产品在市场中的流通量难以正确预估。需求导向定价法包括认知价值定价法、需求差异定价法及反向定价法三种。

1. 认知价值定价法

认知价值定价法是指以消费者对商品价值的感知及理解程度作为定价的基本依据，把买方的价值判断与卖方的成本费用进行比较，定价时更应侧重考虑前者。因为消费者购买商品时总会在同类商品之间进行比较，最终选购那些既能满足其消费需要，又符合其支付标准的商品。消费者对商品价值的理解不同，会形成不同的价格限度。这个限度就是消费者宁愿付货款也不愿失去这次购买机会的价格。如果价格刚好定在这一限度内，消费者就会顺利购买。一般来说，消费者对某种产品的认知价值越高，产品的价格就可以定得越高。企业要加深消费者对产品价值的理解程度才能提高产品的认知价值，从而促使消费者提高愿意支付的价格限度。认知价值定价法多在企业推出新产品或企业的产品要进入一个新的市场时使用。

认知价值定价法的关键是企业要正确地估计消费者对产品的认知价值。企业如果过高估计消费者的认知价值，其定价就可能过高，这样会影响商品的销量；反之，如果企业低估了消费者的认知价值，其定价就可能低于应有的水平，企业可能会因此减少收入。所以，在制定价格前，企业必须做好市场调查，了解消费者的消费偏好，准确地估计消费者的认知价值。

2. 需求差异定价法

需求差异定价法是根据不同消费者之间的需求差异而进行定价的一种方法。它强调在不同的时间、地点及其他因素作用下，产品对消费者需求的满足将产生差异，这种差异就是定价的依据。需求差异定价法针对每种差异决定其在基础价格上是加价还是减价。这种定价方法主要有以下四种形式：

（1）因地点而异。如：国内机场的商店、餐厅向乘客提供的商品价格普遍要高于市内商店和餐厅的价格；演唱会、比赛场的门票价格因位置与舞台的距离而异；同样的饮料，酒吧的售价一般高于零售店铺好几倍。

（2）因时间而异。在商品需求的淡、旺季，商品价格相差很大。如在五一、国庆、春节三个长假，外出旅游、购物的价格较平时都有所增长。

（3）因商品而异。某些或某类商品价格存在差别。例如在 2004 年奥运会期间，标有奥运会会徽或吉祥物的 T 恤及相关商品的价格比同类其他商品的价格要高。

（4）因顾客而异。因职业、阶层、年龄等原因，零售店在定价时给予相应的优惠或提高价格，以获得良好的促销效果。例如新老顾客的价格差别、VIP 会员价格、景点门票的学生价等。

这种方法定价灵活，可以最大限度地适应市场的需求，促进产品的销售，有利于增加企业的利润。但事实上实行这种定价方法是有条件的，只能在差异存在的情况下才能实行。同时，还要注意价格差异的额度，如果价格差异不适度，有可能会起到反作用，引起消费者对产品的反感。

3. 反向定价法

反向定价法是企业根据产品的市场需求状况，通过价格预测和试销、评估，先确定消费者可以接受和理解的零售价格，然后倒推批发价格和出厂价格的定价方法。这种定价方法不以实际成本为依据，而以市场需求为出发点，力求价格为消费者所接受。分销渠道中的批发商和零售商多采取这种定价方法。

这一方法仍然是建立在最终消费者对商品认知价值的基础上的。它的特点是价格能反映市场需求情况，有利于加强与中间商的良好关系，保证中间商的正常利润，使产品迅速向市场渗透，并可根据市场供求情况及时调整，定价比较简单、灵活。这种定价方法特别适用于需求价格弹性大、花色品种多、产品更新快和市场竞争激烈的商品。

三、竞争导向定价法

竞争导向定价法是以市场上相互竞争的同类商品价格为定价基本依据，以随竞争状况的变化确定和调整价格水平为特征，与竞争商品价格保持一定的比例，而不过多考虑成本及市场需求因素的定价方法。主要有通行价格定价、密封投标定价、竞争价格定价等方法。

竞争导向定价法的优点在于考虑到了产品价格在市场上的竞争力。不足之处在于：过分关注在价格上的竞争，容易忽略其他营销组合可能造成产品差异化的竞争优势；容易引起竞争者报复，导致恶性价格竞争，使公司毫无利润可言；实际上竞争者的价格变化并不能被精确地估算。

1. 通行价格定价法

通行价格定价法是竞争导向定价法中广为流行的一种。企业往往按同行业的市场平均价格或市场流行价格来定价。在完全竞争市场中，任何企业都无法独立影响市场价格，定价只能随行就市；在垄断竞争市场中，一些产品没有显著差异的中小企业根据市场中担任"价格领袖"的大企业的产品价格来定价,中小企业主无法制定或影响市场价格;在寡头垄断市场中,各竞争厂商相互比较了解,各企业在长期的互相试探中已经形成一定的价格默契,任何一家企业都不会贸然改变价格,以避免恶性价格竞争。这种定价方法适用于竞争激烈的均质商品,如大米、面粉、食油及某些日常用品的价格确定。在完全寡头垄断竞争条件下,该定价方法应用也很普遍。

通行价格定价法的目的是使企业的价格与竞争者的平均价格保持一致。这种定价方法的优点在于各企业价格保持一致,可以保证各企业获得平均利润,易于与同行竞争者和平相处,避免价格战和竞争者之间的恶性竞争,有利于在和谐的气氛中促进整个行业的稳定发展。同时,在竞争激烈、市场供求复杂的情况下,单个企业不易了解消费者和竞争者对价格变化的反应,采用通行价格定价法既可为企业节约调研时间和费用,又避免了因价格突然变动而带来的风险。

2. 密封投标定价法

密封投标定价法主要用于投标交易方式,其基本原理是:首先,招标者(买方)发出招标信息,说明招标内容和具体要求,包括产品的种类、数量、规格及服务的要求;然后,参加投标的企业(卖方)在规定期间内通过密封报价来参与竞争。密封价格就是指投标企业愿意接受的价格。

当多家供应商企业同时竞争同一个项目时,企业经常采用招标的方式来选择供应商。供应商对标的物的报价是决定竞标成功与否的关键。一般来说,报价高、利润大,但中标机会小,如果因价高而招致败标,则利润为零;反之,报价低,虽中标机会大,但利润低,其机会成本可能大于其他投资方向。因此,报价时,既要考虑实现企业的目标利润,也要结合竞争状况考虑中标概率。最佳报价应是使预期利润达到最高水平的价格。此处,预期利润是指企业目标利润与中标概率的乘积,显然,最佳报价即为目标利润与中标概率两者之间的最佳组合。

运用密封投标定价法,最大的困难在于估计中标概率。这涉及对竞争者投标情况的掌握,只能通过市场调查及对过去投标资料的分析大致估计。很多企业在投标前往往会拟订几套方案,计算出各方案的利润并根据对竞争者的了解预测出各方案可能中标的概率,然后计算各方案的期望利润,选择期望值最大的投标方案。

3. 竞争价格定价法

竞争价格定价法并不是追随竞争者的价格,而是参照竞争对手的产品价格,并根据实际的需求情况来确定价格。用这种方法进行定价分四个步骤:第一,与竞争对手的产品价格进行估算比较并把价格分为高、一致及低三个价格层次;第二,将自身商品的性能、质量、成本、式样、产量等与竞争对手的进行比较,分析自身的产品与竞争对手产品价格差异形成的原因;第三,综合各项指标,确定产品价格;第四,密切关注竞争对手的产品价格,当其价格发生变动时,及时分析原因并进行价格调整。

第三节 定价策略

一、折扣定价策略

折扣定价是指对基本价格做出一定的让步,直接或间接降低价格,以争取顾客,扩大销量。这一策略能增加销售的灵活性,给经销商和消费者带来利益和好处,因而在现实中经常被企业采用。其中,直接折扣的形式有数量折扣、现金折扣、功能折扣、季节折扣,间接折扣的形式有回扣和津贴。

1. 直接折扣

1) 数量折扣

数量折扣是指企业按照客户购买的数量规模,来给予客户不同的价格折扣,也是企业运用最多的一种折扣定价策略。一般而言,客户购买的数量规模越大,企业给的折扣就越多,来鼓励客户大量购买自己的商品,成为自己忠实的长期客户。企业采用数量折扣有助于降低生产、销售、储运和记账等环节的成本费用。

数量折扣分为累计数量折扣和非累计数量折扣。累计数量折扣是指在一定时期内累计购买超过规定数量或金额给予的价格折扣,其优点在于鼓励消费者成为企业的长期顾客。非累计数量折扣是指按照每次购买产品的数量或金额确定折扣率,其目的在于吸引买主大量购买,利于企业组织大批量销售,以节约流通费用。

2) 现金折扣

现金折扣是指企业为了快速回笼资金,加快自身资金周转,规定凡提前付款或在约定时间付款的买主可享受一定的价格折扣。运用现金折扣策略,可以有效鼓励客户提前付款,加快企业自身资金周转,有助于盘活资金,从而降低企业风险。折扣大小一般根据付款期间的利率和风险成本等因素确定。

3) 功能折扣

中间商在产品分销过程中所处的环节不同,其所承担的功能、责任和风险也不同。功能折扣是指生产企业给予承销自己商品的销售企业(中间商)的折扣。功能折扣的比例,主要考虑中间商在分销渠道中的地位、对生产企业产品销售的重要性、购买批量、完成的促销功能、承担的风险、服务水平、履行的商业责任,以及产品在分销中所经历的层次和在市场上的最终售价等。一般而言,批发商的折扣会高于零售商的折扣。功能折扣的结果是形成购销差价和批零差价。

实行功能折扣的一个主要目标是鼓励中间商大批量订货,扩大销售,争取顾客,并与生产企业建立长期、稳定、良好的合作关系。例如生产厂商报价"100元,折扣30%及10%",表示给零售商折扣30%,即70元,给批发商则再折扣10%,即63元。这样,给批发商的折扣较大,给零售商的折扣较小,使批发商乐于大批进货,其目的在于充分调动各类中间商的销售积极性。功能折扣的另一个目的是对中间商经营的有关产品的成本和费用进行补偿,并让中间商有一定的盈利。

4) 季节折扣

有些商品的生产是连续的,而其消费却具有明显的季节性。为了调节供需矛盾,这些商品的生产企业便采用季节折扣的方式,对在淡季购买商品的顾客给予一定的优惠,使企业的生产和销售在一年四季都能保持相对稳定。例如,啤酒生产厂家对在冬季进货的商业单位给予大幅度让利,羽绒服生产企业则为夏季购买其产品的客户提供折扣。

2. 间接折扣

1) 回扣

回扣是间接折扣的一种形式,它是指购买者在按价格目录将货款全部付给销售者以后,销售者再按一定比例将货款的一部分返还给购买者。

2) 津贴

津贴是企业给予特定顾客以特定形式的价格补贴或其他补贴。比如,当中间商为企业产品提供了包括刊登地方性广告、设置样品特殊陈列等在内的各种促销活动时,生产企业给予中间商一定数额的资助或补贴。又如,对于进入成熟期的消费者,开展以旧换新业务,将旧货折算成一定的价格,在新产品的价格中扣除,顾客只支付余额,以刺激消费需求,促进产品的更新换代,扩大新一代产品的销售。这也是一种津贴的形式。

二、地区定价策略

地区定价策略是一种根据商品销售地理位置不同而规定差别价格的策略。地区差别价格存在五种形式。

1. 产地定价

产地定价是卖方按出厂价格交货或将货物送到买方指定的某种运输工具上交货的价格。在国际贸易术语中,这种价格称为离岸价格或船上交货价格。交货后的产品所有权归买方所有,运输过程中的一切费用和保险费均由买方承担。产地交货价格对卖方来说较为便利,费用最省,风险最小,但对扩大销售有一定影响。

2. 统一交货定价

统一交货定价即卖方将产品送到买方所在地,不分路途远近,统一制定同样的价格。这种价格类似于到岸价格,其运费按平均运输成本核算,这样可减轻较远地区顾客的价格负担,使买方认为运送产品是一项免费的附加服务,从而乐意购买,有利于扩大市场占有率。同时,能使企业维持一个全国性的广告价格,易于管理。该策略适用于体积小、重量轻、运费低或运费占成本比例较小的产品。

3. 分区定价

分区定价指卖方根据顾客所在地区距离的远近,将产品覆盖的整个市场分成若干个区域,在每个区域内实行统一价格。这种价格介于产地定价和统一交货定价之间。实行这种办法,处于同一价格区域内的顾客,就得不到来自卖方的价格优惠;而处于两个价格区域交界地的顾客,就得承受不同的价格负担。

4. 基点定价

企业选定某些城市作为基点,然后按一定的厂价加上从基点城市到顾客所在地的运费来定价,而不管货物实际上是从哪个城市启运的。

5. 运费免收定价

运费免收定价是指企业替买主负责全部或部分运费。企业采用运费免收定价,一般是为了与购买者加强联系或开拓市场,通过扩大销量来抵补运费开支。

三、心理定价策略

心理定价策略指企业针对消费者心理活动和变化定价的方法与技巧,一般在零售企业中对最终消费者应用得比较多。主要有以下几种常用的定价策略。

1. 声望定价

声望定价指企业利用消费者仰慕名牌产品或名店的心理,有意给产品制定高昂的价格以提高产品地位的价格策略。一是提高产品的形象,以价格说明其名贵名优;二是满足购买者的地位欲望,适应购买者的消费心理。不少高级名牌产品和稀缺产品,如豪华轿车、高档手表、名牌时装、名人字画、珠宝古董等,在消费者心目中享有极高的声望价值。购买这些产品的人,往往不在乎产品价格,而最关心的是产品能否显示其身份和地位,价格越高,心理满足的程度也就越大。

2. 尾数定价

尾数定价,也称零头定价或缺额定价,指企业利用消费者数字认知的心理特点,有意保留尾数,避免整数的定价策略。商品价格定为 0.98 元或 0.99 元,而不是 1 元,是适应消费者购买心理的一种取舍。尾数定价会使消费者产生一种"价廉"的错觉,比定为 1 元反应积极,更能促进销售。相反,有些商品不定价为 9.8 元,而是定为 10 元,同样会使消费者产生一种错觉,迎合消费者"便宜无好货,好货不便宜"的心理。

3. 招徕定价

招徕定价指零售商利用部分顾客求廉的心理,特意将某几种商品的价格定得低于一般市价,个别的甚至低于成本,以吸引顾客、扩大销售的一种定价策略。采用这种策略,虽然几种低价产品不赚钱,甚至亏本,但从总的经济效益看,由于低价产品带动了其他产品的销售,企业还是有利可图的。例如便利店会随机推出降价商品,每天、每时都有一两种商品降价出售,吸引顾客经常来采购廉价商品,同时他们也选购了其他正常价格的商品。

四、差别定价策略

差别定价策略是指对同一产品针对不同的顾客、不同的市场制定不同的价格的策略。其类型主要有以顾客为基础的差别定价策略、以产品为基础的差别定价策略、以产品部位为基础的差别定价策略和以销售时间为基础的差别定价策略。

1. 顾客差别定价

顾客差别定价指根据顾客的不同购买类型与特点,同一商品以不同的价格出售。顾客购买类型分为消费者购买、用户购买、集团购买等。这种价格歧视表明,顾客的需求强度和商品知识有所不同。

2. 产品差别定价

产品差别定价指依据同一商品的不同规格、型号及不同的需求弹性,确定其不同的销售价格的策略。如:对需求比较旺盛且需求弹性小的产品实行高价策略,这样可以获得因高价所取得的高额利润;而对需求不太旺盛但需求弹性较大的商品实行低价策略,可以取得因低价扩大销量而增加的利润。

3. 产品部位差别定价

产品部位差别定价指针对不同位置的产品或服务制定不同的价格,即使这些产品或服务的成本费用没有任何差异。例如剧院、足球赛场,不同座位的成本费用是一样的,但是不同座位的票价有所不同,这是因为人们对剧院或足球场的不同座位的偏好和满足有所不同。

4. 销售时间差别定价

销售时间差别定价指企业对于不同季节、不同时期甚至不同钟点的产品或服务分别制定不同的价格。对一些具有季节性特点或流行性较强的商品,在其上市前期(也就是流行期)实行高价策略,而在其上市后期则实行低价策略。

差别定价可以满足顾客的不同需要,能够为企业谋取更多的利润,因此在实践中得到了广泛的运用。但是,实行差别定价必须具备一定的条件,否则不仅达不到差别定价的目的,还会产生相反的效果。差别定价的适用条件有:

(1) 市场可以细分,且各细分市场有不同的需求强度;
(2) 不会有人低价买进、高价卖出;
(3) 竞争者不会在企业高价销售的市场以低价竞销;
(4) 价格歧视不会引起顾客反感而放弃购买;
(5) 价格歧视形式不违法。

五、新产品定价策略

新产品定价是企业定价策略的一个关键环节,因为新产品的成本高,顾客对它不了解,竞争对手也可能还没有出现,所以新产品价格确定的正确与否,关系到新产品能否顺利进入市场,并为以后占领市场打下基础。常见的新产品定价策略有三种。

1. 撇脂定价

撇脂定价又称高价法或吸脂定价,即在产品刚刚进入市场时将价格定位在较高水平(即使价格会限制一部分人的购买),在竞争者研制出相似的产品以前,尽快收回投资,并且取得相当的利润。然后随着时间的推移,再逐步降低价格使新产品进入弹性大的市场。一般而言,对于全新产品、受专利保护的产品、需求价格弹性小的产品、流行产品、未来市场形势难以预测的产品等,可以采用撇脂定价策略。

撇脂定价需要满足以下几个条件:①市场有足够的购买者,其需求缺乏弹性;②高价所造成的产销量减少、单位成本增加不致抵消高价所带来的收益;③独家经营,或产品具有差异性,无竞争者;④高价给人高档产品的印象。

撇脂定价具有以下优点。第一,利用高价产生的厚利,使企业能够在新产品上市之初迅速收回投资,减少了投资风险。第二,在全新产品或换代新产品上市之初,顾客对其尚无理性的认识,此时的购买动机多属于求新求奇。利用这一心理,企业通过制定较高的价格,以提高产品身份,创造高价、优质、名牌的印象。第三,先制定较高的价格,在其新产品进入成熟期后可以拥有较大的调价余地,不仅可以通过逐步降价保持企业的竞争力,而且可以从现有的目标市场上吸引潜在需求者,甚至可以争取到低收入阶层和对价格比较敏感的顾客。第四,在新产品开发之初,由于资金、技术、资源、人力等条件的限制,企业很难以现有的规模满足所有的需求,利用高价可以限制需求的过快增长,缓解产品供不应求的状况,并且可以利用高价获取的高额利润进行投资,逐步扩大生产规模,使之与需求状况相适应。

撇脂定价虽然能给企业带来丰厚的收益,但是也存在一些缺点。第一,高价产品的需求规模毕竟有限,过高的价格不利于市场开拓、增加销量,也不利于占领和稳定市场,容易导致新产品开发失败。第二,高价高利会导致竞争者的大量涌入,仿制品、替代品迅速出现,从而迫使价格急剧下降。此时若无其他有效策略相配合,则企业苦心营造的高价优质形象可能会受到损害,导致失去一部分消费者。第三,价格远远高于价值,在某种程度上损害了消费者利益,容易招致公众的反对和消费者抵制,甚至会被当作暴利来加以取缔,诱发公共关系问题。

从根本上看,撇脂定价是一种追求短期利润最大化的定价策略,若处置不当,则会影响企业的长期发展。因此,在实践当中,尤其是在消费者日渐成熟、购买行为日趋理性的今天,采用这一定价策略必须要小心谨慎。

2. 渗透定价

渗透定价是在产品进入市场初期时将其价格定在较低水平,尽可能吸引更多消费者的营销策略。价格的高低与产品周期相关。渗透定价以一个较低的产品价格打入市场,目的是在短期内加速市场成长,牺牲高毛利以期获得较高的销售量及市场占有率,进而产生显著的成本经济效益,使成本和价格得以不断降低。渗透定价并不意味着绝对的便宜,而是相对于价值来讲比较低。优点在于:第一,新产品能迅速占领市场,并借助大批量销售来降低成本,获得长期稳定的市场地位;第二,微利能够阻止竞争者的进入,可增强企业的市场竞争能力;第三,低价策略,促进消费需求。缺点是利润微薄,会降低企业优质产品的形象。

渗透定价的使用条件是：①市场对价格敏感，需求对价格极为敏感，低价可以刺激市场迅速增长；②生产经营费用随销量的增加而降低，即存在规模经济；③低价不会引起实际或潜在的过度竞争。

3. 满意定价

满意定价策略是指产品销售以稳定价格和预期销售额的稳定增长为目标，力求将价格定在一个适中水平上，所以也称为稳定价格策略。主要适用于大量生产、大量销售、市场稳定的日用工业品和部分生产资料产品。满意定价是介于撇脂定价和渗透定价之间的一种定价策略。由于撇脂定价法定价过高，对消费者不利，既容易引起竞争，又可能遇到消费者拒绝，具有一定风险，渗透定价法定价过低，对消费者有利，对企业最初收入不利，资金的回收期也较长，若企业实力不强，将很难承受，因此满意定价策略采取适中价格，基本上能够做到供求双方都比较满意。

满意定价策略的特点在于既能避免高价策略带来的风险，又能防止采取低价策略给生产经营者带来的麻烦，但实行起来困难较多，缺乏可操作性。这主要是因为随着生产技术的不断成熟，生产规模不断扩大，在生产规模达到经济规模效益之前，单位产品成本随时间的推移不断降低，价格也在不断变化，因此中等价格水平不易保持长期稳定。同时，对于新产品，尤其是全新的产品，在市场上首次出现，价格无相关参照物可供比较。

对于以下几类产品，企业可选择满意定价。①市场上供求较平衡的产品。这种产品由于供求较平衡，同类产品竞争不十分激烈，故价格也较平衡，此时企业使用满意定价策略能促进销售。②需求弹性不大的产品。如对基本消费品或初级产品，为了树立企业形象，即使在供不应求或独家经营时，也宜实施满意定价策略。③要稳定占领市场的产品。从长远利益出发，企业对此类产品宜平价销售。

六、产品组合定价策略

产品组合定价策略是对不同组合产品之间的关系和市场表现进行灵活定价的策略。它包括系列产品定价策略、互补产品定价策略和成套产品定价策略。一般对系列相关商品，按一定的综合毛利率联合定价；对于互替商品，适当提高畅销品价格，降低滞销品价格，以扩大后者的销售，使两者销售相互得益，增加企业总盈利；对于互补商品，有意识降低购买率低、需求价格弹性高的商品价格，同时提高购买率高而需求价格弹性低的商品价格，会取得各种商品销售量同时增加的良好效果。常用的产品组合定价策略有以下几种：

1. 产品线定价

产品线定价是根据购买者对同样产品线不同档次产品的需求，精选设计几种不同档次的产品和价格点。产品线中不同产品项目应有价格差距。产品线的价格差距要考虑产品线的成本差异、顾客对不同品种特征的评价和竞争者价格。这种方法定价的目标是建立能向价格差异提供证据的认知质量差异。例如宝洁旗下拥有海飞丝、伊卡璐、潘婷、飘柔、沙宣等不同品牌的洗发水，针对不同品牌的细分市场制定不同的价格。

2. 选择特色定价

许多企业在提供主要产品的同时，还会附带一些可供选择的产品或具有特色的产品。例如汽车购买者可以选购电动窗户控制器、去雾装置和灯光调节器等。但对选择品定价，企业必须确定需要定价的产品中包括哪些产品，又有哪些产品可作为选择对象。例如饭店定价，有些饭店将酒水菜肴价格定得不高，却会将独家自制的蛋糕、月饼定价很高。

3. 附带产品定价

企业可以将主要产品的价格定得较低,将附带产品的价格定得较高,通过低价促进主要产品的销售来带动附带产品的销售。如美国柯达公司推出一种与柯达胶卷配套使用的专用照相机,价廉物美,销路甚佳,结果带动柯达胶卷销量大大增加,尽管其胶卷价格较其他牌号的胶卷昂贵。

4. 分段定价

服务性公司常常收取固定费用,另加一笔可变的使用费(电话月租和通话费)。固定费用的价格可以定得较低,以推动服务销售,利润可以从使用费中获取。如:电话用户可能每月要支付固定的月租费和相应的通话费;游乐园先收入场券费用,如果增加一些具体游玩项目,还要再收费等。

5. 副产品定价

许多行业在生产主产品的过程中,常常有副产品,副产品的收入多,将使公司更易于为其主要产品制定较低价格,以便在市场上增加竞争力。因此制造商需寻找一个需要这些副产品的市场,并接受任何足以抵补储存和运输副产品成本的价格。

6. 捆绑定价

企业将相关产品或服务组合在一起,为它们制定一个比分别购买更低的价格,进行一揽子销售。这一组合产品的价格低于单独购买其中每一产品的费用总和。因为顾客可能本来无意购买全部产品,但由于在这个组合的价格中节约的金额相当可观,就会吸引他们购买。例如家电连锁企业苏宁、国美等经常在节假日推出家电套餐,将空调、冰箱、彩电、洗衣机等打包组合销售,比消费者单独购买这些产品要节省近千元,企业由于增加了销售量,总利润也在增加。

第四节 价格调整及价格变动反应

企业处在一个瞬息万变的环境中,产品定价不可能一劳永逸。随着市场环境的变化,企业对价格也要不断进行调整。在竞争的市场上,企业的价格调整有两种情况:一是根据市场条件的变化主动调价;二是当竞争对手价格变动以后进行的应变调价。无论企业出于什么原因调价,都要充分考虑调价后消费者和竞争者的反应,并针对不同情况选择适当的策略。

一、企业的降价与提价

1. 企业的降价

降价是企业在经营过程中常用的一个营销策略,导致企业采取降价策略的原因主要有以下几个方面:

(1)市场萎缩,企业生产能力过剩,库存积压严重,市场供过于求,企业需要扩大销售,但是又无法通过产品改进和加强销售工作等扩大销售,这时企业只能考虑以降价来刺激市场需求。

(2)在强大的竞争压力下,面对竞争者的"削价战",企业为了维持或提高市场占有率而降价。在这样的情况下,企业不降价将会失去更多的顾客和市场份额,降价又可能会陷入恶性价格竞争。例如:在国际市场上,美国的汽车、消费电子产品、照相机、钟表等行业,面对日本同类产品的质优价廉的挑战而不得不降价竞销。

(3)出现规模经济,生产成本下降,科技进步,劳动生产率不断提高,生产成本逐步下降,其市场价格也应下降。在这种情况下,企业也往往发动降价攻势。

2. 企业的提价

提价一般会遭到消费者和经销商的反对,但是一次成功的提价活动却会大大增加企业利润,

所以企业只要有机会,可以适当采用提价策略。导致企业提价的原因主要有以下几个方面:

(1) 通货膨胀。物价普遍上涨,企业生产成本必然增加,为保证利润,不得不提价。在现代市场经济条件下,许多企业往往采取多种方法来调整价格,应对通货膨胀。在通货膨胀的情况下,除直接提高产品实际价格外,企业还可能采用以下变相提价的方法:

第一,推迟报价,即企业决定暂时不规定最后价格,等到产品制成或交货时方规定最后价格。工业建筑和重型设备制造等行业一般采取这种定价策略。

第二,在合同中规定按物价指数调价的条款,即企业在合同上规定在一定时期内(一般到交货时为止)可按某种价格指数来调整价格。

第三,将原来低价或免费提供的服务分解出来,单独定价。

第四,降低价格折扣,即企业削减正常的现金和数量折扣,并限制销售人员以低于价目表的价格来拉生意。

第五,降低产品质量,或减少产品的功能、服务和分量等。企业采取这种策略可保持一定的利润,但会影响其声誉和形象,失去忠诚的顾客。

(2) 产品供不应求。企业产品供不应求,不能满足所有顾客的需要,企业可以调高价格以调节供需平衡。提价方式包括:取消价格折扣,在产品大类中增加价格较高的项目,或者直接提价。为了减少顾客的不满,企业提价时应当向顾客说明提价的原因,并帮助顾客寻找节约的途径。

二、竞争者对企业调价的反应

企业调整价格时,还要认真对待竞争者的反应。当企业面对一个竞争者时,企业必须弄清竞争者的经营目标是什么,调查了解竞争者的财务状况、生产能力和销售情况等信息。如果竞争者的目标是扩大市场占有率,那么它就可能跟随本企业的价格变动而相应调整价格;如果竞争者的目标是追求利润最大化,则其可能在其他方面做出反应,如加强促销、改进产品品质、调整渠道系统等。总之,企业应尽可能利用各种信息,分析判断竞争者的意图反应,以便采取相应的对策。

当企业面临若干个竞争者时,必须对每个竞争者的反应做出预测。如果这些竞争者的反应相似,只需分析一个典型的竞争者即可。如果各个竞争者在经营规模、市场占有率和营销目标等方面差异较大,那么它们对企业调价将做出不同的反应,需要逐一进行分析。当一部分竞争者相继调整价格后,其他的竞争者会闻风而动、随之调价。

另外,产品所属市场的属性是否相同也会影响竞争者的反应。在异质产品市场上,竞争者一般不会追随企业的调价。在同质产品市场上,竞争者对调价会做出以下反应:

(1) 相向式反应。你提价,他涨价;你降价,他也降价。这样一致的行为,对企业影响不太大,不会导致严重后果。企业坚持合理营销策略,不会失掉市场和减少市场份额。

(2) 逆向式反应。你提价,他降价或维持原价不变;你降价,他提价或维持原价不变。这种相互冲突的行为,影响很严重,竞争者的目的也十分清楚,就是乘机争夺市场。对此,企业要进行调查分析,首先摸清竞争者的具体目的,其次要估计竞争者的实力,再次要了解市场的竞争格局。

(3) 交叉式反应。众多竞争者对企业调价反应不一,有相向的,有逆向的,有不变的,情况错综复杂。企业在不得不进行价格调整时应注意提高产品质量,加强广告宣传,保持分销渠道畅通。

三、顾客对企业调价的反应

顾客经常在价格变化后提出疑问,对产品的降价可能这样理解:①企业让利于顾客;②产品质量有问题,因而降价处理;③新产品即将上市,老产品降价是清理积压存货;④企业资金紧张,可能倒闭或转产,今后零配件将无处购买;⑤价格还要进一步下跌,可以推迟购买。

顾客对提价的可能反应有:①产品很畅销,不赶快买就买不到了;②产品很有价值;③价格可能继续上升;④企业想赚取更多利润。

一般来说,购买者对价值不同的产品的价格变动的反应有所不同:对价值高、经常购买的产品的价格变动较为敏感;对价值低、不经常购买的产品,即使价格变动很大,购买者也不会关注。另外,购买者虽然关心价格的变动,但也关心获得、使用和维修产品的总费用。

四、企业对竞争者调价的反应

在同质产品市场,如果竞争者降价,企业可以选择的对策主要有:维持原价,但改进产品、增加服务;追随降价;推出价格更高的新品牌攻击竞争者的降价品牌;推出更廉价的产品进行竞争。如果某一企业提价,其他企业随之提价(如果提价对整个行业有利),但有一个企业不提价,最先提价的企业和其他提价的企业将不得不取消提价。

在异质产品市场,购买者不仅要考虑产品价格的高低,而且要考虑质量、服务、可靠性等因素,因此购买者对较小价格差额无反应或不敏感,企业对竞争者价格调整的反应有较多自由。

企业在做出反应时,先必须分析:竞争者调价的目的是什么;调价是暂时的还是长期的,能否持久;如果置之不理,对本企业的市场占有率和利润率会有什么影响;对本企业的反应,竞争者和其他企业会有什么反应,如何反应。另外,还必须分析价格的需求弹性、产品成本和销售量之间的关系等。

企业要做出迅速反应,最好事先制订反应程序,到时按程序处理,提高反应的灵活性和有效性。

本章小结

价格通常是影响商品销售的关键因素。定价的重要意义在于使价格成为促进销售最有效的手段。定价策略的奥妙,就是在一定的营销组合因素下,把企业产品的价格定得既被消费者接受,又能为企业带来较多的利润,充分发挥价格的杠杆作用,取得竞争优势。

科学合理地制定营销价格,就要从实现企业战略目标出发,运用科学的方法和灵活的策略的同时,综合分析营销产品的成本、市场状况、消费者心理、国家有关政策法规和国际市场价格变动情况等因素,其中成本是营销定价的首要因素。

企业定价的方法很多,有成本导向定价法,包括成本加成定价法、目标利润定价法、盈亏平衡定价法和边际贡献定价法;有需求导向定价法,包括认知价值定价法、需求差异定价法和反向定价法;有竞争导向定价法,包括通行价格定价法、密封投标定价法和竞争价格定价法。

营销定价既是一门科学,也是一门艺术。定价的艺术技巧表现在定价策略上,包括折扣定价、地区定价、心理定价、差别定价、新产品定价和产品组合定价。另外,价格的调整也很重要,包括降价和提价。企业调整价格时要重视顾客和竞争者对调价的反应,且不能违背补偿成本费用和获取目标盈利的一般规律,实践中灵活采用不同的定价方法和技巧,则显示了寓科学于艺术之中的企业价格决策特点。

思考题

1. 企业在定价时应该考虑哪些因素?怎样对这些因素进行分析?

2. 什么是成本导向定价法？其包括哪些具体的方法？
3. 价格折扣主要有哪几种类型？其含义分别是什么？
4. 简述撇脂定价策略及其使用条件。
5. 企业地区定价策略的类型主要有哪些？
6. 企业在哪些情况下可能需要采取降价策略？

案例分析与实训

1. 案例分析

雅阁汽车：一步到位的价格策略

广州本田汽车有限公司（简称广州本田）是在原广州标致废墟上建立起来的，成立于1998年7月1日，注册资本为11.6亿元人民币，由广州汽车集团和本田技研工业株式会社各出资50%建设而成。建厂初期广州本田引进本田雅阁最新2.0升级系列轿车，生产目标为年产5万辆以上，起步阶段为年产3万辆。生产车型为雅阁2.3VTi-E豪华型轿车、2.3VTi-L普通型轿车和2.0EXi环保型轿车。1999年3月26日，第一辆广州本田雅阁轿车下线，同年11月通过国家对广州本田雅阁轿车40%国产化的严格验收。2000年2月28日，广州轿车项目通过年产3万辆的项目竣工验收。2004年年初，广州本田已经达到了年产汽车24万辆的产能规模。目前，广州本田生产和销售的车型有四款：雅阁、奥德赛、三厢飞度和两厢飞度。

对于中国市场来说，广州本田雅阁的价格策略也显得高人一等，在产品长期供不应求的情况下施放"价格炸弹"反映了厂家的长远眼光。

2002年被人们称为中国汽车年，在这一年里，中国汽车实现了一个历史性的飞跃——6465亿元的销售收入和431亿元的利润总额（同比增长分别达到30.8%和60.94%），使汽车产业首次超过电子产业成为拉动我国工业增长的第一动力。国家计委产业司2003年1月份公布的数字表明，2002年全国汽车产销量超过300万辆，其中轿车产量为109万辆，销量为112.6万辆。中国汽车业的暴利早已成了汽车行业内公开的秘密。尤其是中高档车，利润率高得惊人。根据德国一家行业内权威统计机构公布的数字，2002年中国主流整车制造商的效益好得惊人，平均利润超过22%，部分公司甚至达到了30%。

2002年1月1日起，轿车关税大幅度降低，排量在3.0升以下的轿车整车进口关税从70%降低到43.8%，3.0升以上的从80%降到50.7%。关税下调后，进口车的价格由于种种原因并没有下降到预想的价格区间，广州本田门胁轰二总经理似乎早有预测。他说："关税从70%降低到43.8%，最终降至25%，这是一个过程。虽然也有部分人因考虑到进口车将要变得便宜而暂时推迟购车计划，但由于政府实际上决定了进口车的数量，短时间内进口车并不会增加许多。"广州本田宣布了一个令所有人都感到吃惊的决定：2002年广州本田的所有产品价格将不会下调。

1998年广州本田成立，就确定了将第六代雅阁引进中国生产。1999年3月26日，第六代新雅阁在广州本田下线，当年就销售了1万辆。雅阁推出的当年，市场炒车成风，最高时加价达6万元以上，成为当年最畅销的中高档车。继2000年成为全国第一家年产销中高档轿车超3万辆的企业后，2001年广州本田产销超过5万辆，比计划提前了4年。2002年，广州本田产销量为59 000辆，销售收入137.32亿元人民币，利税50亿元。2002年3月1日，第10万辆广州本田雅阁下线，标志着广州本田完全跻身国内中高档汽车名牌企业行列。

雅阁刚上市时国产化率是 40%，经过几年的经营，国产化率上升到 60%，2003 年北美版新雅阁上市时提升到了 70%，降低了进口件成本；建厂时广州本田的生产规模是 3 万辆，2001 年达到 5 万辆生产规模，到了 2002 年，提升为 11 万辆，规模带来了平均成本的降低，同年完成 12 万辆产能改造。

2003 年，北美版新雅阁（第七代雅阁）的上市终结了中国中档轿车市场相安无事高价惜售的默契，它的定价几乎给当年所有国产新车的定价建立了新标准，使我国车市的价格也呈现出整体下挫的趋势。随之而来的是持续至今的价格不断向下碾压与市场持续井喷。

广州本田借推出换代车型之机，全面升级车辆配置，同时大幅压低价格。2003 年 1 月，广州本田新雅阁下线，在下线仪式上广州本田公布新雅阁的定价，并且宣布 2003 年广州本田将不降价。其全新公布的价格体系让整个汽车界为之震动：排量为 2.4 升的新雅阁轿车售价仅为 25.98 万元（含运费），而在此前，供不应求的排量为 2.3 升老款雅阁轿车的售价也要 29.8 万元，还不包含运费。这意味着广州本田实际上把雅阁的价格压低了近 4 万元，而且新雅阁的发动机、变速箱和车身等都经过全新设计，整车操作性、舒适性、安全性等方面都有所提高。其总经理门胁轰二的解释是："一方面，广州本田致力于提高国产化率来降低成本，有可能考虑将这部分利润返还给消费者；另一方面，这也是中国汽车业与国际接轨的必然要求。"业内人士认为，这正是广州本田在新的竞争形势下调整赢利模式的结果。

雅阁 2.3 原来售价 29.8 万元仍供不应求，新雅阁价格下调近 4 万元，而排量、功率、扭力、科技含量均有所增加，性价比提升应在 5 万元左右。广州本田新雅阁的售价与旧款相比相差比较大，旧雅阁 2.3VTi-E（豪华型）售价 30.30 万元，相差 4 万元左右，算上新雅阁的内饰、发动机和底盘等新技术升级的价值，差价估计在 6 万元。旧雅阁 2.0 的售价为 26.25 万元，比新雅阁也高两三千元。广州本田此次新雅阁的低价格是在旧雅阁依然十分畅销的前提下做出的。尽管事先业内已经预测广州本田新雅阁定价将大幅降低，但新雅阁的定价还是引起了"地震"。

新雅阁一步到位的定价影响了整个中高档轿车市场的价位，广州本田的这种定价策略一直贯穿到之后下线的飞度车型营销之中，广州本田车型的价格体系也因此成为整个国内汽车行业价格体系的标杆，促使国产中高档轿车价格向"价值"回归，推动了我国轿车逐渐向国际市场看齐。广州本田生产的几款车型几年来在市场上也一直是供不应求，2003 年广州本田更以 11.7 万辆的销售量使销售增长率超过 100%，成为增幅最大的轿车生产商。销售最火爆时，一辆雅阁的加价曾高达 4 万元。这一年，我国轿车的产量也首次突破 200 万辆，达到 201.89 万辆，同比增长 83.25%。

问题：

（1）请分析雅阁价格调整的市场背景。

（2）根据本案例，分析雅阁价格调整的原因。

（3）从本案例中，可以看出竞争对手针对雅阁的价格调整做出了哪些反应？

2．实训

实训目的：熟悉影响企业定价的主要因素，掌握基本的定价方法及定价技巧并能灵活运用。

实训内容：任意选择 5 种商品，以小组为单位至少收集 6 个销售点该商品的价格；以收集到的市场信息为依据，对比分析定价策略，写出调查报告。

第十章 分销渠道策略

  教学内容和教学目标

◆ 内容简介

（1）分销渠道概述。
（2）中间商类型及其选择。
（3）分销渠道策略。
（4）产品实体分销。

◆ 学习目标

（1）了解渠道的概念、作用、流程及类型。
（2）掌握商人中间商及代理中间商的区别，并能结合实践运用。
（3）掌握影响分销渠道设计的因素及分销渠道管理。
（4）了解实体分销中仓储、运输及配送决策。

渠道究竟是什么？

首先，渠道是一种通路。正是经由渠道这个通路传递，产品才由生产者到达消费者手中。

其次，渠道是一种关系。分销渠道代表着一种重要的公司关于产品、关于质量的承诺，同时也代表着构成渠道的各个渠道成员的一系列政策和实践活动的承诺，这些政策和实践活动编织成了一个巨大的长期关系网。

最后，渠道是一种资源。一个分销系统对于企业来说是一种关键性的外部资源。它的建立通常需要若干年，并且不是轻易可以改变的。它的重要性不亚于其他关键性的如资金、人力、技术等内部资源。

基于渠道分销对于企业营销的重要意义，本章将引领大家学习渠道的作用、流程、模式及类型，分析中间商的作用及其分类，并进一步探讨渠道的设计及管理，以及日益兴起的产品实体分销（也就是物流配送）的最优化决策。

第一节 分销渠道概述

一、分销渠道的概念

菲利普·科特勒认为，市场营销渠道和分销渠道是两个不同的概念。他说："一条市场营销渠道是指那些配合起来生产、分销和消费某一生产者的某些货物或劳务的一整套所有企业和个人。"这就是说，一条市场营销渠道包括某种产品的供产销过程中所有的企业和个人，如资源供应商、生产者、商人中间商、代理中间商、辅助商（如运输企业、公共货栈、广告代理商、市场研究机构等)及最后消费者或用户等。

分销渠道也叫"销售渠道"或"通路",是指产品或服务从企业向消费者或用户转移的过程中,所有取得产品所有权或协助产品所有权转移的组织和个人。它主要包括商人中间商、代理中间商,以及处于分销渠道起点和终点的企业和消费者。它不包括供应商和辅助商。

分销渠道是营销组合的重要决策元素之一。生产者与消费者或使用者之间的沟通与配合,须依赖产品、信息及货币的流通,而上述流通过程就是通过分销渠道来实现的。

二、分销渠道的流程

在分销渠道中,除实现了产品所有权转移外,在生产者与消费者之间还隐含着其他的物质流动形式,如物流、信息流、货币流等,它们相辅相成,但在时间和空间上并非完全一致,如图10.1所示。

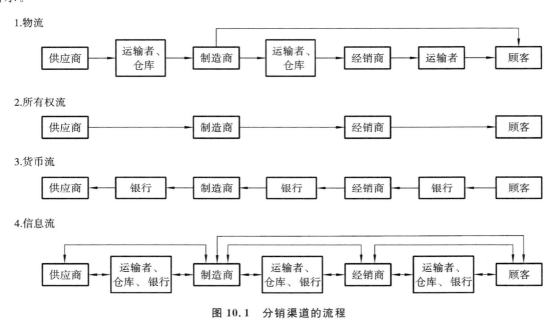

图 10.1 分销渠道的流程

(1)物流也称实体流,包括产品实体的储存、运输、包装、装卸、流通加工等活动,该流程使产品从生产领域向消费领域转移得到了实质保证,实现了产品使用价值的转移。

(2)所有权流也称商流,是指产品从生产领域向消费领域转移过程中的一系列买卖交易活动,借助商流实现了产品价值的转移。

(3)货币流也称付款流,一般是顾客通过银行或其他金融机构将货款付给中间商,再由中间商扣除佣金或差价后支付给制造商,货币流与商流正好反方向运动。

(4)信息流,既包括制造商向中间商及其顾客传递产品、价格、销售方式、促销等信息,也包括中间商及其顾客向制造商传递购买力、购买偏好、对产品及其销售状况的意见等信息,它的运动是双向的。

在以上四种流程中,商流和物流是最为主要的。

三、分销渠道的类型

分销渠道的分类方法很多,依据不同的分类标准可以得到不同的类别。

（一）依据是否有中间商的介入分类

1. 直接渠道

直接渠道又叫零级渠道，是指产品从企业流向最终消费者的过程中不经过任何中间商转手的分销渠道。直接渠道是最简单的渠道，是贵重、技术复杂、需要提供专门服务的消费品及工业品分销采用的主要类型。直接渠道具体形式有上门推销、订货会、展销会、开设直销点、专卖店、特许加盟直营店、电话电视直销、邮购直销、网络直销等。图 10.2 列出了分销渠道的基本类型，其中的零级渠道即为直接渠道。

直接渠道的优点在于直接沟通产需，交易快捷，对渠道的控制力强，可直接获得消费者的需求信息。缺点是费用增加，并分散生产者的精力及资源，渠道网络拓展缓慢，专业化水平不高。

2. 间接渠道

间接渠道是指企业通过若干中间环节，把产品销售给最终消费者或用户的渠道类型。如图 10.2 所示的一级、二级和三级渠道都是间接渠道。许多消费品采取间接渠道分销。

间接渠道的优点在于有助于产品广泛分销，缓解生产者在人、财、物等方面的不足，同时有利于企业之间的专业化协作。缺点是环节多，对渠道的控制力及执行力都会下降，信息反馈滞后，不能及时了解需求并推出产品。

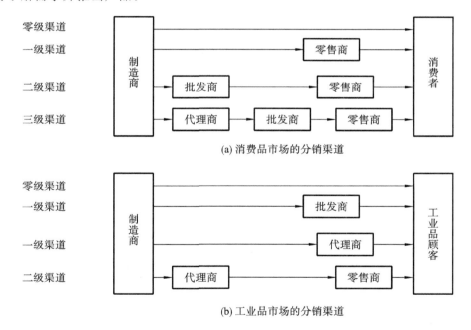

图 10.2 分销渠道的基本类型

（二）依据渠道层次分类

在产品从生产者转移到最终消费者（用户）的过程中，任何一个对产品拥有所有权或负有推销责任的组织就叫作一个渠道层次。而我们习惯所说的渠道长度就是指产品从企业到最终消费者（用户）的转移过程中所经历的渠道层次的多少，由此分出零级、一级、二级、三级乃至更多级的分销渠道。

零级渠道就是直接渠道，前已说明，此处不再赘述。以消费品市场为例，依据渠道层次又可划分出以下类别：

1. 一级渠道:企业—零售商—消费者

这是最常见的一种销售渠道。这种模式是指企业和消费者之间只经过一个层次中间环节的分销渠道。其优点是中间环节少,产品分销渠道短,有利于企业充分利用零售商的力量来扩大产品销路。缺点:一是需要对零售商进行有效的控制;二是大规模专业化生产与零散消费之间的矛盾,即因零售的储存不可能太大而不能很好地降低存储成本。

零级渠道与一级渠道又合称为短渠道,其优点是:分销渠道短,中间环节少,产品流转成本低,销售速度快,市场信息反馈及时。缺点是:产品企业承担的职能多,难以大规模拓展市场。

2. 二级渠道

(1) 二级经销渠道:企业—批发商—零售商—消费者。

(2) 二级代理分销渠道:企业—代理商—零售商—消费者。

3. 三级渠道:企业—代理商—批发商—零售商—消费者

这种模式是指在企业与消费者之间经过三个层次中间环节的分销渠道。有些消费品技术性强,又需要广泛推销,多采用这种分销渠道。

一般二级以上的渠道我们称其为长渠道,长渠道比较突出的优点是能高效开拓市场并分散经营风险,缺点是渠道长,中间环节多,市场控制性差,产品成本增加,失去低价优势。

(三) 依据同一层次并列中间商的多少分类

依据渠道每一层次使用同类型中间商的多少,可以划分渠道的宽度结构。若制造商选择较多的同类中间商经销其产品,则这种产品的分销渠道为宽渠道;反之,则为窄渠道。分销渠道的宽窄是相对而言的,受产品性质、市场特征和企业分销战略等因素的影响,又可分为以下三种类型(见图10.3)。

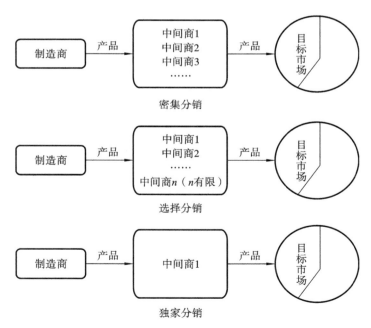

图 10.3 从渠道宽度设计的三种分销渠道

1. 密集分销

密集分销也称广泛分销,是指企业尽可能多地通过许多负责任的、适当的批发商、零售商推销其产品。消费品中的便利品和产业用品中的供应品,通常采取密集分销。

2. 选择分销

所谓选择分销,是指企业在某一地区仅通过少数几个精心挑选的、最合适的中间商推销其产品。适用于所有产品,相对而言,消费品中的选购品和特殊品最宜于采取选择分销。

3. 独家分销

所谓独家分销,是指企业在某一地区仅选择一家中间商推销其产品。通常双方协商签订独家经销合同,规定中间商不得经营竞争者的产品,制造商则只对选定的中间商供货。价高、贵重、名牌产品的销售常常采用独家分销。

Nike 的选择分销

Nike 在六种不同类型的商店中销售其生产的运动鞋和运动衣。

(1) 体育用品专卖店,如高尔夫职业选手用品商店。

(2) 大众体育用品商店,供应许多不同样式的耐克产品。

(3) 百货商店,集中销售最新样式的耐克产品。

(4) 大型综合商场,仅销售折扣款式。

(5) 耐克产品零售商店,设在大城市中的耐克城,供应耐克的全部产品,重点是销售最新款式。

(6) 工厂的门市零售店,销售的大部分是二手货和存货。

(资料来源:改编自〔美〕菲利普·科特勒著:《营销管理》(新千年版),中国人民大学出版社.)

(四) 依据企业采用分销渠道类型的多少分类

依据企业采用分销渠道类型的多少,可划分出单渠道系统和多渠道系统。单渠道系统是指企业只通过一种分销渠道销售产品,多渠道系统(复式渠道和混合渠道)是指企业对同一或不同细分市场,同时采用多种渠道的分销体系,并至少对其中一种渠道拥有较大控制权。

多渠道系统的形式主要有:

(1) 企业通过两条以上的竞争性分销渠道销售同一商标的产品;

(2) 企业通过多条分销渠道销售不同商标的竞争性产品;

(3) 企业通过多条分销渠道销售服务内容与方式有差异的产品,以满足不同消费者的需求。

第二节 中间商作用及分类

中间商是指制造商与最终顾客(消费者或用户)之间参与交易业务,促使买卖行为发生和实现的经济组织和个人,包括商人中间商和代理中间商。

一、中间商的作用

(一) 提高产品流通效率

买卖双方之间的每一笔交易都要花钱。有送货费、订单收取和包装费、市场营销费和其他相关管理费用。中间商的作用就是提高效率并减少单笔交易的成本。这从图 10.4 中可以清楚地看到。

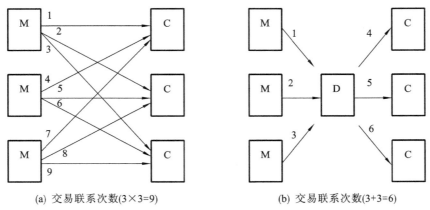

图 10.4 使用中间商的经济效果图

如果 3 家制造商想要和 3 个买家做生意,总共就需要 9 条链条。这些交易链耗时耗钱,还需要一定水平的管理和营销专业知识,这会给产品销售增加相当高的成本。通过使用中间商,链条的数量减至 6 条,每个买家和每个卖家只需要保持和服务于一条链条。从 3 个准买家推演至数百万个准买家,企业通过中间商来分销商品,无疑可以大大降低交易次数和交易成本,节省时间和人力,从整个社会的角度来看,可以提高产品流通效率,同时也提高了制造商的经济效益。

（二）调节生产者与消费者之间的矛盾

除此之外,中间商的存在还有效解决了生产者与消费者（用户）之间客观存在的矛盾:

（1）空间分离的矛盾,如生产者集中而消费者分散,甲地生产乙地消费;

（2）时间分离的矛盾,有的产品季节性生产、常年消费,如香菇只有春菇、秋菇两季;有的产品常年生产、季节性消费,如电扇、空调;

（3）所有权分离的矛盾,拥有产品所有权的不消费,需要产品的不拥有所有权;

（4）产品供需数量上的矛盾,大批量生产与小批量购买、零星购买间的矛盾;

（5）产品供需结构矛盾,产品生产的专业化与消费结构的多样化的矛盾。

（三）有效分担企业的市场营销职能

大多数生产者缺乏将产品直接销售给最终顾客所必需的资源与能力,而这些正是中间商所擅长的。中间商由从事市场营销的专业人员组成,他们更了解市场,更熟悉消费者,对各种营销技巧掌握得更熟练,更富有营销实践经验,并握有更多的营销信息和交易关系。因此,由他们来承担营销职能,工作将更有成效,营销费用相对较低。尤其是当企业打算进入某个陌生的地区市场时,中间商的帮助更为重要。

二、中间商的分类

中间商又可分为商人中间商和代理中间商,二者之间的区别表现在以下三个方面。

所有权:商人中间商拥有经营商品的所有权;代理中间商并不拥有商品所有权。

资金垫付情况:商人中间商为取得经营商品的所有权,要垫付资金;代理中间商不需要垫付资金。

利润来源：商人中间商的利润来源于低价进高价出的价格差；代理中间商的利润来源于佣金。

（一）商人中间商的分类

商人中间商，由于在商品买卖过程中拥有商品所有权，因而要承担经营风险，其又可分为批发商和零售商，二者在所针对的销售对象、销售数量及频率、数量分布及类型划分上是有所不同的。

1. 批发商分类

（1）按服务范围可分为完全服务批发商和有限服务批发商。

完全服务批发商：执行批发商业的全部功能，包括存货、推销、顾客信贷、送货及协助管理等。它又可分为批发中间商和工业分销商。

有限服务批发商：只对顾客提供有限服务，一般只提供存货、送货服务及负责终端回款业务。它又可分为现货自运批发商、直运批发商、卡车批发商、货架批发商和邮购批发商。

（2）按经营业务内容划分，可分为专业批发商、综合批发商和批发市场。

专业批发商专营某一类或某一种商品，如钟表、眼镜批发商；综合批发商经营多类商品，如办公用品、小五金、电器类批发商；批发市场则集结多家批发商，共同开展批发业务，如武汉汉正街服装批发市场、海宁皮革城等。

2. 零售商分类

从经营形式上看，目前零售商的类型主要分为商店零售、无店铺零售和零售组织三种。

1）商店零售

商店零售又称为有店铺零售，特点是在店内零售产品与服务。最主要的类型有专用品商店、百货商店、超级市场、便利店、折扣店和仓储商店等。

2）无店铺零售

无店铺零售是指不经过店铺销售产品的零售形式。由于科技发展及竞争关系，越来越多的企业采用无店铺零售的方式出售产品，其中最普遍的有网络直销、直复营销、自动售货等。

3）零售组织

零售组织是以多店铺联盟的组织形式来开展零售活动的。参与组织的商店可以是同一个所有者开办的若干店铺，也可以是不同所有者的若干商店。通过商店之间的联合，可以避免过度竞争，提高零售的规模经济效益，节约成本。具体形式主要有连锁商店和特许经营。

【延伸阅读】 2017年零售业前瞻：剖析实体店的疑难杂症（见右侧二维码）。

（二）代理中间商的分类

代理中间商往往接受生产者委托从事销售业务，不拥有商品所有权，它又可分为：

（1）企业代理商，是指代理两家或两家以上互相补充的企业产品，通常企业会限定该代理商代理产品的销售地区及销售价格。

（2）销售代理商，又称独家全权企业代理商，替委托人代销全部产品，因此企业不会限定该代理商的销售地区，在定价上也给予了其较大权力。

（3）寄售商，又称代销商，生产企业交付产品给寄售商，销售后所得货款扣除佣金及有关费用后，再支付给生产企业，这种方式对寄售商来说风险小，而对生产企业来说由于销售结果不可预测、存在退货问题而导致风险较大，一般小企业或刚刚进入市场的企业会同意此方式。

（4）经纪商，在买卖双方交易洽谈中起媒介作用的中间商，其既不拥有产品所有权，也不控制产品价格及销售条件，其任务是沟通买卖双方、促成交易，最后从交易额中提取佣金，如房地产交易中介等。

第三节 分销渠道设计、选择与管理

一、分销渠道的设计

确定渠道的类型：企业在进行分销渠道的设计时，首先要决定采取什么类型的渠道，即要确定采用哪一种或哪几种类型的渠道来分销产品，是采用直接渠道还是采用间接渠道等。

确定渠道的长度：在确定了渠道类型后，若是用间接渠道分销产品，企业还面临着确定渠道长度的决策问题。技术和服务含量较大的产品，如电脑、汽车等，需要较短的渠道；消费者选择性不强但要求方便购买的产品，如日用小百货，则适宜采用较长的渠道。

确定渠道的宽度：确定渠道宽度，即企业确定在每个层次上使用中间商数目的多少，实际上是对宽、窄渠道的选择确定。

确定渠道成员的权利和责任：为保证分销渠道的畅通，企业必须就价格政策、销售条件、市场区域划分、相互服务等方面明确中间商的权利和责任。

渠道方案的评估：分销渠道评估的实质是从那些看起来似乎合理但又相互排斥的方案中选择最能满足企业长期目标的方案。因此，企业必须对各种可能的渠道选择方案进行评估。评估标准有三个，即经济性、控制性和适应性。

（一）经济性标准

经济性标准是最重要的标准，这是企业营销的基本出发点。在分销渠道评估中，首先应该将分销渠道决策所可能引起的销售收入增加同实施这一渠道方案所需要花费的成本做一比较，以评价分销渠道决策的合理性。这种比较可以从以下角度进行。

1. 静态效益比较

分销渠道静态效益比较就是在同一时点对各种不同方案可能产生的经济效益进行比较，从中选择经济效益较好的方案。例如某企业决定在某一地区销售产品，现有两种方案可供选择：

方案一是向该地区直接派出销售机构和销售人员进行直销。这一方案的优势是，本企业销售人员专心于推销本企业产品，在销售本企业产品方面受过专门训练，比较积极肯干，而且顾客一般喜欢与生产企业直接打交道。

方案二是利用该地区的代理商。该方案的优势是，代理商拥有几倍于生产商的推销员，代理商在当地建立了广泛的交际关系，利用代理商所花费的固定成本低。

通过估价两个方案实现某一销售额所花费的成本，利用代理商更合算，则选择方案二。

2. 动态效益比较

分销渠道动态效益比较就是对各种不同方案在实施过程中所引起的成本和收益的变化进行比较，从中选择在不同情况下应采取的渠道方案。仍以上例说明，当企业自建渠道的销售

水平低于 Q 点时,成本高于利用代理商的成本,此时采取代理商渠道较为有利;而当销售水平高于 Q 点时,自建渠道的成本开始低于利用中间商的成本,此时采取自建渠道就相对有利了(见图 10.5)。

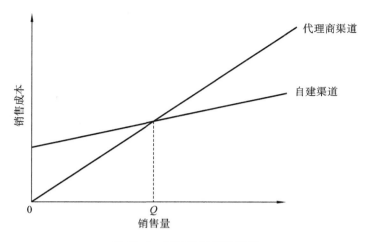

图 10.5　渠道选择评估模型

（二）控制性标准

企业对分销渠道的设计和选择不仅应考虑经济效益,还应考虑企业能否对其分销渠道实行有效的控制。因为分销渠道是否稳定对于企业能否维持其市场份额、实现其长远目标是至关重要的。

自建渠道对于企业而言是最容易控制的,但由于成本较高,市场覆盖面较窄,企业不可能完全利用这一系统来进行分销。而利用中间商分销,就应该充分考虑所选择的中间商的可控程度。一般而言,特许经营、独家代理方式比较容易控制,但企业也必须相应做出授予商标、技术、管理模式及在同一地区不再使用其他中间商的承诺。在这种情况下,中间商的销售能力对企业影响很大,选择时必须十分慎重。如果利用多家中间商在同一地区进行销售,企业利益风险比较小,但对中间商的控制能力就会相应削弱。

（三）适应性标准

在评估各渠道方案时,还有一项需要考虑的标准,那就是分销渠道是否具有地区、时间、中间商等适应性。

1. 地区适应性

在某一地区建立产品的分销渠道,应充分考虑该地区的消费水平、购买习惯和市场环境,并据此建立与之相适应的分销渠道。

2. 时间适应性

根据产品在市场上不同时期的适销状况,企业可采取不同的分销渠道与之相适应。如季节性商品在非当令季节就比较适合利用中间商的吸收和辐射能力进行销售,而在当令季节就比较适合扩大自建渠道比重。

3. 中间商适应性

企业应根据各个市场上中间商的不同状态采取不同的分销渠道。如:在某一市场若有一两个销售能力特别强的中间商,渠道可以窄一点;若不存在突出的中间商,则可采取较宽的渠道。

二、影响分销渠道选择的主要因素

影响分销渠道选择的因素很多。生产企业在选择分销渠道时,必须对下列几方面的因素进行系统的分析和判断,才能做出合理的选择。

(一)产品因素

1. 产品价格

一般来说,产品单价越高,越应注意减少流通环节,否则会造成销售价格的提高,从而影响销路,这对生产企业和消费者都不利;而单价较低、市场较广的产品,则通常采用长而宽的渠道分销。

2. 产品的体积和重量

产品的体积大小和轻重,直接影响运输和储存等销售费用,过重的或体积大的产品,应尽可能选择短的分销渠道;至于小而轻且数量大的产品,则可考虑采取间接分销渠道。

3. 产品的易毁性或易腐性

有效期短、储存条件要求高或不易多次搬运的产品,应采取较短的分销途径,尽快送到消费者手中,如鲜活品、危险品等。

4. 产品的技术性

有些产品具有很高的技术性,或需要经常的技术服务与维修,应以生产企业直接销售给用户为好,这样可以保证向用户提供及时良好的销售技术服务。

5. 产品的时尚性

时尚化程度高,花色、式样变化快的商品,如新奇玩具、服装等,适宜通过短的渠道分销,以减少它在渠道停留的时间,以免周转时间长而过时。

6. 定制品和标准品

定制品一般由产需双方直接商讨规格、质量、式样等技术条件,不宜经由中间商销售。标准品具有明确的质量标准、规格和式样,分销渠道可长可短,有的用户分散,宜由中间商间接销售,有的则可按样本或产品目录直接销售。

7. 新产品

为尽快地把新产品投入市场,扩大销路,生产企业一般重视组织自己的推销队伍,直接与消费者见面,推介新产品和收集用户意见。如能取得中间商的良好合作,也可考虑采用间接销售形式。

(二)市场因素

1. 购买批量大小

购买批量大,多采用直接销售;购买批量小,除通过自建门店销售外,多采用间接渠道销售。

2. 消费者的分布

某些商品消费地区分布比较集中,适合直接渠道销售;反之,适合间接渠道销售。工业品销售中,本地用户产需联系方便,因而适合直接渠道销售;外地用户较为分散,通过间接渠道销售较为合适。

3. 潜在顾客的数量

若消费者的潜在需求多,市场范围大,需要中间商提供服务来满足消费者的需求,宜选择间接分销渠道;若潜在需求少,市场范围小,生产企业可直接销售。

4. 消费者的购买习惯

一些日用生活必需品,价格低,购买频率高,消费者表现出来的往往是随机或习惯性购买,适宜采用中间商扩大销售网点,分销渠道应长而宽;对耐用消费品,消费者习惯去大的零售店购买,则可以考虑短而窄的渠道。

(三) 生产企业本身的因素

1. 资金能力

企业本身资金雄厚,则可自由选择分销渠道,可建立自己的销售网点,采用产销合一的经营方式,也可以选择间接分销渠道;企业资金薄弱则必须依赖中间商进行销售和提供服务,只能选择间接分销渠道。

2. 销售能力

生产企业在销售力量、储存能力和销售经验等方面具备较好的条件,则应选择直接分销渠道。反之,则必须借助中间商,选择间接分销渠道;另外,企业如能和中间商进行良好的合作,或对中间商能进行有效的控制,则可选择间接分销渠道;若中间商不能很好地合作或不可靠,将影响产品的市场开拓和经济效益,则不如进行直接销售。

3. 可能提供的服务水平

中间商通常希望生产企业能尽可能多地提供广告、展览、修理、培训等服务项目,为销售产品创造条件。若生产企业无意或无力满足这方面的要求,就难以达成协议,迫使生产企业自行销售;反之,若提供的服务水平高,中间商乐于销售该产品,生产企业就可能选择间接分销渠道。

4. 发货限额

生产企业为了合理安排生产,会对某些产品规定发货限额。发货限额高,有利于直接销售;发货限额低,则有利于间接销售。

(四) 政策规定

企业选择分销渠道必须符合国家有关政策和法令的规定。某些按国家政策应严格管理的商品,企业无权自销和自行委托销售,如精神、麻醉药品,枪支弹药等;另外,税收政策、价格政策、出口法、商品检验规定等,也都会影响企业分销渠道的选择。

三、分销渠道系统的管理

分销渠道的管理涉及以下内容:

1. 选择渠道成员

企业选择渠道成员即中间商,应考虑以下因素:

(1) 中间商的服务对象是否与制造商要达到的市场面相一致;
(2) 中间商地理位置是否与产品用户相接近;
(3) 中间商商品构成中是否有竞争者的产品;
(4) 中间商的职工素质及服务能力;
(5) 中间商的储存、运输设备条件;
(6) 中间商的资金力量、财务、信誉状况;
(7) 中间商的营销管理水平和营销能力。

2. 激励渠道成员

企业在选择确定了中间商之后,为了更好地实现企业的营销目标,促使中间商与自己合作,还必须采取各种措施不断对中间商给予激励,以此来调动中间商经销企业产品的积极性,并通过这种方式与中间商建立一种良好关系。激励中间商的方法很多,不同企业所用方法不同,就是同一企业,在不同地区或销售不同产品时所采取的激励方法也可能不同。一般企业可给予渠道成员以下激励:①销售权与专营权政策;②促销支持政策;③扶持中间商政策;④奖励政策;⑤价格折扣;⑥与中间商结成长期的伙伴关系。

"洽洽"的渠道激励

"洽洽"对渠道的精耕细作,确定的首要重点不是终端突破,而是放在了经销商上。为了使经销商积极配合公司的推广,"洽洽"给经销商预留了足够的利润空间,并定下原则:一定要让经销商赚钱!"洽洽"特意做了一种新的纸箱,在箱子的封口处印着"慰劳金"几个字,每箱里面都有2元现金,表达"进我们的商品就有得赚""这是感谢您对我们的支持"等意思;并且向经销商保证"每箱都设奖,箱箱不落空",奖项大小不限,完全满足了经销商的获利要求,这些方法大大满足了经销商"快速赚钱"的心理。经销商乐意配合企业,纷纷吃进"洽洽"的产品,将"洽洽"瓜子铺满了各种各样的小铺,让消费者能以最快的速度接近它。这样,竞争对手的产品就被无形之间阻击于渠道之外了。

(资料来源:沈坤,博锐管理在线,2007)

3. 协调与渠道成员的关系

生产者在处理与渠道成员的关系时,常依不同情况而采取三种做法:

1) 合作

为刺激中间商更加积极努力,企业可以采取各种积极的手段来赢得渠道成员的合作,如利用合作广告,举办展销,提供交易中的特殊照顾,发放奖金、津贴等;偶尔,企业也用一些消极的手段,诸如威胁减少折扣,推迟交货甚至中断关系等。使用消极手段要慎之又慎,否则会产生较大的负面影响。

2) 合伙

企业着眼于与有关渠道成员建立稳定、长期的伙伴关系。通过研究,明确各方在销售区域、产品供应、市场开发、财务、技术指导、销售服务和市场信息等方面的相互要求。然后根据可能,共同商定这些方面的有关政策,并按渠道成员信守承诺的程度予以奖励。

3) 关系管理

企业的市场营销部门里,可以设立相应的中间商关系管理机构,其任务是了解中间商的需要,制订市场营销规划,帮助渠道成员以最佳方式经营。通过该机构,引领中间商深刻认识双方之间彼此依存、共同得利的关系。如美国的一些制造商,便派出人员深入经销其产品的超级市场和商店,协助中间商策划市场营销。

4. 评价渠道成员

评价渠道成员是指生产商定期按一定标准对中间商的表现进行评价。如果中间商不能达到标准,必须迅速找到主要原因,采取改进措施。如果在一定期限内无法改进,就要考虑放弃或更换中间商。具体包括以下评价内容:

(1) 检查每位渠道成员完成的销售量和利润额。

(2) 查明哪些中间商积极努力推销本企业的产品,哪些不积极。
(3) 检查每位渠道成员同时分销多少种与本企业相竞争的产品。
(4) 统计每位中间商的平均订货量。
(5) 检查每位中间商为产品定价的合理程度。
(6) 检查每位渠道成员为消费者服务的态度和能力,以及它们是否令消费者满意。
(7) 计算每位渠道成员的销量在企业整个销量中所占的比重。

5. 分销渠道的调整

1) 调整某些渠道成员

在分销渠道的管理与改进活动中,最常见的就是增减某些中间商的问题。这是渠道改进和调整的最低层次。调整的内容包括功能调整、素质调整、数量调整。如宝洁在进入中国市场后执行的"2005驯商计划"中,消减小的分销商,只留下与宝洁配合较好、较密切的大型分销商,这是对中间商素质及数量的调整;同时推进中间商角色转型,由低进高出、获取产品销售差价的传统商人角色,向提供分销覆盖、实施补货、保证物流供应及帮助制造商进行零售终端店内管理和资源争夺,以服务佣金为导向的现代专业服务提供商转变,这是针对中间商功能的调整。

2) 调整某些分销渠道

调整的内容包括:①对企业的某个分销渠道的目标市场重新进行定位;②对某个目标市场的分销渠道重新选定。在此,以一个美国电子应用产品制造商的渠道变革历史为例来加以说明(见图10.6)。

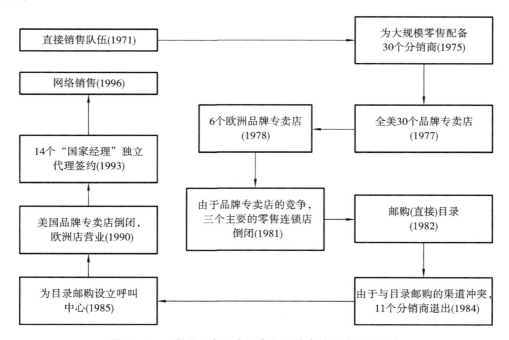

图10.6 一个美国电子应用产品制造商的渠道变革历史

在上图中,该美国电子应用产品制造商在20多年的历史中,基于经济、社会、科技等环境的变化,同时结合企业自身在发展中对渠道定位不断产生的新需求,而先后经历由自建销售队伍到采取传统实体分销渠道,再到邮购目录直销、网络直销等一系列现代直销渠道的尝试,充分说明在企业发展中,渠道调整是必需的,渠道的变革与创新是企业发展的永恒追求。

3) 调整整个分销渠道系统

这是分销渠道改进和调整的最高层次。对企业来说,最困难的渠道变化决策就是调整整个分销渠道系统,因为这种决策不仅涉及渠道系统本身,而且涉及营销组合等一系列市场营销政策的相应调整,因此必须慎重地对待。

6. 消除渠道冲突

渠道冲突是指某渠道成员从事的活动阻碍或者不利于本组织实现自身的目标,进而发生的种种矛盾和纠纷。分销渠道的设计是渠道成员在不同角度、不同利益和不同方法等诸多因素的影响下完成的,因此渠道冲突是不可避免的,具体表现为以下三种形式:

1) 水平渠道冲突

水平渠道冲突指的是同一渠道模式中,同一层次中间商之间的冲突。水平冲突产生的原因大多是生产企业没有对目标市场的中间商数量、分管区域做出合理的规划,使中间商为了获取更多的利益必然要争取更多的市场份额,在目标市场上展开"圈地运动"。其中,大量窜货是最严重的冲突,这种窜货行为,会降低营销渠道的运行效率,导致企业渠道价格体系的紊乱,使渠道受阻,同时危及其他中间商的利益,如果企业不能采取有效措施,缓和并协调这些矛盾冲突,就会影响渠道成员的合作及产品的销售,导致企业的营销渠道网络毁于一旦。针对水平渠道冲突中危害极大的窜货行为,企业应未雨绸缪,采取相应措施防止上述情况的出现。

(1) 为中间商制订合理的销售目标。企业不可过度重视硬指标(销售量、回款率、市场占有率),而忽视了软指标(品牌知名度、客户忠诚度)。

(2) 制定统一价格。制定严格的全国统一零售价,消除窜货的物质基础,为中间商留下合理的利润空间;或在综合考虑成本的基础上合理确定各地区之间的价差,使之难以引起窜货。

(3) 合理划分销售区域。把过去以行政区域划分市场变成以商品流向划分区域市场。保持区域内中间商密度合理,经销能力和经销区域均衡。

(4) 提供售后服务。通常只有在合理的服务半径之内的中间商才能提供专业服务,在这种情况下,企业可以通过服务手段来控制区域内窜货现象的发生。

(5) 实行产品代码与专卖标识双保险。生产商在产品和包装上同时打印生产批号和小号,发货时对产品去向进行准确的登记与监控,出现窜货时就能追根溯源。另外,在各个销售区域贴专卖标识,这种专卖标识有防伪作用,窜货商想盗用基本不太可能。

(6) 实行严格的奖罚制度。企业在招商声明和经销合同中应明确对窜货行为的奖罚处置,采取诸如警告、扣除保证金、取消业务优惠政策、罚款、货源减量、停止供货、取消当年返利及取消经销权等措施来惩罚窜货行为,同时奖励举报窜货的中间商。

2) 垂直渠道冲突

垂直渠道冲突指在同一渠道中不同层次企业之间的冲突,这种冲突较之水平渠道冲突要更常见。例如:某些批发商可能会抱怨生产企业在价格方面控制太紧,留给自己的利润空间太小,而提供的服务(如广告、推销等)太少;零售商对批发商或生产企业,可能也存在类似的不满;而生产企业则会抱怨中间商推广产品不力、服务不到位、忽视品牌建设、不执行公司的销售政策甚至擅自提价等。

垂直渠道冲突也称渠道上下游冲突。一方面,越来越多的分销商从自身利益出发,采取直销与分销相结合的方式销售商品,这就不可避免地要同下游经销商争夺客户,大大挫伤了下游渠道的积极性;另一方面,当下游经销商的实力增强以后,不甘心目前所处的地位,希望在渠道系统中有更大的权力,向上游渠道发起了挑战。在某些情况下,生产企业为了推广自己的产品,会越过一级经销商直接向二级经销商供货,使上下游渠道间产生矛盾。因此,生产企业必须从全局着手,妥善解决垂直渠道冲突,促进渠道成员间更好地合作。

【延伸阅读】 压货,已经成为厂家对渠道的最大罪过(见右侧二维码)。

3) 不同渠道间的冲突

随着顾客细分市场和可利用渠道的不断增加,越来越多的企业采用多渠道营销系统。不同渠道间的冲突指的是生产企业建立多渠道营销系统后,不同渠道服务于同一目标市场时所产生的冲突。例如,美国的李维牌牛仔裤原来通过特约经销店销售,当它决定将西尔斯百货公司和彭尼公司也纳入自己的分销渠道时,特约经销店表示了强烈的不满。

因此,生产企业要重视引导渠道成员之间进行有效的竞争,防止过度竞争,并加以协调管理。应对渠道冲突,原则上是通过对各渠道细分和定位,划分市场区域,引导渠道成员之间合作与协调,在共同愿景及目标下,共建一个系统流畅的渠道体系。具体可采取下列四类策略:

(1) 讨价还价策略:由冲突双方中的任何一方,采取主动让步进行协商,以换取对方的对应让步。

(2) 外交范畴策略:以外交手法摆平争议,即委托一熟悉事件始末的资深销售主管,出面与对方疏通解释,促其就另一层次视野进行思考。

(3) 相互贯通策略:经过双方经常性非正式的互动,来增加对彼此的了解,以增加认知,减少沟通障碍。

(4) 超组织性策略:通过中立第三者组织的和解、调解和仲裁来解决其冲突。

第四节　产品实体分销

一、产品实体分销的概念

产品实体分销是指产品实体以适当的批量、适当的时间与地点,从制造商那里转移到顾客手中。产品实体分销,是商品流通过程的重要组成部分,也称为物流或物流管理。在商品流通过程中,产品通过买卖而发生价值形式的变化和所有权的让渡,叫作商流;伴随商流而发生的产品实体的运输、储存、装卸等活动称为物流。物流和商流的起点和终点是结合的,但流通路线可能不一致。

产品实体分销的职能,就是将产品由其生产地转移到消费地,从而创造地点效用。作为市场营销的一部分,产品实体分销不仅包括产品的运输、保管、装卸、包装,还包括在开展这些活动的过程中所伴随的信息的传播。

二、产品实体分销决策的重要内容

(一) 仓储决策

首先要确定仓库的类型,是原料库、半成品库、成品库还是专业性冷藏冷冻仓库,是自建仓库还是租用公共仓库。

其次要确定仓库的地理位置,仓库的地理位置设置要求以对顾客交货服务于分销成本的平衡为原则,既要有利于增加企业利润,又要有利于减少向顾客发货、运输的费用,还要有利于为顾客提供满意的服务。

最后在仓库的管理上,要遵守先进先出原则,同一批物品,最先进仓库的要先发出去,这样的好处是防止物品长期堆放在仓库中形成待料,加大成本,占用空间。商品要分类存放,堆码层次合理,注意节省空间位置,适当、合理地安排货位的使用,提高仓容利用率。还要注意仓库管理防火、防爆、防虫、防盗、防寒、防冻等。

(二) 运输决策

运输决策主要涉及运输方式和运输路线两个方面。企业选择何种运输方式会影响产品定价、准时交货和物品到达目的地时的情况,所有这些都关系到顾客的满意程度。目前主要的运输方式有铁路运输、公路运输、水路运输、航空运输、管道运输五种,其各自特点如表10.1所示。

表10.1 几种运输方式及其优缺点

运输方式	优　　点	缺　　点
铁路运输	适合长途运输、大宗货物运输,成本低、安全、准时	速度较慢
公路运输	速度快、及时、环节少、货损小、安全,能实现门到门运输,适合内陆短途运输,成本尚可	大宗货物运输成本高
水路运输	运量大、成本低、安全,适合大宗货物长途运输	速度慢
航空运输	速度快,适合小件货品紧急运货需要	成本高
管道运输	费用低、安全可靠、连续性强,适用于单向、定点、量大的流体货物运输	适用范围狭窄、灵活性差

运输路线的决策要保证以选定的运输路线将产品送给顾客时间最短、路程最短,同时要避免不合理的运输路线设计,如对流、倒流、迂回、过远、重复运输等。

(三) 存货决策

存货决策,包括决定应于何时进货以补充存量和进货数量。我们将何时进货以补充存量的这个点称为订购点,它是指管理人员需要决定在何种剩货水平就必须发出新的订单,以避免届时缺货。如订购点为20,表明企业所存物品降到20个单位时就必须发出订单,以保持应有的存货量。订购点的高低受订购前置时间、使用率、服务水平的影响。订购前置时间越长,使用率越高,服务水平越高,则订购点就越高。一般将高于订购点的存货称为安全存货,反之称为补充存货。

企业有关进货数量的决策直接影响到订购频率(即购买次数)。订购量越大,则订购频率越低。每次进货订购要花费成本费用,但保留大量存货也需要成本费用,企业在决定进货数量时要比较这两种不同的成本。

图10.7表明,进货费用和进货批量是反比例关系,存货费用和进货批量是正比例关系。两条费用曲线叠加即为总费用曲线。总费用曲线弯向横轴的最低点就是最佳或经济进货批量Q,其计算公式为:

$$经济进货批量 = \sqrt{\frac{2 \times 进货总量 \times 每次进货费用}{单位存储费用 \times 存储时间}} \quad 或 \quad Q = \sqrt{\frac{2DS}{LT}}$$

式中:Q——经济进货批量;D——进货总量;S——每次进货费用;L——单位存储费用;T——存储时间。

(四) 配送管理

配送是指以客户(门店)的要求为先导,围绕商品组配与送货而开展的接受订货、预先备货、

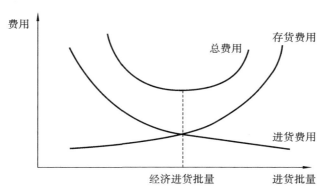

图 10.7　进货批量与费用的函数关系图

分拣加工、配货装货、准时送货、退货换货等一系列服务工作的总称。

配送中心所承担的基本功能有进货与集货、储存与保管、分拣与配货、流通加工、送货以及信息管理。从物流配送的发展过程来看,在经历了企业以自我服务为目的的企业内部配送中心的发展阶段后,政府、社会、零售业、批发业及生产厂商都积极投身于物流配送中心的建设中来。专业化、社会化、国际化的物流配送中心显示了巨大优势,有着强大的生命力,代表着现代科技物流配送的发展方向,配送中心现代化管理将是未来物流配送发展的必然趋势。

1. 信息管理电脑化

物流信息管理是根据企业物流活动的需要而产生的,主要由物流信息和配送中心信息管理系统两大方面构成。其中,物流信息有接受订货的信息、库存信息、采购指示信息、发货信息、物流管理信息五大类;配送中心信息管理系统主要有销售管理系统、采购管理系统、仓库管理系统、财务会计系统和辅助决策系统五大类。

2. 商品分拣自动化

商品分拣是配送中心内部工作量最大的一项工作。为了提高商品分拣的效率,国外的配送中心参照邮局分拣信件自动化的经验,配置了自动化分拣系统。随着科学技术的进步,特别是感测技术(激光扫描)、条码及计算机控制技术等的导入使用,自动分拣机将更广泛地应用于配送中心。

3. 商品储存立体化

商品储存立体化是指用高层货架储存货物,以巷道堆垛起重机(简称巷道机)存取货物,并通过周围的装卸运输设备自动进行出入库作业。

4. 商品配送共同化

商品配送共同化是指生产、批发或零售、连锁企业共同参与,由一家配送中心承担它们的配送作业。

立体仓库与传统仓库的区别有哪些?

随着市场中的货物流通量越来越大,立体仓库逐渐出现在人们的视线之中,因为其超大的货物存储量和高效的作业流程,受到了众多消费者的喜爱。那么立体仓库与传统仓库具体有哪些区别呢?

1. 结构更为复杂

立体仓库的设计结构非常复杂,由于其功能较多,配套设备也非常多,所以建造一座立体仓库需要投入大量的资金,其建造技术的要求也非常严格;而传统仓库的建造相比于立体仓库则资金减少了许多,没有过多的要求和多样的功能设置。

2. 货架安装精度高

由于立体仓库多数采用了高层货架,而高层货架的货物存储采用机械臂按照操作人员事先设定的程序进行作业,这就要求高层货架的安装精度非常高,不能出现丝毫的误差,否则容易出现货物存储货架位置不恰当等问题。

3. 人员技术要求高

立体仓库因为其结构更为复杂,所提供的功能也更多,所以对相关操作人员的技术要求也更高。只有经过专业培训的人员才能够胜任仓库操作岗位。相比之下,传统仓库对人员的技术素质要求则没有这么高,大多数情况下都只是简单的货物搬运和安放。

4. 弹性较大,适时调整

立体仓库相比于传统仓库,其货物存储弹性更大,能够根据实际情况来进行适时调整。例如在某个物流高峰期,仓库需要大量的货物流通和转运,传统仓库由于其作业流程不严谨,较为繁复,难以适应大货物量流通。但是立体仓库却很好地解决了这个问题,不仅其高层货架能够存储大量的货物,而且其机械化的作业方式能够长时间地进行货物存取和搬运作业,确保在一定的时间限制内能够消化大量的货物流通需求。

(资料来源:根据网络资料改编)

【延伸阅读】 仓库彻底无人化!揭秘正在悄然颠覆食品行业的智能立体仓库(见右侧二维码)。

本章小结

分销渠道也叫"销售渠道"或"通路",是指产品或服务从企业向消费者或用户转移的过程中,所有取得产品所有权或协助产品所有权转移的组织和个人。分销渠道除实现了产品所有权转移外,还隐含物流、信息流、货币流等其他的物质流动形式。

分销渠道依据是否有中间商的介入可分为直接渠道和间接渠道;依据渠道层次可分为短渠道和长渠道,零级渠道与一级渠道合称为短渠道,二级以上的渠道称为长渠道;依据同一层次并列中间商的多少可分为密集分销渠道、选择分销渠道和独家分销渠道;依据企业采用分销渠道类型的多少划分出单渠道系统和多渠道系统。

中间商是指制造商与最终顾客(消费者或用户)之间参与交易业务,促使买卖行为发生和实现的经济组织和个人。

中间商的作用表现为:①提高产品流通效率;②调节生产者与消费者之间的矛盾;③有效分担企业的市场营销职能。

中间商又可分为商人中间商和代理中间商,二者在所有权、资金垫付、利润来源三个方面存在着区别。

商人中间商,由于在商品买卖过程中拥有商品所有权,因而要承担经营风险,其又可分为批发商和零售商。批发商按服务范围可分为完全服务批发商和有限服务批发商,按经营业务内容可分为专业批发商、综合批发商和批发市场。零售商从经营形式上主要分为商店零售、无店铺零售和零售组织三种。

代理中间商往往接受生产者委托从事销售业务,不拥有商品所有权,它又可分为企业代理商、销售代理商、寄售商和经纪商。

分销渠道的设计包括确定渠道的类型、渠道的长度、渠道的宽度、渠道成员的权利和责任及评估渠道方案。其中评估渠道方案的标准有三个,即经济性、控制性和适应性。

影响分销渠道选择的因素主要有产品因素、市场因素、生产企业本身的因素、政策规定。

分销渠道的管理涉及选择渠道成员、激励渠道成员、协调与渠道成员的关系、评价渠道成员、分销渠道的调整及消除渠道冲突。渠道冲突是指某渠道成员从事的活动阻碍或者不利于本组织实现自身的目标,进而发生的种种矛盾和纠纷。渠道冲突是不可避免的,具体表现为以下三种形式:①水平渠道冲突;②垂直渠道冲突;③不同渠道间的冲突。

产品实体分销是指产品实体以适当的批量、适当的时间与地点,从制造商那里转移到顾客手中,它是商品流通过程的重要组成部分,也称为物流或物流管理。

产品实体分销的职能包括产品的运输、保管、装卸、包装及信息的传播等。

产品实体分销决策的重要内容包括仓储决策、运输决策、存货决策、配送管理。配送管理现代化将是未来物流配送发展的必然趋势,具体表现为信息管理电脑化、商品分拣自动化、商品储存立体化、商品配送共同化。

思考题

1. 如何理解中间商的作用?
2. 试说明批发商、零售商、代理商的区别。
3. 简述企业分销渠道设计的过程。
4. 对于渠道冲突,怎样才能更好地去消除?
5. 简述消费者购买决策过程。
6. 产品实体分销决策的重要内容涉及哪些方面?

案例分析与实训

1. 案例分析

亚马逊收购全食超市,新零售走出融合之路

2017年6月16日,美国电商巨头亚马逊宣布将以每股42美元,合共137亿美元的高价收购美国全食超市(Whole Foods Market),由此切入生鲜电商领域。消息一出,美国三大实体零售巨头沃尔玛、克罗格(Kroger)和塔吉特(Target)的股价集体重挫。

业内对亚马逊和全食超市的"牵手"并不感到意外,作为全美较大的线上零售商,在收购全食超市以前,亚马逊早已不断试水线下领域。2015年年底,亚马逊在美国的西雅图开了第一座实体书店;2016年12月,亚马逊推出科技超市Amazon Go;2017年3月,亚马逊的生鲜自提业务在总部西雅图进行内测;2017年6月16日,则不惜斥巨资一把拿下全食超市。

与大举进军线下的亚马逊相对,实体零售起家的沃尔玛却在不断加码电商板块。2016年以来,沃尔玛一直在不停歇地"买、买、买":2016年8月,沃尔玛宣布以约33亿美元的价格收购美

国新兴电商网站 Jet.com；2017 年 1 月，Jet.com 宣布以 7000 万美元收购鞋履电商 Shoebuy；随后，户外服装电商 Moosejaw、线上女装零售商 ModCloth 先后被沃尔玛收归麾下。

作为全球重要的市场之一，沃尔玛也在中国深耕电商领域。沃尔玛在深圳罗田店推出全国首家"沃尔玛京东之家"体验店，无疑是沃尔玛和京东深化战略合作的又一项创新尝试。

事实上，不论是亚马逊还是沃尔玛，类似的战略收购在中国并不新鲜，国内两大电商巨头阿里巴巴和京东，这几年一直忙于与实体零售开展合作或提出并购，以打破线上线下渠道的销售壁垒。

结合以上营销事件，不难看出伴随着线上线下的打通，电商与"坐商"之间的关系也在发生变化。新兴网络零售业不仅正在实现对现有实体零售业的"存量转移"，扮演一个"颠覆者"的角色，而且正在成为渠道经销商和实体零售业的"补缺者"。传统渠道经销商和实体零售业应如何应对行业变革与挑战，试水新渠道、新模式、新平台来实现华丽反转？请给出你的看法和意见。

2. 实训

实训目的：理解物流配送管理对于企业营销的重要意义。

实训内容：啤酒游戏——究竟是谁的错？（见右侧二维码）。

通过游戏角色扮演，开展课堂讨论：

（1）如果你是批发商，第八周收到零售商 24 箱的订单时，你会怎么做？为什么？

（2）第十九周时，制造商在仓库里有 100 箱啤酒存货，而啤酒销售业绩依然挂零。你认为是谁的错？为什么？

第十一章 促　　销

 教学内容和教学目标

◆ 内容简介

（1）促销与促销组合。
（2）人员促销。
（3）广告。
（4）销售促进。
（5）公共关系。

◆ 学习目标

（1）理解掌握促销目标、促销组合的手段和影响因素。
（2）了解人员推销的形式、对象与策略。
（3）了解广告发展历史及媒体分类，能够结合实际采取合适的媒体策略。
（4）了解销售促进和公共关系的常用活动方式。

通过本章的学习，力图使大家能够明确促销组合中各种促销方式的含义和内容，掌握并运用各种促销方式和技巧，从而有效运用促销组合策略。

第一节　促销与促销组合

一、促销及其作用

促销（又称推销）是企业为了引发和刺激消费者需求，在企业与消费者之间进行信息沟通，从而促进消费者购买的活动。促销分为人员促销和非人员促销两大类。非人员促销具体又包括广告、销售促进和公共关系三个方面。促销方式的选择和运用，是促销策略中需要认真考虑的重要问题。促销策略的实施，事实上也是各种促销方式的组合运用。

促销的实质是达成企业与消费者买卖双方的信息沟通。一方面，企业作为产品的供应者或卖方，需要把有关企业自身及所生产的产品的信息广泛地传递给消费者。这种由卖方向买方传递的信息，是买方借以做出购买决策的基本前提。另一方面，作为买方的消费者，也需要把对企业及产品、劳务的认识和需求动向反馈到卖方，以促使卖方根据市场需求进行生产。这种由买方向卖方的信息传递，是卖方借以做出营销决策的重要前提。可见，促销的实质是卖方与买方的信息沟通，这种沟通是一种由卖方到买方和由买方到卖方的不断循环的双向式沟通。

企业引发和刺激消费者产生购买行为的促销活动一般具有以下几个作用：

（1）传递信息。企业通过促销手段及时地向中间商和消费者提供信息，引起社会公众广泛的注意,吸引他们注意这些产品和服务的存在。

（2）刺激需求。通过介绍产品,展示合乎潮流的生活方式,从而唤起消费者的购买欲望,创造出新的消费需求。

（3）突显性能。通过促销活动,可以显示产品的突出性能和特点,或者显示产品消费给顾客带来的利益,促使消费者加深对本企业产品的了解,从而增加购买。

（4）增加销售。企业针对反馈的市场信息,加强促销的目的性,使更多的消费者对企业及品牌由熟悉到偏爱,形成惠顾动机,从而稳定产品销售。

二、促销组合

促销组合是指企业有计划、有目的地把人员推销、广告、公共关系、营业推广等促销方式进行适当配合和综合运用,以形成一个完整系统的促销策略。

确定促销组合策略,主要应考虑以下五个因素。

1. 促销目标

促进销售的总目标,即通过营销传播实现产品由生产领域向消费领域的转移。但在总目标的前提下,在特定时期对于特定产品,企业又有具体的促销目标。要根据具体的营销目标对不同的促销方式进行适当选择,组合使用。

2. 产品性质

不同性质的产品,消费者状况及购买要求不同,因而采取的促销组合策略也应有所不同。一般来说,购买频率高、价格低的日用消耗品,如洗衣粉、饮料等,应主要采取广告的方式;而购买频率低、价格高的工业品,则应主要采取人员推销的方式。公共关系适合于立足长远的促销目标,营业推广则更多地用于短期提升销售目标,这两种方式,在促销活动中对不同性质的产品的反应相对较均衡,应根据具体情况而定。

3. 生命周期

在产品生命周期的不同阶段,促销的效果不同,企业促销的重点和目标也不同,因此要相应地制订不同的促销组合。产品生命周期各阶段的促销方式如表 11.1 所示。

表 11.1　产品生命周期各阶段的促销方式

产品市场生命周期	促销重点目标	促销主要方式
导入期	认识产品	各种广告
成长期	喜欢产品	改变广告形式
成熟期	增进偏爱	增加广告形式
衰退期	促成再次购买	以营业推广为主,辅以广告降价
整个阶段	消除不满意感	改变广告内容,利用公共关系

4. 市场类型

市场地理范围、市场类型和潜在顾客的数量等因素,决定了不同的市场性质,不同的市场性质又决定了不同的促销组合策略。一般来说,若目标市场的空间大,属于消费品市场,潜在顾客数量较多,则促销组合应以广告为主;若目标市场的空间小,属于工业品市场,潜在顾客的数量有限,则促销组合应以推销为主。

5. 促销预算

促销预算因不同的竞争格局、企业和产品而有所不同。促销预算往往采取按营业额确定一个比例的方法,或者采取针对竞争者预算来确定预算额度的方法。不同的预算额度,从根本上决定了企业可以选择的促销方式。

促销新方式

联合促销是指两个以上的企业或品牌合作开展促销活动。这种做法的最大好处是可以使联合体内的各成员以较少的费用获得较大的促销效果,联合促销有时能达到单独促销无法达到的目的。

日本工商大臣小林一山,曾在一家百货公司当总经理。他让秘书到全市调查并亲自品尝,看看哪家饭馆的咖喱饭味道最好。然后他把饭馆老板请来,商量在百货公司开辟一处地方卖咖喱饭,价格比市场上低四成,这四成由百货公司负责给老板补上,饭馆老板当然乐意。全市味道最好的咖喱饭,又比别处便宜四成,结果引来了大量顾客。顾客吃完饭就要逛商场,逛商场就要买东西,一年下来商场营业额比上一年增加了 5 倍,饭馆营业额增加了几十倍。由此可见,联合促销只要运用得当,不但对双方都有利,有时还可获得单独促销无法达到的效果。

第二节 人 员 推 销

一、人员推销的概念及特点

1. 人员推销的概念

人员推销是指企业派出推销人员直接向顾客做宣传并推销产品的活动。在人员推销活动中,推销人员、推销对象和推销品是三个基本要素。其中,前两者是推销活动的主体,后者是推销活动的客体。通过推销人员与推销对象之间的接触、洽谈,将推销品推介给推销对象,从而达成交易,实现既销售商品又满足顾客需求的目的。

2. 人员推销的特点

人员推销的优点主要表现为:

(1) 信息沟通的双向性。在人员推销过程中,由于推销人员直接与目标顾客接触,一方面可以向顾客宣传介绍企业产品的质量、特色、价格、服务等相关信息,另一方面可以从顾客那里获得所需信息(包括顾客对此类产品的意见、要求),这些信息可以为企业改进产品提供依据。

(2) 推销目的的双重性。人员推销的首要目的是向目标市场推销企业的产品,引发顾客欲望,促成顾客购买。同时,推销人员还肩负一项任务,即在推销过程中进行市场调研,观察顾客反应,倾听顾客意见,了解顾客评价,掌握竞争产品信息,把握行业市场走向。推销人员应将这些信息提交给企业,为企业调整营销策略提供依据。

(3) 推销过程的灵活性。由于推销人员直接与顾客接触,可以根据不同顾客、不同情境做出有针对性的推销安排,同时,也能及时回应不同顾客的要求,答复顾客的不同疑问,而不是像广告那样千篇一律。

(4) 合作资源的长期性。人员推销是在推销人员直接与顾客接触的过程中进行的,随着双方合作关系的加深,在密切业务联系的同时,双方会逐步建立良好的个人友谊,这种个人关系是推销人员也是企业重要的社会资源,对于企业建立忠诚顾客群体有重要作用。

人员推销的不足有两点。一是成本高。由于每个推销人员直接接触的顾客有限,销售面窄,特别是在市场范围较大的情况下,人员推销的开支较大,增加了产品销售成本,一定程度上削弱了产品的竞争力。二是对推销人员的素质要求高。人员推销的效果直接取决于推销人员的素质,而随着科学技术的发展,新产品层出不穷,对推销人员的素质要求越来越高,推销人员必须熟悉新产品的特点、功能、使用、保养和维修等知识与技术。高素质销售队伍的培养是企业销售管理的重要任务,需要企业投入很高的物质成本和时间成本。

二、人员推销的形式、对象与策略

1. 人员推销的形式

(1) 上门推销。上门推销是最常见的人员推销形式,由推销人员携带产品的样品、说明书和订单等走访顾客,推销产品。这是一种积极主动的推销形式,既可以针对顾客的需要提供有效的服务,又可以方便顾客。但是在安全管制和安全意识越来越强的今天,上门推销也要注重艺术性,否则会受到客户的抵制。

(2) 门市推销。门市推销是指企业在适当地点设置固定门市,由营业员接待顾客,推销产品。门市的营业员是广义的推销人员。门市推销与上门推销相反,是一种等客上门的推销方式。由于门市里的产品种类齐全,能满足顾客多方面的购买要求,可以保证商品安全无损,因此这种推销方式容易被顾客接受。

(3) 会议推销。会议推销是指企业利用各种展会向与会人员宣传和介绍产品,开展推销活动。如在订货会、展销会、交易会等会议上推销产品均属于会议推销。这种推销形式的目标顾客集中,可以同时向多个推销对象推销产品,成交额较大,推销效果较好,是近年来发展较快且备受青睐的一种形式。

2. 人员推销的对象

推销对象是人员推销活动中接受推销的主体,是推销人员说服的对象。推销对象有消费者个人和组织用户两类。

(1) 消费者个人。消费者个人是最终消费者。面向此类对象推销,需要了解不同消费者的消费心理、消费习惯、个人特性、购买力水平等,对不同顾客采用不同的推销技巧。

(2) 组织用户。组织用户又可以分为生产用户和中间商用户。组织用户的采购多为专家型理智购买,面向此类对象,推销人员需要了解不同生产用户的生产规模、产品地位、企业战略、资金状况、采购政策、具体采购人员的个人特性等,不同中间商用户的类型、经营规模、业务特点、目标定位、信用状况、采购政策等,并使用相应的推销技巧。

3. 人员推销的策略

根据产品特点和市场供求状况,企业的推销人员与客户的接洽方式包括:推销人员与客户单独联络或会面,推销人员面对多个顾客推销产品,推销小组与采购小组接触,举办或参加推销工作会议,举办有关技术发展状况的推销研讨会等。在需要集体行动时,必须注意人员之间的配合与协调。人员推销的具体策略主要有:

1) 试探性策略

试探性策略是指在对顾客缺乏了解的情况下,推销人员运用刺激性手段促使顾客产生购买行为的策略。推销人员事先设计好能引起顾客兴趣、刺激顾客购买欲望的推销语言,通过交谈进行刺激,并观察顾客反应,再根据顾客反应采取相应的对策,选用恰当的语言对顾客进一步刺激,并观察顾客反应,了解顾客的真实需要,诱发购买动机,引导产生购买行为。

2) 针对性策略

针对性策略是指在基本了解顾客某些情况的前提下,推销人员有针对性地对顾客进行产品的宣传介绍,使顾客产生兴趣和好感,从而达到成交的目的。

3) 诱导性策略

诱导性策略是指推销人员运用能激起顾客某种需求的说服方法,诱使顾客产生购买行为。这种策略的核心是激发顾客的潜在需求,是一种创造性推销策略,它要求推销人员能诱发、唤起顾客的需求,并不失时机地宣传介绍所推销的产品,以满足顾客对产品的需求。

三、人员推销的技巧

1. 上门推销技巧

(1) 确定上门推销对象。可以通过商业性资料手册或公共广告媒体寻找重要线索,也可以到商场、门市部等商业网点寻找客户名称、地址和电话。

(2) 做好上门推销准备。要熟练掌握公司产品及服务的全部特点,熟悉同行业同类产品及服务的特点,必要时要牢记,以便推销时有问必答;同时对客户的基本情况和要求应有一定的前期了解。

(3) 掌握"开门"的方法,即要选好上门时间,以免吃"闭门羹"。可以采用电话、传真、电子邮件等手段事先交谈或传送文字资料给对方并预约面谈的时间、地点,也可以采用请熟人引见、名片开道、与对方有关人员交朋友等策略,赢得客户的欢迎。

(4) 把握适当的成交时机。应善于体察客户的情绪,在给客户留下好感和信任后,抓住时机发起"进攻",争取签约成交。

(5) 发展个人谈话艺术。与时俱进,提升个人的产品知识、行业知识,关注财经热点,丰富谈话内容,创意谈资。

2. 排除推销障碍的技巧

(1) 排除客户异议障碍。若发现客户欲言又止应主动少说话,直截了当地请对方充分发表意见,以自由问答的方式真诚地与客户交换意见。对于一时难以纠正的偏见,可将话题转移;对于恶意的反对意见,可以"装聋扮哑"。

(2) 排除价格障碍。当客户认为价格偏高时,应充分介绍和展示产品、服务的特色和价值,使客户感到"一分钱一分货";对低价的看法,应介绍定价低的原因,让客户感到物美价廉。

(3) 排除习惯势力障碍。实事求是地介绍客户不熟悉的产品或服务,并将其与他们已熟悉的产品或服务相比较,让客户乐于接受新的消费观念。

【营销资料】 世界上最牛的推销员(见右侧二维码)。

第三节 广 告

广告作为一种信息传递方式,伴随着商品的产生而产生,同步于市场经济的发展而发展。如今,广告已经成为企业市场营销活动的重要手段,亦成为衡量一个国家、一个地区乃至一个行业经济繁荣与否的标志。广告已经成为产品进入市场的入场券。

一、广告的含义及作用

广告指企业以付费的方式,通过各种传播媒体,向目标市场的消费者为某个宣传目的而采取的非个人的展示和促销活动。在商品种类繁多的今天,要想吸引消费者的注意越来越难,为此企业每年都会花费大量的经费投放广告(见表11.2)。

表 11.2　2009—2013 年以来央视标王与中标价

年份	招标额最高企业	中标金额/亿元	央视招标总额/亿元
2013	剑南春	6.08	158.81
2012	茅台	4.43	142.57
2011	蒙牛	2.305	126.68
2010	蒙牛	2.039	109.66
2009	纳爱斯	3.05	92.56

广告作为一种积极、有效的信息传递活动,对实现"产品的惊险跳跃"有着极为重要的作用。具体地说可归纳为以下几点:

(1) 传送信息,沟通产需。现代产品的销售过程是"信息流"与"物流"高度统一的过程,如果没有有效的信息沟通,买卖双方相互隔离,产品就难以实现销售。而广告能够把产品、劳务等信息传递给可能的顾客,迅速、有效地沟通产需,缩短产需之间的距离,加速产品的流转。

(2) 创造需求,刺激消费。广告通过各种传播媒体向顾客广泛介绍产品信息,不断向顾客介绍产品的性能、特色、适用范围、价格、销售地点及售后服务项目等,不仅能提高顾客对产品的认识程度,诱发其需求和购买欲望,而且能起到强化顾客对产品的印象、刺激需求、创造需求的作用。

(3) 树立形象,利于竞争。当今的广告大战,从本质上可以说是不同的企业文化之间的较量和竞争。在洋货大出风头的现今中国市场,不少中国产品在广告上夸耀自己的"洋出身""洋伙伴",四川长虹却率先打出民族工业的旗帜,"以产业报国、民族昌盛为己任",这是明明白白的企业文化,挡不住的民族凝聚力。

(4) 美化环境,教育作用。广告也是一种艺术,一则思想性和艺术性强的好广告,能给人以美的享受,陶冶人们的情操,提高人们的思想修养,美化市容和环境。广告内容设计得当,有利于树立消费者正确的道德观、人生观及优良的社会风尚。

二、广告的类型

广告发展到今天,已形成内涵丰富的体系,从不同角度可对其做不同分类:

(1) 按广告的目的划分,可分为商业广告和非商业广告。商业广告是指那些传递有关经济方面的信息,目的在于赢利的广告。非商业广告主要包括政治广告、公益广告和个人广告。政治广告是指为政治活动服务的广告;公益广告也称公共广告,它是指维护社会公德、宣传公益事业的广告;个人广告是指为个人的利益或目的运用媒体发布的广告,如启事、声明、寻人、征婚等。

(2) 按广告的内容划分,可分为产品广告和企业广告。产品广告,即以产品或服务本身为内容的广告,目的在于直接推销商品或服务。企业广告,即以生产单位或服务单位本身为内容的广告,目的在于提升企业形象,通过企业声誉的提高间接促进产品销售。

(3) 按广告的诉求方式划分,可分为理性诉求广告和感性诉求广告。理性诉求广告通常采用摆事实、讲道理的方式,通过向广告受众提供信息,展示或介绍有关的广告物,有理有据地进行论证接受该广告信息能带给他们的好处,使受众在理性思考、权衡利弊后能被说服而最终采取行动。一般房地产公司的广告多采用理性诉求方式。感性诉求广告则是采用感性的表现形式,以人们的喜怒哀乐或人们的亲情、友情、爱情等情感为基础,对受众动之以情,激发人们的认同继而使其产生购买行为。日用品广告、食品广告、公益广告常采用感性诉求方式。

(4) 按广告的表现形式划分,可分为印象型广告、说明型广告和情感诉说型广告。印象型广告的广告时间一般很短,只宣传一个简单重要的广告主题;说明型广告要对产品进行较为详尽的说明;情感诉说型广告则以特定的情感诉求方式影响消费者的态度。

三、广告媒体的选择

1. 广告媒体的类型

广告媒体是指在企业与广告宣传对象之间起连接作用的媒介物。选择并决定采用何种广告媒体把商品信息传向市场,是广告决策的主要内容之一。广告媒体根据受众规模的不同可以分为大众传播媒体和小众传播媒体。大众传播媒体包括报纸、杂志、广播、电视、电影等媒体。特别是前四种,是广告传播活动中最为常用的媒体,通常被称为四大广告媒体。小众传播媒体包括户外广告、空中广告、流动广告、POP广告、交通广告等。随着科学技术的进步,新媒体成为传播广告信息的生力军,包括网络视频广告、社交网络服务(SNS)植入性广告等。网络视频广告是将信息通过网络传递到互联网用户的一种高科技广告运作方式,具有传播迅速、费用低廉的优势。网络媒体已经成为继传统四大媒体之后的第五大媒体。由于不同的广告媒体有各自的优劣和适用范围,因此在广告活动中应根据实际情况来组合运用。主要广告媒体的特点如表11.3所示。

表11.3 主要广告媒体的特点

媒体形式	优点	缺点
电视媒体	形象生动,说服力强;传播迅速,时空性强;直观真实,理解度高;覆盖面广,单位接受成本低	信息短暂,信息容量小,广告费用高,针对性不强
广播媒体	传播速度快;覆盖面广,受众多;灵活性高,价格便宜	广告信息易逝,创意的局限性
报纸媒体	传播面广,时间性强,选择性强;印象深刻,简易灵活,可信度高	有效时间短,注目率低,细分局限性,印刷效果欠佳
杂志媒体	读者集中,针对性强;便于保存,有效期长;印刷精美,表现力强	周期长,灵活性差;制作复杂,成本较高;受众局限,影响面窄
户外广告	选择性强,成本费用少,形式灵活	广告信息量有限;档次低;宣传区域小,效果不如其他媒体
网络媒体	传播范围全民性,信息数据全面性,互动沟通动态性,成本效率经济性	网络拥堵,信息冲突;诈骗的可能性

2. 广告媒体选择的影响因素

1) 产品因素

广告媒体的选择首先要考虑产品特点的差异。不同性质的产品,宜采用不同的媒体。需要展示的、有色泽或样式要求的产品,宜选择电视、杂志、网络做媒体,以增强美感和吸引力,如服装、化妆品、食品等;对技术性较强、性能复杂的产品,可采用报纸、杂志等文字性的媒体进行宣传,它可以较详细地说明产品性能,或用实物表演,增强用户实感。

2) 媒体习惯

不同消费群体对不同媒体的接触频率有很大差异,媒体选择应与目标消费者的习惯相适应。例如:儿童用品以电视作媒体效果最佳;对于老年消费者,则以广播、报纸为主要传播媒体;针对工程技术人员的广告,应选择专业杂志为媒体。

3) 销售范围

由于广告的最终目的是促进销售,所以广告的宣传传播范围应该与商品的销售范围基本一致。如果是地产地销的产品,就不必到全国性的广告媒体去做广告;反之,如果是面向全国市场的产品,本企业又有巨大的资本能力及扩产潜力,就可以选择有全国影响力的电视、广播、报刊等媒体做广告。

4) 媒体费用

不同的广告媒体的广告费用不一样,电视、电影媒体的广告费用最高;广播、报刊次之;路牌、橱窗、招贴的广告费用则更低。对于广告主来说,广告费用对其制约主要体现在两方面:一是经济承受力;二是广告的经济效果,即广告费用的投入和产出之比。

5) 媒体影响力

报纸杂志的发行量,广播电视的收视率等是媒体影响力的标志。媒体的影响应覆盖目标市场的全部,不及或超越目标市场区域都会形成浪费,而且广告需要一定的频率才能得到消费者的关注和记忆,否则也难以体现成效。

3. 广告媒体的组合策略

广告媒体的组合方式可以是视觉媒体与听觉媒体的组合,瞬间媒体与长效媒体的组合,大众媒体与促销媒体的组合,还可以是媒体覆盖空间的组合,"跟随环绕"式组合。例如,消费者每天早上听广播、看电视,中午看报纸,晚上浏览网站、看电视。广告主可以根据消费者从早到晚的媒体接触以跟随的方式进行随时宣传和说服。效果较好的媒体组合方式有以下几种:

(1) 报纸与广播媒体搭配。这种组合可以使各种不同文化程度的消费者都能接受广告信息传播。

(2) 报纸与电视媒体搭配。这种组合方式是利用电视传播速度快、视觉冲击力强的特点与报纸信息量大、目标消费者集中的优势进行组合,先将广告信息传播给广大受众,使之通过文字资料详细地了解产品,再通过电视图像展示产品的优良品质和产品形象,从而使品牌认知和产品功能得到同步发展。

(3) 报纸与杂志媒体搭配。这种组合利用了报纸的影响力,配合杂志的目标消费者的信任,加强了产品功效特点的宣传,对销售有直接的推动作用。

(4) 电视与网络媒体搭配。这种组合有利于城市与乡村的消费者普遍地接受广告信息传播、提高品牌认知,吸引消费者对产品的兴趣。

(5) 电视与户内外媒体搭配。户内外媒体具有提醒、强化的效果,与电视媒体组合,不仅能够使电视媒体的效果得到延伸,而且能够增强在销售上的提醒,强化宣传效果。

（6）报纸或网络与销售现场搭配。这种组合利于提醒消费者购买已有印象的产品。

四、广告效果评估

广告效果的评估就是运用科学的方法来鉴定所做广告的效益。广告效益包括三方面：一是广告的经济效益，即广告促进商品或服务销售的程度和企业的产值、利税等经济指标增长的程度；二是广告的心理效益，即消费者对所做广告的心理认同程度和购买意向、购买频率；三是广告的社会效益，即广告是否符合社会公德，是否寓教于销。

1. 常用的评估方法

广告效果的测定方法有很多种，可按不同的标准分类。常用的评估方法主要有：

（1）回忆测定法，即通过消费者看广告后对广告内容的记忆度和理解度来测定广告的效果。回忆测定法又可分为纯粹回想法和辅助回想法两种。纯粹回想法是让消费者独立地对已推出的广告进行回忆，调查人员不做任何提示。辅助回想法则是测定在一定的提示下，消费者能够回忆出广告中的多少内容。

（2）认知测定法，即抽取一组消费者做样本，然后询问他们是否看过广告。根据实际情况，将认知程度分为三等：约略认知，即曾看到过；联想认知，即能记起某一部分内容，由这部分内容能联想起有关的产品名称；较深认知，即能记起广告一半以上的内容。计算这三部分的百分比，即可得出该广告的观看效率。

（3）实验室测定法，即利用各种仪器观察被测者的生理反应，如心跳、血压、瞳孔等的变化，以此来判断广告的吸引力。

2. 利用销售量的变化来评估

上述评估方法只能是一种定性判断，我们还可用销售量的变化来测定广告效果。其方法为把广告费用增加率与销售额增加率做比较。其计算公式为：

$$广告效果比率 = 销售额增加率/广告费用增加率 \times 100\%$$

采用此测评方法测算的广告效果比率，只能做衡量广告效果的参数，因为商品销售量的增减及增长的快慢，是由多种因素决定的，广告的影响只是因素之一，并且广告作用的发生不一定有即时效应，常常附有延迟性，所以广告效果测定应采用定性和定量的方法相结合，既注重广告本身的效果测定，又关注其引起的销售效果的变化。

营销视野

2017年3月15日，阿迪达斯（简称阿迪）CEO卡斯珀·罗思德在接受CNBC采访时宣布，公司将放弃使用电视广告进行宣传，并寻求到2020年时将电子商务营业收入提高三倍。原因是年轻消费者主要是通过移动设备来跟商家进行互动，数字化业务对企业来说至关重要，所以企业准备放弃电视广告。

调研数据显示，2016年，阿迪在设计和营销上，紧紧抓住了年轻人。阿迪发现，年轻人不是不看广告了，而是不太会去打开电视了。从Instagram、微博上明星红人的照片，到阿迪官网的预售码，再到门外围着彻夜排队的年轻人的实体店货架上，阿迪用"年轻偶像+饥饿营销"组合打造的这些爆款一轮一轮地轰炸着我们的视听，电视广告在这其中确实没有帮上什么忙。

尽管如此，在线广告还有很多问题需要解决。比如大多数的网络视频广告是无效的，有81%的用户会对视频静音，62%的用户对强制播放的广告感到恼火，93%的人考虑使用广告拦截应用。广告主在衡量投放策略的时候，往往会孤立地去看每个媒体渠道的回报率，忽略了各媒体渠道的相互作用,他们很难看清或意识到网络媒体广告的效果是如何被电视平台影响的。广告主将电视广告资源转而投入网络广告只能在短期内造成销量增长,而在长期回报率上反而会降低。因此,广告主不应当孤立地看待广告投放渠道,而应在选择广告投放策略时,更多地参考长期回报率。

第四节　销 售 促 进

一、销售促进的概念

销售促进又称营业推广,是指企业采取的能迅速产生刺激购买作用的促销手段。与广告、公共关系这两种非人员推销方法不同,销售促进具有时效性、刺激性、多样性和直接性等特征,是企业运用各种短期刺激因素鼓励消费者购买的方式的总称,一般能促使消费者或中间商立即采取购买行为,但销售促进不适合长期单独使用,只可以作为一种阶段性的促销手段配合其他手段使用。

二、销售促进的种类

根据市场和产品的不同特点,销售促进主要有三种类型:
(1) 针对消费者的销售促进,即通过对消费者的强烈刺激,促使其迅速采取购买行为。
(2) 针对中间商的销售促进,即通过刺激中间商,促使其迅速采取购买行为。
(3) 针对内部员工的销售促进,即针对本企业内部员工展开的推销,目的是鼓励内部员工积极开展推销活动,以实现更大的销售量。

三、销售促进的方式

销售促进的方式多种多样且还在不断发展创新中。常见的方式有:
1. 针对消费者的销售促进方式
此类促销面对的是最终消费者,因此促销方式也最直接,使用频率很高。主要方式有:
(1) 赠送样品。向消费者赠送样品或试用样品,样品可以挨户赠送,在商店或闹市区散发,在其他商品中附送,也可以公开广告赠送。赠送样品是介绍一种新商品最有效的方法,但费用也最高。
(2) 优惠券。给持有人一个证明,证明他在购买某种商品时可以免付一定金额的钱。
(3) 廉价包装。在商品包装或招贴上注明,比通常包装减价若干,它可以是一种商品的单独包装,也可以把几件商品包装在一起。
(4) 奖励。可以凭奖励券买一种低价出售的商品,或者凭券免费领取以示鼓励,或者凭券购买某种商品时给予一定的优惠,各种抽奖也属此类。
(5) 现场示范。企业派人将自己的产品在销售现场当场进行使用示范表演,把一些技术性较强的产品的使用方法介绍给消费者。
(6) 组织展销。企业与零售商联合促销,将一些能显示企业优势和特征的产品在商场集中陈列,边展销边销售。
(7) 参与促销。参与各种促销活动,如技能竞赛、知识比赛等活动的消费者,能获取企业的奖励。

(8) 会议促销。各类展销会、博览会、业务洽谈会期间的现场产品介绍、推广和销售活动。

2. 针对中间商的销售促进方式

把产品卖给消费者的是中间商，所以对中间商促销，提高他们的积极性，也是非常必要的。主要有以下形式：

(1) 批发回扣。企业为争取批发商或零售商多购进自己的产品，在某一时间内给经销本企业产品的批发商或零售商加大回扣比例。

(2) 推广津贴。企业为促使中间商购进企业产品并帮助企业推销产品，可以支付给中间商一定的推广津贴。

(3) 销售竞赛。根据各个中间商销售本企业产品的实绩，分别给优胜者以不同的奖励。如现金奖、实物奖、免费旅游、度假奖等，以起到激励的作用。

(4) 交易会或博览会、业务会议等。

3. 针对内部员工的销售促进方式

对内部员工促销的目的是建立员工的促销意识。主要包括：

(1) 销售员培训。目的在于加强销售员的知识、技能、态度等。集体培训的典型做法有以下几种：课堂讲授方式、集体讨论方式、个案研究方式、角色扮演方式等。

(2) 销售员竞赛。销售员竞赛指以销售员的销售金额、新开拓客户数目、总利润额及各种评估结果，促使销售员彼此竞赛，对表现优良者给予表扬和发给奖品。

第五节　公　共　关　系

一、公共关系的概念

公共关系(简称公关)是指企业为改善与社会公众的联系状况，增进公众对组织的认识、理解与支持，树立良好的组织形象而进行的一系列活动。企业公共关系是指企业与其相关的社会公众的相互关系。这些社会公众主要包括供应商、中间商、消费者、竞争者、信贷机构、保险机构、政府部门、新闻传媒等。企业作为相互联系的社会组织的一分子，每时每刻都与相关的社会公众发生着频繁广泛的经济联系和社会联系。所谓企业公关，就是指要同这些社会公众建立良好的关系。

企业公共关系的最终目的，是促进产品销售，提高市场竞争力。企业作为社会经济生活基本的经济组织形式，营利性是它的基本准则。公共关系的最终目的，无疑仍然是促进商品销售。正因为如此，公共关系才成为一种隐性的促销方式。

二、公共关系的活动方式

公共关系的活动方式主要是指企业在公共关系活动中，将公关媒介与公关方法结合起来所形成的特定的公共关系方式。按照公共关系活动所要达到的目的来看，公共关系的活动方式可以分为以下五种。

1. 宣传型公关

宣传型公关，指运用各种媒介，组织编印宣传性的文字、图像材料，拍摄宣传影像带及组织展览，向社会各界传播企业的有关信息，从而形成有利于企业发展的社会舆论导向。新闻媒介宣传是一种免费广告，具有客观性和真实感，消费者在心理上往往不设防，媒介的客观性所带来的影响往往高于单纯的商业广告。

2. 征询型公关

征询型公关，指通过各种征询热线、问卷调查、民意测验等形式，吸引社会各界参与企业发展的讨论。征询型公关既可以了解社会各界对企业形象的认识程度，以利于进一步改善形象，又可以在征询的过程中达到与社会各界密切联系及沟通信息的目的。

3. 交际型公关

交际型公关，即通过招待会、宴会、电话、信函、互联网等形式与社会各界保持联系，广交朋友，增进友谊，亲善人际关系，以提高企业的知名度和美誉度。

4. 服务型公关

服务型公关，是指通过消费咨询、免费维修等形式，使社会有关人员获得服务性的实惠，增加社会各界对企业信誉的深刻体验，从而实现提升企业形象的目标。

5. 赞助型公关

赞助型公关，即通过赞助和参与文体娱乐活动，以及办学、扶贫、救灾等活动，充分表达企业对社会的一份责任和一片爱心，展示企业良好的精神风貌，以企业对社会的关心换来社会对企业的关心。

三、公共关系的实施步骤

公共关系的主要职能是围绕企业形象进行信息搜集、传播沟通、咨询建议和协调引导。作为一个完整的工作过程，公关应包括四个相互衔接的步骤。

1. 公关调研

调查研究是做好公共关系工作的基础。公关调研的主要内容包括企业现状、公众意见及社会环境三个方面。

2. 公关计划

企业公共关系的具体目标包括传播信息、转变态度、唤起需求。企业应根据不同时期的公关目标，综合公众对企业认识、信赖的实际状况，制订具体的公关计划。

3. 公关实施

公关计划的实施是整合公关计划与公关方式的具体操作过程，实施过程中要充分考虑企业发展阶段、公关目标及重点、公关预算、公关媒介等各种因素，并实现有效的传播和交流，从而达到良好的公关效果。

4. 公关评价

公关工作的成效，可从定性与定量两方面评价。传播成效的取得，是一个潜移默化的过程，在一定时期内很难用统计数据衡量。但也有一些公关活动的成效是可以进行数量统计的，如理解程度、抱怨者数量、传媒宣传次数、赞助规模与次数等。

【案例研讨】 海底捞"后厨门"反应褒贬不一（见右侧二维码）。

本章小结

促销是企业为了引发和刺激消费者需求，在企业与消费者之间进行信息沟通，从而促进消费者购买的活动。促销分为人员促销和非人员促销两大类。非人员促销具体又包括广告、销售促进和公共关系三个方面。人员促销直接面对客户，针对性强，但存在推销时间成本和精力成本高的缺点。广告促销的主要功能有：传送信息，沟通产需；创造需求，刺激消费；树立形象，利于竞争；美化环境，教育作用。广告的类型多样，不同的广告媒体有不同的适用范围和优缺点。市场营销者要巧妙组合不同类型的广告，最大效用地传播产品信息。销售促进是为了刺激需求而采取的能够迅速激励购买行为的活动，在采用销售促进的促销方式进行促销的时候，先要确定销售促进的目标，再选择销售促进的方式，最后制订销售促进的方案。公共关系则是企业长期树立良好形象而采用的重要手段。

思考题

1. 什么是促销？促销有哪些主要作用？制订促销组合应考虑哪些影响因素？
2. 什么是广告促销？广告有哪些功能？不同类型的广告都有哪些特点？
3. 什么是销售促进？其主要方法有哪些？
4. 什么是公共关系？公共关系有哪些方式？
5. 结合某产品，在充分的市场调研的基础上，制订一份促销组合方案。

案例分析与实训

1. 案例分析

线上线下齐发力，良品铺子的双十一促销

良品铺子诞生于2006年8月28日，是一家集休闲食品研发、加工分装、零售服务于一体的专业品牌连锁运营公司，以研发、定制、推广全球各地好吃的零食为企业目标。"良品铺子"名称的由来——"良心的品质，大家的铺子"。

公司自成立以来，不断发展壮大，其发展历程大体可以分为如下几个阶段。

创业阶段（2006—2008年）：2006年8月，良品铺子的四个创始人在湖北武汉广场对面开了第一家门店，上柜商品只有60种，全部为散装食品称重销售。2007年门店发展到30家，遍布武汉。2008年，公司进驻湖南长沙，门店数量达到90家。

腾飞阶段（2009—2012年）：2009年，公司进驻江西南昌，门店数量增至180家。2010年，公司线下门店业务继续发力，门店数量达到360家，实现年销售2.8亿元。2011年荣获武汉"十大民生贡献品牌"奖，门店数量发展至716家，年销售额突破6亿元。2012年成立电商分公司，专门负责公司网上平台的销售和管理；进驻四川成都，门店数量扩展到972家；分装加工物流中心正式投产，物流配送能力得到进一步加强。

提升阶段（2013年至今）：2013年，良品铺子业务进一步扩展，全国连锁店数量超过1200家，员工数量近4000人，年销售额接近16亿元，获得"第六届中国高成长连锁企业50强"的荣誉称号。2014年初，公司正式提出"良品五年，百亿有我"的战略目标，公司进入战略发展新时期。

良品铺子在双十一来临之时，线上线下齐发力，其促销招数如下：

一、线上促销

1. 门店引流

（1）时间：2014年10月25日—2014年11月10日（预热期）。

（2）目标：充分整合线下实体门店资源，利用线下平台进行双十一活动宣传，不断扩大活动

影响范围,为活动预热。

(3)方式:①印制特别门店手袋。双十一期间的门店手提袋图案都是经过特别设计的,上面印有双十一活动宣传及10元优惠券二维码。②门店宣传单。随顾客手提袋附送双十一线上宣传单,宣传双十一活动攻略;提示双十一畅销单品;扫码领取双十一10元优惠券。③门店活动海报。将爆款产品低价抢购信息公布在线下门店,促进购买。④门店发放供线上使用的优惠券。用支付宝支付送天猫双十一有门槛优惠券5元、10元、20元,为线上平台引流。⑤线下会员短信通知。筛选线下100万会员系统群发短信预热双十一活动,会员收到的短信附带优惠券领取链接。⑥门店店员宣传。以激励方式促使全国1400家门店超过4000名店员(2014年11月数据)推荐顾客关注双十一活动。

(4)影响范围:全国门店1400多家,约350万人次直接获知双十一活动讯息。

2. 社交平台互动引流

(1)时间:2014年10月17日—2014年11月10日(预热期)。

(2)目标:利用新媒体与粉丝交流,加强企业与消费者之间的互动,不断增强粉丝黏性,利用粉丝口碑和社交分享扩大活动宣传效果。

(3)方式:①微博转发优惠券。良品铺子官方微博不断推送最新活动信息并发放活动优惠券,粉丝可参与讨论并转发优惠券。②微博话题征集。良品铺子官方微博在活动预热期间发起微博话题征集活动,分别发起话题"最爽的礼物""随手拍·门店爽十一"等,不断保存粉丝活跃度,预热双十一。③微信互动预热。良品铺子官方微信粉丝超过120万(截至2014年10月)。预热期间保持高频率更新双十一活动最新动态,派发优惠券,发布节日攻略和促销信息,不断创新活动玩法。④线上游戏互动。良品铺子针对目标消费群体年轻、好奇心强、爱娱乐等特征,在活动期间推出首款互动小游戏"爽啪啪",在PC端和手机端同步上线,不仅有积分换奖品,还可参加抽奖,增强了活动期间用户黏性和参与度。

(4)影响范围:官方平台粉丝人数,排除重叠粉丝,人数超过200万。

3. 广告媒体引流

(1)时间:2014年10月17日—2014年11月10日(预热期)。

(2)目标:选择与良品铺子品牌形象契合的明星作为公司代言人为活动进行宣传,提高品牌形象;同时辅以网络广告和媒体宣传,扩大品牌在全国范围内的影响力,持续为活动预热。

(3)方式:①明星代言。在高收视率电视娱乐节目《奔跑吧兄弟》武汉取景期间,公司邀请年轻消费者喜爱的"跑男"陈赫担任良品铺子形象大使——"爽食达人",并以微电影男主角的形式出镜"良品铺子双11"广告视频的拍摄。代言期间,陈赫为公司活动拍摄多组平面广告和宣传视频,公司在全国范围内进行网络广告投放和宣传,不断将活动推向高潮。②媒体邀请。公司管理人员积极与媒体沟通,在双十一活动预热期间邀请网络媒体代表采访良品铺子门店,宣传主打产品,预告双十一活动内容。

(4)活动效果:拍摄的平面广告用作宣传资料在全国超过1400家门店投放;视频广告在腾讯、新浪、京东、良品铺子天猫旗舰店等平台上播出,并获得了良粉们的一致好评,极大程度地扩大了良品铺子品牌在华东市场的认知度和影响力;媒体宣传给予良品铺子以正面肯定,较高频率的媒体曝光不断扩大活动影响。

4. 商家联盟引流

(1)时间:2014年10月中旬—2014年11月11日。

(2)目标:利用其他知名线上品牌资源,充分合作,相互引流,为活动预热的同时促进销售转化。

（3）方式：与周黑鸭、楼兰蜜语、西域美农等100个食品商家组成线上联盟，进行战略合作。活动前夕联盟商家在各自店铺首页互相轮流分批展示联盟商家的优惠券，消费者可以提前领取优惠券，在双十一当天购物时进行消费。

（4）活动意义：良品铺子最大限度地利用100家食品商家的预热资源，在天猫食品类目以点及面，集结成引流互通网，实现多赢，发挥出"1＞100"的效应，最大限度地提高店铺曝光率。

5. 线上购买促销力度大

双十一当天，良品铺子各大电商平台加大折扣力度，做到价低质好，让利消费者，促进购买行为。使用的手段包括：①全场包邮；②优惠券发放；③定制周边礼品满送；④每个整点时间段，前5名免单；⑤转盘抽奖；⑥满300参加砸金蛋活动，赢取iPhone6手机；⑦全天四场买一送一，每场2款；⑧全场5折封顶；⑨会员满额升级；⑩所有会员积分换礼品。

二、线下促销

1. 会员制度。凡是在良品铺子购物满38元即可办理一张会员卡，会员卡可以有会员价格专项的特权，同时还可以积分。

2. 一年一度的核桃节活动，每年在良品铺子生日即8月28日那天都会有十款核桃做活动，这已经成为良品铺子一年一度的文化节活动，就好像是良品铺子与良粉的一个约定。

3. 每个月都会有会员特价活动，会员凭会员卡享受7～9折的优惠。

4. 试吃活动：直接用产品去获得市场，准备100～200个良品的新产品给进店顾客免费试吃。

5. 砸金蛋活动：放进一些小礼物、优惠券或产品到金蛋中，一次性购买产品20元以上就可获得砸金蛋机会一次。

6. 抽奖活动：凡是购买良品铺子里的商品超过50元，可凭借小票参与现场抽奖活动。

问题：

1. 认真分析良品铺子的促销策略，有哪些特点？这些策略还可以运用到哪些场合？

2. 良品铺子的促销策略及成功经验给了我们哪些启示？你还有哪些新建议可以加入进去？

2. 实训

实训目的：理解并能综合运用推销的技巧开展推销实践。

实训内容：现场抽取4名同学，A扮演推销员，B扮演不愿意接受产品上架的采购员，由A向B推销，C和D扮演观察员。其他同学作为台下观察员。演练结束后，由台下同学对A和B的演练进行点评，指出双方优缺点，再由C和D进行点评，并板书。最后由教师与同学进行总结。

第十二章　市场营销管理

 教学内容和教学目标

◆ 内容简介

(1) 市场营销计划。
(2) 市场营销的实施。
(3) 市场营销的组织。
(4) 市场营销的控制。

◆ 学习目标

(1) 理解掌握营销计划所包含的内容。
(2) 能初步分析营销战略实施过程中出现问题的原因。
(3) 了解营销组织结构的发展及基本形式。
(4) 理解掌握营销控制的重点。

柳传志、马云等 2017 年有哪些大计划？

普通人新年立志，大致四样：存钱、减肥、读书、脱单。商界大佬也不免世俗，他们的新年立志，各有各的精彩。

今天，我们梳理了 8 位顶级企业家们的 2017 年计划，带你去看看有什么不同。

1. 柳传志

2017 年，战略投资业务将重点聚焦于金融服务、医疗服务、现代农业和食品及创新消费等领域；财务投资业务则将继续布局新兴和创新行业，包括新文化、新生活、新医疗、共享经济等。在投资理念方面，我们将坚持三点：选定方向；做好配置；投出优秀企业，建立优秀投资组合。

2. 马云

阿里巴巴不再提"电子商务"，着力打造新零售，让线上、线下与物流结合，将物流公司从"比谁做得更快"向"消灭库存，让企业库存降到零"转变。

3. 张瑞敏

"人单合一"进入全球化应用的元年。在美洲，在欧洲，在亚洲，在大洋洲，"人单合一"模式要遍地开花，应在每个创客身上结果。

4. 华为轮值 CEO 徐直军

要摒弃"经验主义"和"守成心态"，在全球政治经济不确定性日益加大的环境下，识别当前存在的问题，面向未来，采取如下关键举措：

①要保持公司有利润的增长，有现金的利润；关键是提升质量，特别是合同质量、经营质量。

②摒弃浮躁和形式主义,聚焦为客户创造价值,解决客户的问题。

③基于战略和业务变化构筑能力,真正帮助客户应对挑战和困难。

④坚定不移地执行干部八条,所有的干部要聚焦到为客户创造价值上,一切工作要围绕种粮食、打粮食,提升土壤肥力。

⑤人力资源政策要导向熵减,激活组织,焕发活力。

⑥遵纪守法,营造良好的营商环境。

5. 李彦宏

以人工智能让更多行业更"高能":"人工智能+传统产业"未来极可能呈现出两种情况,一是人工智能将取代很多简单的脑力劳动,二是人工智能与各行各业深度融合,对传统产业实现重构,让移动互联网实现从"提升效率"向"重构产业"的质变,从而创造出更具技术含量的岗位、工作机会,与这些机会伴生的,也是更高层次的、让人们更具幸福和满足感的工作样式和生活方式。

6. 程维

打造品质出行,推出一些动态化的服务;努力加大投入去跟公交行业融合;提高出行的服务品质。

7. 郭广昌

要继续关注全球的大项目机会。未来的发展中,复星一定更加深度全球化、深入产业化,所以我们也必须建立从区域和产业两个维度发掘大项目机会的能力。

从区域上,欧美国家的机会要关注,但像俄罗斯、印度、巴西和东南亚等新兴市场的机会更要关注。而且我们一定要形成"Glocal"的能力,在全球布局上加强本土化能力的建设,做到既有广度,也有深度。

8. 王海波

中小企业应用产业互联网的三大策略,即抢占一款单品网络品牌的领先地位,通过一款单品的网上销售构建采购大数据,建设企业的在线供应链服务体系。

目前,网库开展产业互联网服务有三大战略,即单品通、单品网、单品产业带。2017年,网库集团的十大具体规划包括"百县千亿""好单品独家""单品好货""网库优品""产业孵化""单品通激活""移动快购""产业订购会""人才培养""品牌推广",为未来网库产业互联网的发展指明了方向。

(资料来源:东方网,编辑:顾天娇,2017)

在这个充满变化、变化就是契机的时代背景下,2017年无论是柳传志这样的传统企业大佬,还是马云这样的互联网企业大亨,都在认真剖析现实,积极拟订目标和策略计划,从而顺利度过转型阵痛期,谋求新格局下的新成长。

迄今为止,本书已从营销策略组合各个方面探讨了营销实际操作方面的问题,但这是远远不够的,营销管理人员须从更广泛、更战略性的角度思考如何进行市场营销管理。

市场营销计划、实施、组织与控制是市场营销管理的重要内容,它们之间的关系是:计划系统根据企业总的战略规划的要求,制订市场营销计划,这一环节主要解决的是"应该做什么"和"为什么这样做"的问题;之后通过一定的组织系统实施计划,这一环节主要解决的是"由谁去做""怎么做""在何处做"和"在什么地方做"的问题;控制系统负责考察计划实施结果,诊断产生问题的症结,并反馈回来采取适当的纠正措施,包括改善实施过程、优化组织系统,或调整计划本身使之更切合实际。只有对市场营销活动精心计划、合理组织、认真实施、动态控制,才能保证企业市场营销工作的顺利开展,从而在竞争中占据主动地位。

第一节　市场营销计划

俗话说:"凡事预则立,不预则废。"如果一个企业仅仅对市场的最新动态做出简单的反应,是不能维系长久的。没有合理的营销计划,企业或组织会胡乱应付一个又一个的危机,各职能部门间难以协调,营销人员各行其是,导致营销工作在实施中陷入混乱。

一、企业市场营销计划的发展阶段

营销计划工作是企业营销工作的重要内容,但并不是每一个企业在初创时都能建立科学、先进的计划体系,而是随着企业规模和管理水平的发展而不断提高、完善。

1. 无计划阶段

企业在营销管理中没有正式的计划。有的企业因为是新创建的企业,管理者忙于资金的筹集、客户的开发、设备和原材料的购置、人员的配置,所以难以有完整的时间考虑计划的制订;有的企业的管理者没有认识到计划的重要性,认为市场变化太快,计划往往落后于实际,因此一直没有建立正式的计划系统;还有的企业虽然建立了预算制度,对企业下个年度的销售情况进行预测,以加强对销售成本和现金流的控制,但这些计划仅属于财务预算计划,不是真正的、全面的营销计划。

2. 年度计划阶段

管理者认识到制订计划的重要性之后,开始制订年度计划,方法主要有三种:

(1) 自上而下的计划。由企业最高管理层为较低的管理部门建立目标和计划,由下属各部门、各单位贯彻执行。这种计划常用于类军事化管理的组织中。

(2) 自下而上的计划。由企业各基层单位先制订可实现的最佳目标和计划,交给高层管理者审批,然后由各部门贯彻执行。这种计划让基层单位参与企业计划的制订,提高了他们的积极性和创新意识。

(3) 上下结合的计划。高层管理者根据企业的整体发展要求确定企业年度目标,下达给下属各单位,各单位据此进行可行性论证和修正,或制订具体的计划,上交高层管理者批准后,就成为正式的年度计划。

制订年度计划的好处在于使企业各业务部门能较好地协调,使企业职工能获得系统化的思考方法,使各级部门充满活力。但年度计划制度往往需数年的时间才能建立起来,原因是部门管理者不愿在多变的市场环境中对业务目标和战略做出承诺,从而改善工作业绩。

3. 长期计划阶段

从年度计划的制订和实施中,企业最高管理者又进一步认识到,企业不仅要制订年度计划,更要高瞻远瞩,制订长期计划(如 5 年计划、10 年计划)。年度计划是长期计划在每一年的具体化,实现各个年度计划就能保证长期计划的逐步实现。由于企业的环境是不断变化的,所以企业每年都要对长期计划进行适当修正。

4. 战略计划阶段

由于企业外部营销环境变幻莫测,企业需要发展能够抵抗各种环境冲击的业务组合,使各部门的计划工作相互配合,共同迎接冲击。战略计划就是研究处在不断变化的环境面前,怎样努力提高企业的适应能力,把握营销的良机。

近几年来,由于经营风险的增加,战略计划越来越成为产品和市场初创时乃至创立前的纲领性文件,投资者要求企业经营者在一个项目进行之前提供商业计划书,这也是战略计划的一种形式。企业步入战略计划阶段是其组织管理规模化、复杂化的一种必然结果,战略计划是创新和理智行为的综合表现。

二、市场营销计划的内容

1. 公司中哪些计划涉及市场营销计划的内容

作为公司计划工作过程的一部分,人们常常听到"营销计划""企业计划""财务计划"等。不同的公司经常毫无区别地使用这些术语。有的时候,营销计划意味着企业计划(如战略规划);有的时候,营销计划仅仅是企业计划的一个部分。事实是公司需要制订大量的计划,它们中间的每一个计划又都包含着分量很重的营销内容。这里至少有八种需要有营销内容的不同计划:

(1) 公司计划。公司计划是企业业务的整体计划。它可以是年度的,或是中、长期计划。公司计划内容包括公司任务、成长战略、业务组合决策、投资决策和现行目标。它不包括各个业务单位的活动细节。

(2) 事业部计划。事业部计划类似于公司计划,它描述事业部计划的成长和盈利率。其内容包括营销、财务、制造和人事战略,时间范围有短期、中期或长期。在某些场合,事业部计划是事业部制订的所有个别计划的总和。

(3) 产品线计划。产品线计划描述一条特定产品线的目标、战略和战术。每一条产品线的经理准备这个计划。

(4) 产品计划。产品计划描述一个特定产品或产品种类的目标、战略和战术。每一位产品经理负责拟订这个计划。

(5) 品牌计划。品牌计划描述在一个产品种类中某特定品牌的目标、战略和战术。每一位品牌经理负责这项计划的制订工作。

(6) 市场计划。市场计划是发展一个特定的行业市场或地区市场并为它服务的计划。每一位市场经理都应拟订这个计划。与此密切相关的是为重要客户准备的顾客计划。

(7) 产品(市场)计划。产品(市场)计划是在一个特定行业或地区市场,公司营销一种特定产品或产品线的计划。例如,一个对美国东部房地产业推销贷款服务的银行计划。

(8) 功能计划。功能计划是关于一项主要功能的计划,例如营销、制造、人力资源、财务或研究开发计划。它还描述在一个主要功能下的子功能计划,如在营销计划下的广告计划、销售促进计划、销售人员计划和营销调研计划等。

如上所述,这些计划都需要营销内容。事实上,营销内容不仅是必要的,而且在计划的制订过程中经常处于优先的位置。当营销计划被批准后,非营销经理们才能开始制订他们的制造、财务和人事计划,以支持营销计划的顺利开展。因此,营销计划是公司其他行动计划工作的起点。

2. 营销计划包含的内容

大多数的营销计划,特别是产品和品牌计划,将包含下列内容:经营摘要、当前营销状况、机会和问题分析、目标、营销战略、行动方案、预计的损益表和控制手段。这些内容列于表12.1中。

表 12.1　营销计划的内容

内　　容	目　　的
经营摘要	它是为使管理当局迅速了解营销计划而提供的简略概要
市场营销状况	它提供与市场、产品、竞争、渠道分销及宏观环境有关的背景资料
SWOT 分析	它概述主要的机会和威胁、优势和劣势,以及在计划中必须要处理的产品所面临的问题
营销目标	它确定营销计划中想要达到的关于销售量、市场份额和利润等领域的目标
营销战略	它描述为实现计划目标而采用的主要营销方法
营销方案	它回答应该做什么,谁来做,什么时候做,需要多少成本
营销预算	它概述计划所需成本及预期的财务收益情况
营销控制	它说明将如何监控该计划

1)经营摘要

经营摘要是一份计划书的开端。它是对主要的市场营销目标和有关建议,做极为简短的概述。实际上,这是整个市场营销计划的精华所在。市场营销计划通常要提交给上级主管人员审核,方便他们迅速掌握计划的要点。如果上级主管人员仍需要仔细推敲计划,则可查阅计划书中的有关部分。所以,最好在经营摘要后面附列整个计划的目录。

2)市场营销现状

计划书中的这一部分提供与市场、产品、竞争、渠道分销及宏观环境有关的背景资料。

(1)市场形势。描述市场的基本情况,包括市场规模与成长(以单位或金额计算),分析过去几年的总额及不同地区或分市场的销售情况,并提供顾客需求、观念和购买行为方面的动态和趋势资料。

(2)产品情况。列出过去几年中有关产品的销售、价格、利润及差额方面的资料。

(3)竞争形势。指出主要的竞争者,并分析他们的规模、目标、市场占有率、产品质量、市场营销策略,以及任何有助于了解其意图、行为的其他资料。

(4)分销情况。介绍在各条销售渠道上的销售情况及各条渠道的相对重要性的变化。不仅要说明各个经销商及他们的经销能力的变化,还要包括激励他们时所需的投入、费用和交易条件。

(5)宏观环境。阐述影响该产品市场营销的宏观环境因素及其现状和未来的变化趋势。

3)SWOT 分析

市场营销部门要在市场营销现状的基础上,围绕产品找出主要的机会和威胁、优势与劣势,以及面临的问题。

(1)通过机会与威胁分析,阐述外部可以左右企业未来的因素,以便考虑采取的行动。对所有机会和威胁,要有时间顺序,并分出轻重缓急,使更重要、更紧迫的能受到应有的关注。

(2)通过优势与劣势的分析,说明企业内部条件。优势是企业成功利用机会和对付威胁所具备的内部因素,劣势则是必须改进、提高的某些方面。

(3)问题分析,企业将机会与威胁、优势与劣势分析的结果,用来确定计划中必须强调、突出的主要方面。对这些问题的决策产生出市场营销的目标、战略和战术。

SWOT 分析有助于企业系统地对信息进行选择和分类,但还需要更有创意的分析来弄清它的意义。机遇和威胁的数量,以及它们所预示的潜在行动路线的可行性,只有结合组织的优势和劣势才能理解。

某食品制造商的优势、劣势与机会、威胁

优势（S）
S1　原料进口，独家供应本公司
S2　公司设备先进、管理严密，可保证质量稳定性
S3　产品天然风味，无添加剂等
S4　品种、花色甚多，适宜于寻求多样化的购买行为
S5　前期试销，消费者反馈良好
S6　……

劣势（W）
W1　与主要竞争者相比，产品口感没有明显差别和优势
W2　公司、产品缺乏知名度
W3　高成本、高价格限制销量
W4　公司缺乏开发食品的市场经验
W5　尚未建立渠道体系
W6　……

机会（O）
O1　休闲市场近年迅猛发展，休闲产品畅销
O2　中国传统重视饮食文化，休闲食品市场潜力巨大
O3　已有名牌集中在儿童市场，忽视成人需求
O4　大多休闲食品重雅俗共赏，品位高者尚不多见
O5　现有产品口感相似，趋同化严重
O6　……

威胁（T）
T1　休闲食品品牌林立，且难以开发差异化产品
T2　消费者"先入为主"心理，现有品牌已成气候
T3　购买、消费休闲食品随意性强，难以建立高品牌忠诚度
T4　中间商态度消极
T5　……

4）营销目标

营销目标必须广泛而精确，因为它们要与高层次的公司目标紧密相关，还要向下延伸到产品和细分市场目标上。因此，它们相互之间必须一致，是可以达到、能够付诸实施的，它们的进展是可以测量的，而且目标不能停留在描述层面，要量化和清楚明确地表达想要达到的目标。例如，某公司营销目标可以是：在 2018 年获得总销售收入 1800 万美元，比去年提高 9%。

5）营销战略

每个目标都可以通过多种途径去实现。比如完成一定的利润目标，可以薄利多销，也可以厚

利限销。要通过深入分析,权衡利弊,为有关产品找出主要的市场营销战略,并做出基本选择。

市场营销战略主要由目标市场战略、市场营销组合战略、市场营销费用预算三部分组成。上述内容,可以文字说明,也可列表说明。例如,国外某家公司曾为其产品——立体声组合音响系统,制订了这样的一套市场营销战略:

目标市场:高层次的家庭,着重女性购买者。

定位:有最好音响和最大可靠性的模块化立体声系统。

产品线:增添一个低价式样和两个高价式样。

价格:价格与竞争品牌相近。

分销网点:重点在无线电(电视机)商店和器具商店,努力加强对百货商店的渗透。

销售队伍:扩大10%和导入全国记账管理系统。

服务:可广泛得到和迅速服务。

广告:开展一个新广告活动,直接指向支撑着定位战略的目标市场;在广告中注重高价产品;增加20%的广告预算。

促销:增加15%的促销预算,以发展购(售)点陈列和在更大的程度上参与经销商的商品展销。

研究开发:增加25%的费用,以发展该产品线上更好的式样。

市场调研:增加10%的费用,以改进对消费者选择过程的了解和掌握部分对手的动向。

市场营销部门在制订战略的过程中,要与有关部门、有关人员协商,争取他们的合作与支持。比如:向采购部门、生产部门了解情况,确认他们能否买到足够的原材料、制造足够的产品,以满足计划所需;向财务部门了解情况,确认有无足够的资金做保证。

6)营销方案

有了战略,市场营销部门必须将其具体化为一整套的战术行动方案。要精确地说明行动、责任和时限,即进一步从要做什么、何时去做、何人去做、花费多少代价去做及达到什么要求等方面,仔细考虑市场营销战略的各项内容。常有一些企业把各种具体的战术行动用图表形式表达,标明日期、活动费用和负责人员,这样能使企业的整个营销方案做到一目了然,便于营销计划的实施和控制。

7)营销预算

营销计划必须明确并制订所有财政和其他资源需求的时间表,否则管理人员也许无法完成设定的任务。这一部分与成本有关,如销售人员的成本,包括他们相关的开销、广告活动、经销商支持、市场调查等;一部分与产品和市场预期收入有关。决定预算时,管理人员需要平衡精确性和灵活性。

8)营销控制

这是市场营销计划的最后部分。说明企业如何对营销计划的执行过程、进度进行管理。营销控制在短期内,可以通过检查接到的订单及对销售额、存货周期或现金流进行的日常监测,帮助上级主管部门及时了解各个时期的营销实绩,找出未完成任务的部门、环节,并限期做出解释和提出改进措施。长期控制则关注监测更宽泛的问题,如出现的趋势和营销环境中的不确定因素,评估组织的能力对环境的适应程度及它实际准确"解读"环境的程度。

三、市场营销计划的方法

市场营销计划方法可以帮助营销管理者认清营销形式,方便地得到各种不同的营销方案,并

从中挑选最佳计划,以改进计划工作,这些方法有:

1. 目标利润计划法

目标利润计划法分为三步。

第一步,预测产品下一年度市场规模总量,根据本企业当年的市场份额及市场增长计划,计算出企业下一年度的总销售量;按今年的单位产品价格及劳动力和原材料可能上涨的幅度,计算出下一年度的总销售收入。

第二步,估计下一年度的单位产品变动成本,计算出包括固定成本、利润和营销费用在内的贡献毛收益,用贡献毛收益减去固定成本及目标利润,余下的即为营销活动费用,也即营销费用。

第三步,将营销预算分配在各项营销活动中。方法是:在当年分配比例的基础上,根据实际情况的变化进行调整,制订出下一年的分配方案。

2. 最大利润计划法

最大利润计划法要求管理人员确定销售量与营销组合各因素之间的关系,可利用销售-反应函数来表示这种关系。所谓销售-反应函数,是指在一定时间内营销组合中一种或多种因素的变化与销售量变化之间的关系。企业管理者可用统计法、实验法或判断法来预测销售-反应函数,然后将营销支出以外所有的费用从销售-反应函数中扣除,得出毛利函数曲线。再计算出营销支出函数曲线,将营销支出函数曲线从毛利函数曲线中扣除,可得到净利函数曲线,净利函数曲线最大值即利润最大点,函数值为正值时,其营销支出为合理值。

【营销视野】　节后一战,谋定全年(见右侧二维码)。

第二节　市场营销的实施

营销实施是指企业将营销战略和计划转为行为和任务,并保证这种任务的完成,以实现营销战略目标的过程。营销实施是一个艰巨而复杂的过程,研究表明,许多战略目标之所以未能实现,是因为没有得到有效实施。

一、营销实施中出现的问题及其原因

企业在实施营销战略和营销计划过程中为什么会出现问题?正确的营销战略为什么不能带来出色的业绩?原因主要有以下几个方面:

1. 计划脱离实际

企业营销战略和营销计划的制订过于专门化,而实施则要依靠营销管理人员。制订者和实施者之间常常缺乏必要的沟通和协调,导致下列问题的出现。

(1) 制订者只考虑总体战略而忽视实施中的细节,结果使营销计划过于笼统和流于形式。

(2) 制订者往往不了解实施过程中的具体问题,所以常常脱离实际。

(3) 制订者和实施者之间没有必要的沟通与协调,致使实施者在实施过程中经常遇到困难,因为实施者不能完全理解需要他们去实施的营销战略和营销计划。

(4) 脱离实际的战略导致制订者和实施者相互对立和不信任。

2. 长期目标和短期目标不一致

营销战略通常着眼于企业的长期目标,涉及今后 3~5 年的营销活动,而具体执行这些营销战略的营销组织人员则是依据其短期工作绩效,如销售量、市场占有率或利润率等指标来实施奖

惩的。因而,营销组织人员常常选择短期行为。为克服企业长期目标和短期目标之间的矛盾,企业必须采取适当措施,设法求得两者的协调。

3. 因循守旧的惰性

企业的营销活动往往是为了实现既定的战略目标。新的战略如果不符合企业的传统和习惯,就会遭到抵制。新旧战略之间的差异越大,实施新战略可能遇到的阻力也就越大。要想实施与旧战略截然不同的新战略,常常需要打破企业传统的组织结构。

4. 缺乏具体明确的实施方案

有些营销战略和营销计划之所以失败,是因为制订者没有进一步制订具体明确的实施方案。企业的决策者和营销管理人员必须制订详尽且具操作性的实施方案,规定和协调各部门的活动,编制详细周密的实施时间表,明确各部门经理的职责。只有这样,企业的营销战略和营销计划的实施才能有保障。

二、营销实施应具备的技能

为了有效地开展营销活动,企业营销人员必须具备和灵活运用一套专业技能。营销实施技能主要有以下四种:

1. 分配技能

分配技能指营销经理为各种职能、政策和计划分配时间、费用和人力资源的能力。

2. 监控技能

监控技能包括建立一个控制系统,以便对营销活动的结果及时进行反馈。控制有年度计划控制、收益率控制和战略控制,从实施的角度看,企业主要注重前两种控制。

3. 组织技能

组织技能涉及确定营销人员之间的关系结构,以利于实现企业的各项目标。制订有效的执行程序的重要前提是:将企业集中化和正规化程度掌握在与控制系统相适应的限度内,以及理解非正式组织的地位和作用。非正式组织和正式组织相互配合,才能对许多执行活动的效果产生影响。

4. 相互配合技能

相互配合技能指营销经理借助其他力量来完成自己工作的能力。营销经理不仅要动员企业内部的人员去有效执行预期的战略,还必须利用企业外部的力量。

三、营销实施的过程

1. 制订行动方案

为有效实施营销战略,必须制订详细的行动方案。这个方案应当明确营销战略和营销计划实施的关键决策和任务,并将执行这些决策和任务的责任落实到个人和小组。另外,还应包括具体的时间表,定出行动的确切时间。

2. 建立组织结构

企业的正式组织在营销战略和营销计划的实施过程中起着决定性的作用。组织将战略实施的任务分配给具体的部门和人员,规定明确的职权界限和信息沟通渠道,协调企业内部的各项决策和行动。

具有不同战略的企业,需要建立不同的组织结构。也就是说,组织结构必须同企业战略相适应,必须同企业本身的特点相适应,必须同企业的环境相适应。

组织结构具有两大职能。首先是提供明确的分工,将全部工作分解成便于管理的几个部分,再将它们分配给各有关部门和人员；其次是发挥协调作用，通过正式的组织联系和信息沟通网络，协调各部门和人员的行动。

美国学者托马斯·彼得斯（Thomas J. Peters）及罗伯特·沃特曼（Robert H. Waterman）在他们合著的《成功之路》一书中，研究总结了美国43家卓越企业成功的共同经验，指出有效实施企业营销战略和营销计划的组织结构有三大特点：高度的非正式沟通、组织的分权化管理和精兵简政。

3. 设计决策和报酬制度

决策和报酬制度直接关系到实施营销战略和营销计划的成败。例如，奖励如果是以短期的经营利润为标准的话，营销人员的行为必定趋于短期化，他们就不会有为实现长期战略目标而努力的积极性。

4. 开发人力资源

营销的实施最终是由企业内部人员来完成的，所以人力资源的开发至关重要。这涉及人员的考核、选拔、安置、培训和激励等问题。

此外，企业还必须决定行政管理人员、业务管理人员和一线业务人员的比例。在美国，许多企业削减了公司各级行政管理人员的数量，目的是减少管理费用，提高工作效率。

应当指出的是，不同的战略需要不同性格和能力的管理人员。"拓展型"战略要求具有创业和冒险精神的、有魄力的人员去完成，"维持型"战略要求具备组织和管理方面的才能，而"紧缩型"战略则需要寻求精打细算的管理者来执行。

5. 建设企业文化和管理风格

企业文化是一个企业内部全体人员共同持有和遵循的价值标准、基本信念和行为准则。企业文化对企业经营思想和领导风格及职工的工作态度和作风均起着决定性的作用。

管理风格是指企业中管理人员不成文的习惯约定和共同工作的方式。有的企业的管理者习惯于一种紧张而富有逻辑的工作秩序，有的管理者却推崇宽松随和的组织气氛，给予较大的工作自由度。不管是何种管理风格，都应有利于营销的实施。

【延伸阅读】 刘强东：24小时不回邮件的高管，立刻开除！（见右侧二维码）。

表12.2列举了营销实施中应回答的具体问题。营销战略和营销计划能否顺利实施，取决于企业能在多大程度上协调和开展上述五个方面的活动。

表12.2 营销实施中应回答的具体问题

实施要素	所要回答的问题
制订行动方案	营销实施的任务有哪些？哪些是关键性的？ 如何完成这些任务？采取什么样的措施？ 本企业拥有什么样的实力？
建立组织结构	本企业的组织结构是什么样的？ 各部门的职权是如何划分的？信息是如何沟通的？ 临时性组织如专题工作组和委员会的作用是什么？
设计决策和报酬制度	重要制度有哪些？ 主要控制因素是什么？ 产品和信息是如何沟通的？

续表

实 施 要 素	所要回答的问题
开发人力资源	本企业人员的技能、知识和经验各是什么？ 他们的期望是什么？ 他们对企业和工作是何态度？
建设企业文化和管理风格	是否具有共同价值观？ 共同价值观是什么？他们是如何传播的？ 企业经理的管理风格是什么？ 如何解决矛盾？
各要素之间的配合	各要素是否与营销战略相一致？ 各要素之间是否配合协调？

第三节 市场营销的组织

营销组织是企业组织的一个组成部分，是为实现企业营销目标和共同经营目标，通过职能的分配和人员的分工，并授予不同的权力和职责而进行的合理协调营销活动的有机体，是营销管理的基础和重要保证。从整体讲，营销部门是企业联结其他职能部门，并使企业经营一体化的核心。

一、市场营销组织结构的演变

企业的组织形式并不是自然形成的，它受三方面因素的制约：一是宏观经济环境和经济体制；二是企业经营思想；三是企业自身的发展阶段、经营范围和业务特点等内在因素。在上述所说的三个主要因素的影响下，西方营销部门组织结构大体经历了五个阶段。

1. 第一个阶段，简单销售部门

20世纪30年代以前，西方企业以生产观念作为经营指导思想，企业大都仅具备简单的四个基本功能：财务功能、销售功能、运作功能和会计功能。销售部门只负责销售生产部门生产出来的产品，通常由一位副总裁负责，管理销售人员，并兼管市场调研和广告宣传工作。

2. 第二个阶段，具有辅助功能的销售部门

20世纪30年代经济大萧条后，市场竞争日趋激烈，企业需要经常进行营销调研、广告宣传及其他促销活动，这些工作逐渐演变成为专门的职能，当工作量达到一定程度时，会外聘一位专家或内部任命一名销售主任负责这方面的工作。

3. 第三个阶段，独立的营销部门

随着企业规模和业务范围的进一步扩大，作为辅助性工作的营销调研、新产品开发、广告促销和客户服务等的重要性日益增强，营销部门发展成为一个相对独立的职能部门，使企业最高管理层能够通过营销部门了解到企业的发展机会和战略上存在的问题。作为营销部门负责人的营销副总裁同销售副总裁一样，直接接受总裁的领导，两个部门相互配合，相互独立，地位平行。

4. 第四个阶段，现代营销部门

尽管销售部门和营销部门的目标是一致的，但平行和独立又常使他们之间的关系处于彼此对立、相互猜疑和互不信任的状态。销售部门常倾向于追求短期目标，并注重完成眼前的销售任

务;而营销部门常常倾向于长远目标,致力于从满足消费者长远需求出发来规划和开发最恰当的产品和相应的营销策略。如果销售部门和营销部门之间存在太多的矛盾和冲突,企业最高管理层可以有三种方法处理:第一种是由销售副总裁来负责营销活动;第二种是让另外的行政副总裁协调解决两部门之间的矛盾和冲突,第三种是由营销副总裁管理包括销售部门在内的全部营销工作。西方大多数企业的营销组织结构就是在第三种解决方法的基础上建立起来的。

5. 第五个阶段,现代营销企业

企业有了现代营销部门,并不等于就是一个现代营销企业,如果企业的其他部门不重视市场营销,各自强调自身工作的重要性,就会形成多种中心。因此,只有当企业所有的部门员工和各级管理者都认识到企业的一切工作都是"为顾客服务","市场营销"不仅仅是一个部门的名称和职责,而是一个企业的经营哲学的时候,企业才能真正成为"以顾客为中心"的现代营销企业。

二、营销部门的组织形式

营销部门的组织形式是多种多样的,但不论采取哪种组织形式,都要体现"以顾客为中心"的指导思想,都要与营销活动的四个基本方面——职能、地理区域、产品和顾客市场相适应。因此,营销组织的基本形式有四种:

1. 职能型营销组织

这是最常见的组织形式。这种营销组织由各种营销职能经理组成,他们分别对营销副总裁负责(见图12.1)。

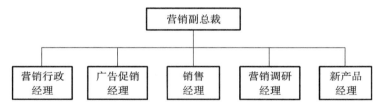

图 12.1 职能型营销组织

职能型营销组织的优点是管理层次少,管理简便;缺点是随着产品的增多和市场规模的扩大,组织的效率越来越低,表现为:①由于对具体的产品和市场缺乏针对性,没有人对所有的产品或市场负全部责任,这样职能专家不喜欢的某些产品或市场很容易被忽略;②各个职能部门为了获得更多的预算和更多的权力而相互竞争,使营销副总裁经常面临解决纠纷的难题。

2. 地区型营销组织

较大规模的企业有广泛的地域性市场,往往按地理区域安排和组织其市场销售力量。这类企业除了设置职能部门经理外,还按地理区域范围大小,分层次地设置区域经理,层层负责(见图12.2)。

图中有1名负责全国市场的总销售经理和4名大区销售经理、24名区域销售经理、192名地区销售经理和1920名销售人员。从上到下所管辖的下属人员(即管理幅度)逐步扩大,在销售工作复杂,销售人员的薪水很高,并且其业绩好坏对企业利润影响很大的情况下,这种分层的具体控制是很有必要的。

3. 产品管理型营销组织

生产多种类多品牌的企业,往往按产品或品牌建立管理组织,即在职能型营销组织的基础上,增设产品经理,负责各种产品的策略与修正等(见图12.3)。

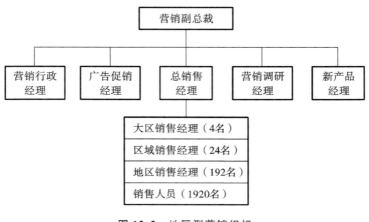

图 12.2 地区型营销组织

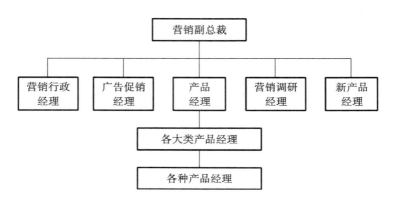

图 12.3 产品管理型营销组织

产品经理的任务有：①发展产品的长期经营和竞争战略；②编制年度营销计划，进行销售预测；③与广告代理商和经销代理商一起研究广告的文稿设计、节目方案和宣传活动；④激励销售人员和经销商经营该产品的兴趣和对该产品的支持；⑤不断收集有关该产品的性能、顾客及经销商对产品的看法、产品遇到的新问题和新销售机会的信息；⑥改进产品，以适应不断变化的市场需求。

美国宝洁公司(P&G)1927年首先采用了该组织形式。以后许多厂商，尤其是食品、肥皂、化妆品和化学工业的厂商纷纷效仿。如通用食品公司的各产品经理分别负责麦片、宠物食品、饮料等各类食品，而在麦片产品部门中，又分别有营养麦片、含糖儿童麦片、家用麦片等单一的产品经理，依次下去，营养麦片经理又要管理他的各品牌经理。

产品管理型营销组织的优点是：

(1) 产品经理能够实现产品的最佳营销组合。

(2) 产品能够较快地成长起来。

(3) 能够对市场出现的问题及市场状况的变化迅速做出反应。

(4) 较小品牌的产品不容易受到忽视。

(5) 产品经理要涉及企业内外各种活动，这是培养年轻经理的较好场所。

产品管理型营销组织的缺点是：

(1) 产品经理的组织设置会产生冲突或摩擦，如产品经理没有足够、必要的权力去有效履行自己的职责，不得不靠说服的方法来取得其他部门的合作。

（2）产品经理虽然能成为自己所经营的产品的专家，但很难成为企业其他职能部门的专家（如广告促销）。

（3）组织经营需要的费用较高。

（4）产品经理任期通常较短，过不了几年，往往被派去经营另一品牌或另一产品，这样使产品营销计划缺乏长期持续性，从而影响了产品长期优势的建立。

针对这些缺点，要采取一些措施加以克服，如：明确产品经理的职权范围；以产品小组代替产品经理；取消次要产品的产品经理，让其余的每一个产品经理兼管两个或更多的次要产品；按企业的主要产品设立事业部，并在各产品事业部内设立职能部门等。

产品小组的基本形态

1. 垂直式产品小组

垂直式产品小组由产品经理、助理产品经理及产品助理所组成。产品经理为产品小组领导者，其主要职责是与其他主管协调，以获得他们的合作；助理产品经理，协助这些任务，有时也做文件处理工作；产品助理负责大部分的文件处理与联络。

2. 三角式产品小组

三角式产品小组由产品经理与两位专职产品助理所构成。其中一位助理专门管理营销研究，另一位则负责营销沟通。由三人小组管理各种不同的商品。此外，也可采用由市场经理（领导者）、营销经理与分销经理所组成的营销小组。

3. 水平式产品小组

水平式产品小组由产品经理及许多营销部门或其他部门的专家所组成。如3M公司将其商业胶带部门分为9个企业规划小组，而每个小组由小组领导者及来自销售、营销、研究、工程、会计与营销研究部门的人员所组成。产品经理不必承担产品规划的完全责任，而由来自公司各重要部门的人员共同负责。他们的投入对营销规划程序具有重要的影响，并且每一小组成员都可能会间接影响到自己的部门。水平式产品小组组织的最后一个阶段，便是各产品成立正式的产品部门。

4. 市场管理型营销组织

如果企业向各种各样的市场销售其系列产品，采用市场管理型营销组织就可以把企业的所有用户，按照不同的购买行为和产品偏好划分成不同的用户组（见图12.4）。

市场管理型营销组织类似于产品管理型营销组织，由总市场经理管辖若干个细分市场经理，各市场经理负责自己所管辖市场的年度销售利润计划和长期销售利润计划。这种组织形式的主要优点是：企业可以根据特定客户的需要开展一体化的营销活动，而不是把重点放在彼此割裂开的产品或地区上。在市场经济环境中，越来越多的企业组织是按照市场管理型营销组织建立的。一些营销专家认为，以各目标市场为中心来建立相应的营销部门和分支机构，是确保企业实现"以顾客为中心"的现代营销观念的唯一办法。其缺点与产品管理型营销组织类似。

除了上述四种基本组织形式外，近些年来，随着企业规模的扩大、多元化经营的实施，企业在产品品种、品牌、销售市场呈多样化发展趋势，因而企业组织形式又出现了新的模式。模式一是产品/市场管理型（矩阵式）营销组织，即同时设置产品经理和市场经理，形成矩阵式组织结构，产

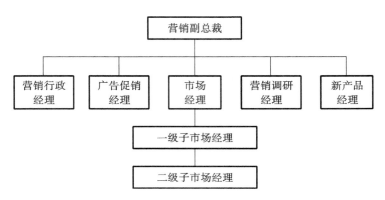

图 12.4　市场管理型营销组织

品经理负责产品的销售和利润计划,为产品寻找新的用途;市场经理负责开发现有的和潜在的市场。模式二是事业部制营销组织,是按不同产品或地区设立事业部独立核算的组织形式,各事业部内往往设有比较齐全的职能部门,包括市场营销部门。

三、营销部门和其他职能部门的关系

在企业中,每个部门的活动都会对顾客满意度产生影响,按照现代营销观念,企业的各职能部门应协调一致,其中,营销部门应成为"牵引车",要更具权威性和指导性,才能使企业在以满足顾客需求为中心的活动中获得利益。但在实际工作中,每个部门都强调各自部门工作的重要性,不可避免地、自然而然地从维护自身利益出发,提出有利于本职能部门的观点和看法,因此往往在权力划分、利益分配上存在着很深的矛盾和冲突,造成企业自身资源的无谓消耗。同时,对营销部门应赋予何种程度的超越其他部门之上的权威,各部门往往难以达成共识。现将企业的营销部门与其他主要职能部门在观念上的分歧做一具体的分析。

1. 研究与开发部门

研究与开发部门(简称研发部门)主要由科技人员构成,他们为自己可以不断地探究科学技术的奥秘而感到骄傲,希望能够无拘无束地在技术领域自由发挥自己的专长,而不顾及产品的成本和盈利性。而营销部门由具有市场观念的人员组成,他们对现实社会有深刻了解,知道产品成本对营销的重要影响,希望有更多物美价廉、盈利丰富的产品来满足顾客的需求。这种观念上的差异使双方产生了一些看法:研发部门的人员不满意营销部门的人员对产品技术性能的忽视,厌恶他们过分强调盈利;营销部门的人员则不喜欢研发部门的人员脱离实际,只知道重技术、搞攻关,缺乏经济头脑。

在现代企业中,为建立有效的协调关系,可采取如下方法:①设立研讨小组,共同举办研讨会;②每个新项目都安排双方人员,并使双方合作贯彻始终;③互换人员,体验对方的工作环境;④设立明确的程序,以利于较高层管理者解决双方冲突。

2. 工程技术部门

工程技术部门负责寻求设计新产品和生产新产品过程中所需要的实用方法。工程技术人员十分注重技术质量、经济成本和制造的简便性,营销组织人员则要求产品品种规格多样化,特别是根据顾客要求去生产特色产品的时候,二者会发生矛盾。解决矛盾的方法有:一是尽量由工程师出身的人担当营销负责人;二是相互沟通。

3. 采购部门

采购部门需要考虑以尽可能低的成本得到所需数量和所需质量的原材料,营销部门则要求

多品种小批量采购而非少品种大批量采购,以便在一条产品线里同时推出多种型号的产品。因此,采购部门常认为营销部门在质量方面要求过高,同时采购数量也不能准确预测,迫使其在价格不利的时候仓促订货,造成了库存大量的积压。

4. 制造部门

制造部门需要考虑以适当的成本,在适当的时间,生产出恰当数量的产品,保证生产的连续性。制造部门每天要处理生产中发生的设备故障、库存短缺、劳资矛盾、劳动效率等问题,因此对营销部门的销售预测偏差,以及要求生产的产品质量、加工难度、繁杂的型号品种产生抱怨。而营销部门则对生产部门生产能力不足、交货不及时、质量管理不严格、对顾客服务质量差等产生不满。为此,企业应在两者之间保持平衡,通过召开研讨会、设立委员会和联络员、人员互换和共同确定行动方针等措施,缓解双方的矛盾。

5. 财务部门

财务部门负责评估各种业务活动实施的盈利问题,总认为营销部门并没有花足够的时间来仔细研究营销费用和销售额之间的关系,只知要求为广告、促销活动和销售队伍提供大量的经费开支,却不保证由此可获多少的销售额,不能把经费用到更能盈利的方面,不考虑通过适合的定价而盈利,却轻率地杀价去争取订货。而营销部门则认为财务人员过于守旧,不肯冒险,因而对资金控制过分严格,不愿投资开发长期市场,失去了很多有利可图的机会。针对这些分歧,应对营销人员提供更多的财务知识培训和对财务人员提供更多的营销训练。

6. 会计部门

会计部门与营销部门之间也存在着矛盾和冲突:会计部门对营销部门不能及时提供销售报告而感到不满,会计部门不喜欢营销部门与客户达成的特殊交易条款(如折扣、延期付款等),因为这些交易需要特殊的会计处理。营销部门则不喜欢会计部门在产品线各产品上分摊间接费用的做法,品牌经理认为他们的品牌有比账面数字更高的盈利。而且营销部门还希望会计部门能够提供针对不同渠道、不同地区、不同订货数量的销售额与盈利率的专门报告。

7. 信贷部门

信贷部门负责核查顾客的信用状况,以决定是否拒绝和限制信用状况值得怀疑的顾客。信贷部门总认为营销部门为了获取订单,不在乎销售对象的信用状况,甚至同那些没有支付能力的顾客进行交易。而营销部门则认为信贷部门把贷款标准控制得太严格,因而把营销部门费了九牛二虎之力发现的顾客评判为不符合信贷标准而将其拒之门外,这种追求"零坏账"的做法,意味着会损失大量的销售额和利润。

企业各部门之间的矛盾和冲突只会浪费宝贵的时间,贻误发展的机会,削弱企业的竞争能力,对营销战略的实现造成障碍,导致企业会失去一个好的市场发展机会,或者遇到更精明的竞争对手等。要从根本上解决这一问题,必须从上到下树立现代市场营销观念,企业的各部门要共同参与企业的营销工作。

【延伸阅读】 别再让市场部单打独斗!前台、人事、财务、技术也能做营销(见右侧二维码)。

第四节 市场营销的控制

营销控制不是一发拴在计划过程最后的马后炮,而应设计为该过程的一个重要部分。由于营销计划在实施的过程中总会发生许多预料不到的事件,因此营销部门必须对营销活动进行控制,才可以避免和纠正产生的各种偏差,使全部生产营销活动向着预定目标进行。营销控制是企业有效经营的基本保证。

营销控制有四层含义:①营销控制的中心是目标管理,营销控制就是监督任何偏离计划和目标的情况出现;②营销控制必须监视计划的实施情况;③通过营销控制,判断任何严重偏离计划的情况产生的原因;④营销控制人员必须采取改进行动,使营销活动步入正确的轨道,必要时改变行动方案。

对营销活动进行控制,一是要控制市场营销活动本身,二是要控制营销活动的结果。

营销控制并不是一个单一的过程,它分为年度计划控制、盈利率控制、效率控制和战略控制。年度计划控制是按年度计划核查各项工作进展情况,并在必要时采取纠正措施;盈利率控制是检查和确定在各种产品、地区、最终顾客群和分销渠道等方面的实际获利能力;效率控制是寻找能够改善各种营销手段和开支效果的方法;战略控制则是审查企业的营销战略是否抓住了市场机会,以及是否能与不断变化的营销环境相适应。表12.3简要概括了四种营销控制的目的及方法。

表 12.3　营销控制种类

控制种类	责任者	控制目的	方法
年度计划控制	高层管理部门 中层管理部门	检查计划目标是否实现	销售分析、市场份额分析、销售-费用分析、财务分析、顾客态度分析
盈利率控制	营销监查人员	检查公司在哪些方面盈利,哪些方面亏损	盈利情况:产品、地区、顾客群、分销渠道和订单大小等
效率控制	直线和职能式结构营销监查人员	评价和提高经费开支效率	效率:销售队伍、广告、促销和分销等
战略控制	高层管理部门 营销审计人员	检查公司是否在市场、产品和渠道等方面找到最佳机会	营销有效性评价手段 营销审计

一、年度计划控制

年度计划控制的目的是确保企业年度计划中制订的销售、利润和其他目标的实现。年度计划控制的核心是目标管理。控制的过程分为四个阶段:

(1) 管理部门确定年度计划中的月份或季度目标;

(2) 每月和每季检查销售计划的实施情况;

(3) 及时发现问题,找出偏差原因;

(4) 采取必要的纠偏措施,或增加销售力量,或修改实施方案,或变更计划目标,以缩小计划与实际之间的差距。

年度计划控制主要是对销售额、市场份额和费用率等进行控制。

1. 销售分析

销售分析是对销售目标和实际销售情况进行衡量和评价。销售分析有两种方法:

1) 销售差异分析

这种方法用来衡量不同因素对造成销售差距的影响程度。

例如,年度计划规定在第一季度,以1元/件的单价销售4000件产品,共计4000元。季度末实际只按 0.8 元/件的单价销售了 3000 件产品,共计 2400 元,销售业绩差额共有(4000－2400)元＝1600 元,是销售预期的 40%。于是产生了这样的问题:这一业绩差额中有多少是由于降价造成的,有多少是因为销售量未完成造成的？对这一问题可计算如下:

$$由于降价造成的差额＝(1-0.8)\times 3000/1600＝600/1600＝37.5\%$$
$$由于未完成销售量造成的差额＝1\times(4000-3000)/1600＝1000/1600$$
$$＝62.5\%$$

可见,将近 2/3 的业绩差额是因为没有完成规定的销售量造成的,因此应进一步分析未完成规定销售量的原因。

2) 微观销售分析

这种方法是用来衡量导致销售差距的具体地区的。

如上例中该公司在甲、乙、丙三个地区有销售业务,预计销售量分别是 1500 件、500 件和 2000 件,共计 4000 件。实际销量分别是 1400 件、525 件和 1075 件,与计划差距分别为 －6.67%、5% 和 －46.25%,可看出,丙地区是未达到预计总销量的主要障碍。因此,应进一步查明丙地区销量减少的原因,并加强该地区营销工作的管理。

2. 市场份额分析

市场份额分析能揭示企业同其他竞争者在市场竞争中的相互关系。如果企业市场份额提高了,那么企业在与对手的较量中就取得了胜利;反之,则说明企业在与对手的较量中处于不利地位。

市场份额分析有四个指标:

(1) 总市场份额,指其自身的销售在全行业总销量中占有的百分比。

(2) 可占领市场份额,指其自身的销售占其可占领市场的总销售比例。

(3) 相对市场份额(与三个最大竞争者比),指企业的销量与三个最大竞争者的总销量之比。如一个企业占有市场销量的 30%,而它的三个最大竞争对手分别占有 20%、10% 和 10%,那么这家企业的相对市场份额就是 30/40＝75%。实力比较雄厚的企业的相对市场份额一般都在 33% 以上。

(4) 相对市场份额(与领先竞争者比),指企业与领先竞争者的销量之比。企业的相对市场份额上升,表明它正在缩小与市场领先竞争者的差距。

3. 费用率分析(营销费用-销售分析)

年度计划控制要确保企业在达到销售计划指标时营销费用无超支。例如,某企业的费用-销售比率为 30%,其中包括销售人员费用比率(15%)、广告费用比率(5%)、促销费用比率(6%)、营销调研费用比率(4%)。

管理者应当对各项费用率加以分析,并将其控制在一定的限度内。如果费用率变化不大,处于安全范围内,则不需要采取措施;如果变化幅度过大,或是上升幅度过快,以至接近或超出控制上限,则必须采取有效措施。如图 12.5 所示,时间 15 点的费用率已经超出控制上限,应立即采取控制措施。有的费用率即使落在安全控制范围之内也应加以注意。图 12.5 中,从时间 9 点起费用率就逐步上升,如能及时采取措施,就不至于升到超出控制上限的地步。

二、盈利率控制

除了年度计划控制外,企业还要衡量和评估不同产品、地区、市场、分销渠道和订货批量等方面的盈利水平,使企业管理者在产品、市场或营销活动的扩大、收缩或改进决策方面得以借鉴。

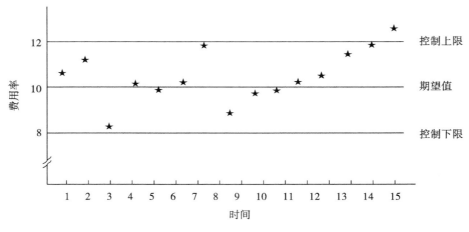

图 12.5　费用率控制图

盈利率分析是通过对财务报表的有关数据进行一系列分析处理,把所获利润分摊到不同产品、不同地区、不同渠道或不同市场上,从而衡量每一种产品、地区、市场、分销渠道的盈亏情况。其具体步骤是:①确定功能性费用,即销售、推广、包装、储存、运输等活动引起的各项费用;②将功能性费用按产品、地区、市场、分销渠道进行分配;③根据收入及费用编制损益表,如产品损益表、地区损益表、渠道损益表和市场损益表等。

盈利率分析的目的在于找出妨碍获利的因素,并采取相应措施排除或减弱这些不利因素的影响。由于可采取的措施很多,企业应全面考虑之后做出最佳选择。

例:假定某企业分别经营 A、B、C 三种产品,根据资料可编辑出下述每种产品经营情况的损益平衡表(见表 12.4)。

表 12.4　某企业三种产品的损益平衡表

单位:万元

产品 项目	A	B	C	总额
销售收入	3000	2500	2000	7500
销售成本	2000	1700	1400	5100
毛利	1000	800	600	2400
费用:推销	100	250	250	600
广告	500	400	100	1000
包装运输	100	300	150	550
总费用	700	950	500	2450
净利	300	−150	100	250

通过以上分析,可以发现该企业 A 产品贡献的净利最高,下一步要大力推广;其次是 C 产品,可维持销售满足特定市场的需求;而 B 产品净利为负值,企业应及时收缩甚至放弃。

三、效率控制

效率控制就是企业采用有效的方法对销售队伍、广告、销售渠道等活动进行控制,从而实现综合效率的最大化。

1. 销售队伍效率控制

反映销售队伍效率的关键指标有：①每个销售人员每天推销访问的平均次数；②平均每次推销访问所花费的时间；③每次推销访问的平均收入；④每次推销访问的平均成本⑤每百次推销访问获得的订单百分比；⑥每阶段新增顾客数；⑦每阶段失去顾客数；⑧总成本中推销成本的百分比。

2. 广告促销效率控制

主要应掌握的统计资料有：①每一种媒体类型、每一种广告工具涉及1000人的广告成本；②消费者对广告内容和广告吸引力的意见；③对产品态度的事前、事后衡量；④由广告所激发的询问次数；⑤每次调查的成本。

3. 营业推广效率控制

营业推广包括数十种激发顾客的兴趣及试用企业产品的方法。为了提高营业推广效率，营销管理者应记录每一次促销活动及其活动成本对销售的影响，以便寻找最有效的促销措施。特别是注意以下统计数据：①优惠销售的百分比；②每1元销售额中的展示成本；③赠券的回收比例；④一次实地示范所引发的咨询次数。

4. 分销效率控制

企业管理者还需研究分销这一经济活动，以提高仓储和运送的效率。具体应关注以下方面：分销网点的市场覆盖面，销售渠道各级、各类成员——经销商、制造商代表、经纪人和代理商的作用和潜力，分销系统的结构、布局及改进方案，存货控制、仓库位置和运输方式的效果等。

四、战略控制

战略控制是指对整体营销效果进行评价，以确保企业目标、政策、战略和计划与市场营销环境相适应。战略控制有两种工具可以利用，即营销效益等级评定和营销审计。

1. 营销效益等级评定

营销效益等级评定可从顾客宗旨、整体营销组织、足够的营销信息、营销战略导向和营销效率等五个方面进行衡量。上述五个方面为编制营销效益等级评定表的基础，由各营销经理或其他经理填写，最后综合评定。每一方面的分数都指出了有效营销行动的哪些因素最需要注意，这样，各营销部门便可据此制订校正计划，用以纠正其主要的营销薄弱环节。

2. 营销审计

营销审计是指对一个企业或一个业务单位的营销环境、目标、战略和营销活动所做的全面的、系统的、独立的和定期的检查，其目的在于发现问题和机会，提出行动建议和计划，以提高企业的营销业绩。

营销审计通常由企业主管和营销审计机构共同完成，包括拟订有关审计目标、资料来源、报告形式及时间安排等方面的详细计划，这样就能使审计所花的时间和成本最少。营销审计的基本准则是，不能仅仅依靠内部管理者收集情况和意见，还必须访问顾客、经销商和其他有关外部团体。

营销审计的内容主要有：

（1）营销环境审计。审计要求分析主要宏观环境因素和企业微观环境（市场、顾客、竞争者、分销商、供应商和辅助机构）中关键部分的趋势。

（2）营销战略审计。主要检查企业的营销目标及营销战略，评价它们对企业当前的和预测的营销环境的适应程度。

(3) 营销组织审计。要求具体评价营销组织在实施战略方面应具备的能力。

(4) 营销系统审计。包括对企业分析、规划和控制系统质量的检查。

(5) 营销效率审计。主要检查各营销实体的盈利率和不同营销活动的成本效益。

(6) 营销职能审计。审计包括对营销组合的主要构成要素,即产品、价格、分销渠道、销售人员、广告、促销和公共宣传的评价。

营销审计不只是审查有问题的营销活动部分,而是审查整个营销活动的所有方面。营销审计不仅能为陷入困境的企业带来解决问题的办法,还能为富有成效的企业增加效益。

本章小结

市场营销计划、实施、组织与控制是市场营销管理的重要内容。计划系统根据企业总的战略规划的要求,制订市场营销计划,通过一定的组织系统实施计划,控制系统负责考查计划实施结果,诊断产生问题的症结,并反馈回来采取适当的纠正措施,包括改善实施过程,优化组织系统及调整计划本身使之更切合实际。

企业在发展中都经历过以下四个基本阶段:①无计划阶段;②年度计划阶段;③长期计划阶段;④战略计划阶段。

营销计划包含的内容有:①经营摘要;②市场营销状况;③SWOT分析;④营销目标;⑤营销战略;⑥营销方案;⑦营销预算;⑧营销控制。

营销实施是指企业将营销战略和计划转为行为和任务,并保证这种任务的完成,以实现营销战略目标的过程。企业在实施营销战略和营销计划过程中出现问题的原因主要有以下几个方面:①计划脱离实际;②长期目标和短期目标不一致;③因循守旧的惰性;④缺乏具体明确的实施方案。

营销实施过程包括紧密相连、密不可分的五项内容:①制订行动方案;②建立组织结构;③设计决策和报酬制度;④开发人力资源;⑤建设企业文化和管理风格。

营销组织是企业组织的一个组成部分,它受三方面因素的制约:一是宏观经济环境和经济体制;二是企业经营思想;三是企业自身的发展阶段、经营范围和业务特点等内在因素。西方企业营销部门的组织结构大体经历了五个阶段:①简单销售部门;②具有辅助功能的销售部门;③独立的营销部门;④现代营销部门;⑤现代营销企业。营销组织的基本形式有四种:①职能型营销组织;②地区型营销组织;③产品管理型营销组织;④市场管理型营销组织。

营销控制是企业有效经营的基本保证。对营销活动进行控制,一是要控制市场营销活动本身,二是要控制营销活动的结果。它分为年度计划控制、盈利率控制、效率控制和战略控制。

思考题

1. 市场营销计划有哪几个阶段?
2. 市场营销计划主要包括哪些内容?
3. 营销预算常用方法有哪些?
4. 市场营销实施的过程是什么?
5. 市场营销组织发生过哪些变化?有哪几种基本形式?
6. 市场营销控制包含哪些内容?

案例分析与实训

1. 案例分析

沦落到停工关厂的麦斯威尔咖啡下一步该如何是好?

1984年,亿滋国际(原卡夫食品)正式启动了在中国的发展,开始生产麦斯威尔速溶咖啡。时隔30多年,麦斯威尔在中国广州的生产工厂已经处于员工放假、停产状态,麦斯威尔的商标持有公司Jacobs Douwe Egberts(简称"JDE")曾公开表示,2017年起广州工厂不再开工生产,大中华地区的市场由泰国曼谷生产基地供应产品。

曾经受到美国罗斯福总统竖起拇指大赞其"滴滴香浓,意犹未尽"的麦斯威尔咖啡为何会滑落到如此地步?回溯麦斯威尔咖啡在中国市场的沉浮史、争斗史,又会给我们哪些经验和启示?

1) 初露锋芒→定位偏差

麦斯威尔的母公司亿滋中国,前身为卡夫食品中国,旗下有趣多多、奥利奥、卡夫、王子、菓珍、荷氏、炫迈等知名品牌,是中国的饼干、口香糖与糖果、固体饮料的引领者。卡夫食品中国于1984年进入中国,这比同样身为跨国集团的雀巢公司于1987年在双城市开设在华第一家工厂,于1990年投产,还要早了6年。

正如大多数进入中国的外资企业一样,拥有强大的品牌势能是这些跨国洋品牌的天然优势,但相比于欧美市场,当时的中国市场尚且处于拓荒的阶段,需区别对待。1984年,麦斯威尔的母公司进入中国之后,就把麦氏咖啡定位在高端,沿用了美国的广告语"滴滴香浓,意犹未尽",瞄准了中国一线城市新富起来的阶层。

实际上,对于20世纪80—90年代的中国市场,麦斯威尔还是高估了中国老百姓的富裕程度,以及他们对高端品牌的认可。一贯高冷、傲慢的腔调,并未得到市场热烈的反应,远不及竞争对手雀巢咖啡喊出的一句"味道好极了"来得更加接地气、平易近人。

麦斯威尔进入中国市场之后表现出的"水土不服"让它徘徊不前。

2) 攻城略地→渠道缺失

欧美市场的持续低迷,让雀巢总部更加重视中国市场的发展,并购狂人雀巢在中国的并购行为可谓做得风生水起。1999年8月,收购国内鸡精第一品牌上海太太乐80%股权,并购后其销售额在过去10年增长了10倍;1999年,收购广东最大冰淇淋品牌广州五羊97%股权;2001年,收购第二大鸡精生产商四川豪吉60%股权,在上海成立雀巢研发中心;2011年,雀巢收购银鹭和徐福记的股权获商务部审批通过。陆续并购中国本土的快消品品牌企业之后,雀巢在中国演变成一个硕大的快消品帝国,更多的产品梯队、抢占了更多的销售渠道,让雀巢的咖啡产品系列能够布局渠道,深耕下沉到中国广大的三、四线城市及乡镇,抢夺更多的生意份额,遥遥领先于麦斯威尔。

很显然,相比于雀巢,亿滋对中国并没有太多重视和投入。自2002年开始,麦斯威尔咖啡在中国市场就处于维护式的经营状况,并没有投入太多力气,经销商的合作模式偏向于"承包制",导致在中国的市场份额多年以来一直处于下滑状态,如今已经不足10%。

3) 弯道超车→品类不全

实际上,速溶咖啡的饮用存在着诸多的限制条件,需要冲泡的咖啡杯和热水,更适合居家或者办公室饮用,若在旅途进行即时饮用,就变得很是"麻烦"。随着中国老百姓变得越来越富裕,经济活动也越来越频繁,当"麻烦"饮用的速溶咖啡变得昂贵之后,老百姓需要更多的迎合即时性消费的方便产品,但这个机会并没有让亿滋抓住,外资巨头还沉溺在速溶咖啡中,让中国本地企业抢占了先机。

2004年的一天,创业多年的蒋建琪突发奇想,为什么不把街头的奶茶方便化、品牌化呢?立即行动,蒋建琪请杭州市科技农业研究所帮助研发配方,请设计公司设计包装,半年多以后,产品试制成功,同时产品有了一个新名字:香飘飘。在销售策略上,铺货到汽车站、火车站和学校内的小便利店,方便满足差旅人士、学生族冬日里一杯暖暖的奶茶热饮。

而在另一边,统一集团开发的雅哈咖啡于2003年上市,依靠统一集团在中国大陆的渠道网络,雅哈咖啡迅速铺满了中国大陆的大街小巷,夺取了消费者日常即饮咖啡饮料的市场。

此长彼消。冬天,麦斯威尔的速溶咖啡生意被香飘飘、优乐美等杯装奶茶给剥夺;夏日,统一雅哈和雀巢丝滑拿铁的咖啡饮料对市场又进行了进一步的分流。麻烦不断的麦斯威尔速溶咖啡自然好不到哪里去。

一切的一切,是因为消费者变了,品类大势在下滑。同样身为速溶咖啡巨头,雀巢的营收增长也低于预期。根据英敏特咨询公司的调研报告显示,速溶咖啡的市场份额从2009年的80.7%降至2014年的71.8%,并且还会继续下滑。根据预测,到2019年,速溶咖啡的市场份额会降至66%,随着杯装奶茶和即饮咖啡饮料的热卖,越来越多的企业加入到了生产咖啡饮料的行列,这对麦斯威尔来说,无疑是雪上加霜。现在看来,2010年麦斯威尔请出《杜拉拉升职记》的主演王珞丹代言,依然只是强弩之末的营销行为。

衰退的"麦斯威尔们"还可以怎么做?

问题:试分析麦斯威尔咖啡面临的机会与威胁,并探讨麦斯威尔咖啡走出困境,开发新渠道、新市场可行的战略。

2. 实训

实训目的:掌握并能结合实际制订营销计划。

实训内容:针对以下给出的材料,假设你们小组为公司营销部,请合理安排部门人员结构,制订本部门的组织架构、人员配置及工作职责,并按照工作任务要求策划营销工作策略及操作细节并制订落实方案。

A房产公司是一家房地产集团公司,近几年在国内的房地产市场上获得了很大的收益,在上海、北京、深圳、武汉均有项目处于开发阶段。由于集团内部对上述几个城市的房地产市场走势持乐观态度,因此在对楼盘的销售过程中均采用捂盘的销售策略,但同时,由于销售额不高,销售回款近几个月一直处于比较低的状态。集团的现金流有些吃紧(财务部已经做出资金需求预算,估计未来12个月集团运作所需现金在8000万元左右,而现在的现金只够支撑6个月)。

鉴于以上原因,集团决定将一年半前在某个二线城市以公开竞投方式购得的一幅面积达4.36万平方米的住宅用地地块以最快速度进行开发和销售,希望在这个地块上获得利润和收回现金,以支撑集团在上海、北京、深圳、武汉的战略。

该城市常住人口450万,其中城区人口90万,2017年已达到年人均收入25 000元。这个城市离最近的特大型城市40千米。近年来城区外来人口急剧增加,2017年的官方数据是50万,其中90%为打工者,收入仅为居民人均收入的45%。

该地块位于城区中心边缘,但交通便利,周围已有多个成熟小区、商业设施、医院,以及小学、中学和一所省级学院。可建楼面面积4.1万平方米,将用作住宅发展。购买该地块的价格,相当于每平方米楼面地价4300元,基本低于现在同区域的土地市价15%。

按照国家规定,小区内要有30%的小户型(户型面积不大于70平方米,但对户型面积下限没有限制)。

集团已经委托省里具有一级资质的建筑设计部门进行了小区的设计并通过了规划局的备案和批准,并计划在下个月开工,预计5个月后所有住宅楼结构封顶,可以开始预售,15个月后可以交付使用。小区内规划有10栋15小高层,每层16户(分4个门洞进出),共240套单套面积在105~120平方米的三房一厅。余下的1.34万平方米楼面还可建造60~70平方米的多层住宅(6楼)近200套。

通过招标,B建筑施工公司获得了施工合同。平均建造成本和其他成本(不包括内部装修)为小高层1000元每平方米,多层700元每平方米。

同时各项基本设施(水、电、煤气、排水等)均会在相应时间到位。C公司拿到了内部装潢合同,并给出了高、中、低三档装修成本(分别为2000元每平方米、1200元每平方米、600元每平方米)供公司选择。

假设:由于采用先进的施工技术和结构,楼盘内部户型可以自由分割。

通过调查得知,周边其他楼盘的毛坯房售价基本为7000~8500元每平方米。通过调查还发现,周边楼盘已交付使用的平均入住率平均为25%(高位值为40%,低位值为10%),出售率为70%(高位值为90%——房价主要为7000元每平方米左右,低位值为50%——房价平均值为8000元每平方米以上)。

参 考 文 献

[1] 吴健安.市场营销学[M].5版.北京:高等教育出版社,2014.
[2] 黎开莉,徐大佑.市场营销学[M].2版.大连:东北财经大学出版社,2013.
[3] 郭国庆,钱明辉.市场营销学通论[M].7版.北京:中国人民大学出版社,2017.
[4] 袁连升,成颖.市场营销学:理论、案例与实训[M].北京:北京大学出版社,2012.
[5] 杨勇.市场营销策划[M].北京:北京大学出版社,2014.
[6] 刘传江,石勉.市场营销学[M].3版.北京:中国人民大学出版社,2013.
[7] 杨佐飞.广告策划与管理:原理、案例与项目实训[M].北京:北京大学出版社,2014.
[8] 梁文玲.市场营销学[M].2版.北京:中国人民大学出版社,2014.
[9] 秦陇一.市场营销学[M].2版.北京:清华大学出版社,2017.
[10] 孟韬,毕克贵.营销策划:方法、技巧与文案[M].3版.北京:机械工业出版社,2016.
[11] 乔均.市场营销学[M].北京:清华大学出版社,2010.
[12] 李志敏.市场营销[M].长沙:湖南师范大学出版社,2012.
[13] 杨剑英,张亮明.市场营销学[M].4版.南京:南京大学出版社,2018.
[14] 王吉方,陈雪梅.市场营销[M].北京:机械工业出版社,2010.
[15] 马进军.市场营销学[M].北京:机械工业出版社,2011.
[16] 吴青松.现代营销学原理[M].上海:复旦大学出版社,2003.
[17] 叶生洪,张泳,张计划.市场营销经典案例与解读[M].广州:暨南大学出版社,2006.